U0090739

中國學術思想 研究輯刊

十二編

林慶彰 主編

第40冊

宋代大儒黃震（東發）之生平與學術（上）

林政華 著

花木蘭文化出版社

國家圖書館出版品預行編目資料

宋代大儒黃震（東發）之生平與學術（上）／林政華 著—初
版—新北市：花木蘭文化出版社，2011〔民100〕
序 4+ 目 4+184 面；19×26 公分
（中國學術思想研究輯刊 十二編；第 40 冊）
ISBN：978-986-254-680-2（精裝）
1.（宋）黃震　2.傳記　3.學術思想　4.經學　5.理學
030.8　　　　　　　　　　　　　　　　　　100016077

ISBN-978-986-254-680-2

9 789862 546802

中國學術思想研究輯刊
十二編　第四十冊　　　　　　　ISBN：978-986-254-680-2

宋代大儒黃震（東發）之生平與學術（上）

作　　者　林政華
主　　編　林慶彰
總 編 輯　杜潔祥
出　　版　花木蘭文化出版社
發 行 所　花木蘭文化出版社
發 行 人　高小娟
聯絡地址　新北市永和區中正路五九五號七樓
　　　　　電話：02-2923-1455／傳真：02-2923-1452
網　　址　http://www.huamulan.tw 信箱 sut81518@gmail.com
印　　刷　普羅文化出版廣告事業
封面設計　劉開工作室
初　　版　2011 年 9 月
定　　價　十二編 55 冊（精裝）新台幣 90,000 元
版權所有·請勿翻印

宋代大儒黃震（東發）之生平與學術（上）

林政華　著

作者簡介

林政華，霧峰林家子弟。臺灣大學文學士、碩士，1977 年，獲臺灣教育部國家文學博士。

素喜四書——藏書、讀書、教書、寫書；愛好臺外文學、漢語文、思想智慧學、寫作及教學、兒童少年文學、臺灣閩南語本字研究。著有：耕情集、文章寫作與教學、兒童少年文學、臺灣文學汲探、黃震之生平與學術等等。

任教臺北師專、院（兼圖書館長、語文教育中心主任）、真理大學（兼臺文系主任）、開南大學；兼授臺大、成大、北大、亞東技術學院等校。服務期滿退休。

獲教育部、廳教學論著獎勵三次；文藝、語文獎章；縣長獎、散文創作比賽冠軍；批改作文「認真詳盡」鼓勵；中商傑出校友。

曾擔任國家考試典試、出題委員；學術研究講座；學術會議籌備、主持、評論人；校內外學術、語文競賽評審委員等。

提　　要

筆者以『黃震之經學』（附編年譜）論文，於 1977 年忝獲國家文學博士，迄今，已近 35 年了；但，令人驚訝的是，世界漢學者或後進，卻可說沒有人再深入研討、引證東發的學術；對這位古中國宋代極難得的大儒而言，實在是一大憾事！

在 1977 年前後，筆者研究東發之學術與生平，累積了幾篇論文，除上述經學之外，又有：『黃震之諸子學』（碩士論文，嘉新公司文化叢書第 314 種）、「黃東發對於前朝理學家之評述」（載『書目季刊』）、「黃東發與朱子」（載『孔孟學報』）。除史學和文學評論之外，大約黃東發的重要學術觀點與成就貢獻、生平事蹟，都在這四篇長、短論著中包括了。

為了提供全世界研究漢學的同好，方便繼續參考、深究東發學術，彌補上述研究缺口，2010 年到 2011 年，臺、中兩國都有出版機構來洽談集結出書事宜。最後，筆者答應了花木蘭文化出版社；至深感激。

本書顧名思義，係包括黃氏的「生平」與「學術」二大部分：學術，有大宗的『經學』（孝經、論語、孟子、詩經、尚書、周易、禮學——禮記、周禮，春秋經）、特色的『諸子學』（辨偽書達 54 種、論九流十家學說兼及佛禪）和集成的『理學』（評諸儒書、論諸家學說）三大部類。至於生平部分，則包括：黃氏事蹟、年譜、學術淵源和著述（內有探知所謂宋本日抄實為明人挖補本）等。書中，在在呈現出朱熹四傳大弟子黃震的人格典範與學術成就、貢獻。

其人格典範，由他的為官能除姦恤貧，煮粥散米、抱病盡職，以至國亡憂憤隨逝的行徑，即可見知（詳見事蹟、年譜各節）。

在學術上之貢獻、成就蘩多，無法一一縷述；僅由下列若干數據，即可察其大斑：其論孝經，能平議今、古文本。其論語學，能批評時儒過求之弊，雖朱子之說亦不稍寬假。孟子學，能闡發孟子之擔當，有助教化。詩經學，論小序雖有偏頗者，然亦不可盡廢。『黃氏日抄·讀周易』僅一卷，而引用古、今各家說法，以求一是；其中所引宋人註解可輯佚者多，有王安石、楊時等五家，三十八則。

而其禮學，則集解『禮記』十六卷，創發殊多，尤以論諸篇的著成時代、探得禮記與理學的淵源關係等，啟導後學；又能論『周禮』之失與其言事不合情理之處。更有春秋學，以七卷集釋之篇幅，不僅在補朱子無註之憾；其闡明孔子記事之法，端在「據事實書」，因得盡除『左傳』以來數千年的褒貶凡例之害。字裡行間委曲辯駁，成果更有可觀。

以上，筆者多年埋首在百卷『日抄』及充棟的相關資料中，沉浸泅泳，條分縷析之，歸納綜合之，勉力整理出東發學術的大致面目，端在冀求海內、外方家之指正耳。

自　序

　　1970 年孟夏，臺大中文研究所教授　屈萬里先生講學南洋，時予方除預官役，曾上書奉候，並請示讀書治學之方。承　師賜書諭勉，益堅予治學之志。迨肄業於中研所，聞程元敏學長言：宋末大儒黃震東發，學博道醇，有承先啓後之功；囑予讀其《日抄》。予讀而喜之；復閱《宋史》黃震傳（在〈儒林傳〉中），尤敬其為人。比檢諸論文索引，於研治東發學術之有關論著，僅得陳垣之〈黃東發之卒年〉。陳文考證翔實，惜未論及東發之學。因不揣愚昧，欲於黃氏之生平及學術，作通盤之研究。

　　嗣後，徧閱東發遺著，得略窺其學之大要，思為文以闡述之。爰擬論文綱要為：一、生平，二、經學，三、史學，四、諸子學，五、理學，六、文學評論。並擬先由諸子學入手，次及其它。蓋東發於諸子，用力極深，成就亦大，而世人知之者罕，故也。乃復馳書南洋，求　翼鵬師指導，幸蒙賜允。乃於東發著作更加研讀，並蒐集相關資料，選讀輔助科目。本所固多良師，復多益友；於是請益問難，未敢稍懈。

　　東發著述，除《日抄》九十四卷，為世人所習知外，尚有《古今紀要》十九卷，《紀要逸編》一卷，《戊辰修史傳》一篇；又：《永樂大典》與《慈谿縣志》各錄有佚文一篇。而《日抄》一書，乃黃氏平生精力所萃者。

　　夫唐代學術，大抵守兩漢章句訓詁之舊。至宋，而風氣丕變，周敦頤、張載、二程（顥、頤）求遺書於千四百年之上，理學於是乎興。至經學之研究，亦別開生面：初則捨傳注求之本經，繼則辨經傳之偽妄，又或更易章次，謂可復古昔面目；甚至改經補字，獨抒己見：一時新義層出。歐陽修、王安石、蘇軾等導之於先，鄭樵、朱熹等和之於後，迨王柏出，而達於極致。

　　黃震東發，與王柏同時而稍後，灼見當時學術利弊，以救弊弘道爲職志。其於學無所不窺，用力既勤，造詣乃深；以無傳人，致世人知之者甚寡。夫闡揚先哲之學，乃多士之責，此予之所以從事東發學術之研究也。曩嘗撰『黃震及其諸子學』（含生平事蹟）一編梓行，繼又董理其經說，並探討其學術淵源與著述，編纂年譜。

　　黃氏幼家貧，父啓其蒙。年二十餘，始克從師學；因師友開示，知朱子之學，並旁及呂東萊、張南軒之書。時見四明學者專崇象山，流於空疏虛浮，思有以正之，於是用朱變陸，四明學風爲之一改。

　　東發於四部書，無所不窺，隨手箚記，紙墨逐多，成《日抄》百卷等等。本書詳叙其版本，辨別各本優劣；如：傳本《日抄》，有於目錄之末鋟木記曰「紹定二年菊月積德堂校正刊」者，後世書志、書目，皆據以論定是書版本。夷考該本固爲宋人所刻，然年代則非紹定；因南宋理宗紹定二年，東發年僅十七，衡諸常理，不能作《日抄》百卷至明。故予就木記本文，並其他相關資料，考此木記乃書估仿明清刻本雕而補之者。彼蓋誤以《日抄》爲宋眞宗時黃震（字伯起）之書也。

　　《日抄》讀經之作凡三十一卷，計讀《孝經》、《論語》、《孟子》、《毛詩》、《尚書》、《周易》、《周禮》、《春秋傳》各一卷，讀《春秋經》七卷，讀《禮記》十六卷。茲謹依《日抄》原次，釐爲四編，以便作通盤之研究。孝經學與論孟學合爲第貳編，詩經學、尚書學與易學共入第叁編，禮學在第肆編，春秋學最末，置第伍編。

　　《日抄》首列讀孝經者，以其論學首重孝道，欲學者先讀此經，從而力行之也。至其論孝經今古文本，以爲二者文字不一，分章有異，雖皆無關斯經大旨，然亦經學上重要課題，不可不究也。

　　朱子《論語集註》，發揮孔學義蘊，《日抄》極力推尊；然《集註》有時而疏，東發亦不憚訂補。至後儒說《論語》，或求之過深，東發尤多著論匡正。無論爲訂補抑匡正，彼均兼顧義理與考據；蓋以考據益精則義理益明，知之愈深則行之愈篤。足徵東發之治《論語》，亦以踐行爲旨歸，一如其〈讀孝經〉然。

　　東發讀《孟子》，亦往往補正朱註。又常出新解，皆妙合孟子之心。其於孟子倡性善論以教人；主張仁政，因勢利導時君；及以道統自任等，莫不深致推崇之意。古儒言讀書之法，多屬零縑片帛，散而無統。至朱子乃較細密，第所論止於閱讀態度、次序、思考等原則性問題；具體述說讀孟之法者，當

首推東發。東發就孟子文理，以正前儒注釋之失；又以歸類法，闡發孟子思想。至《孟子》七篇章節分合之得失，有時關乎經義甚大，東發亦頗釐正舊失。

漢魏學者，雖有言國風辭邪者，但未有刪之之議。至宋，始則掊擊大、小序，主張最力者有鄭樵、王質、朱子三家；卒有王柏之議刪國風。東發則平心論求詩本文及去序言詩二派之得失。於朱子辨詩序，未盡謂然。謂詩序作者去古未遠，序說亦偶得詩義，故不可盡廢。其讀《毛詩》，雖主朱子集傳，而又參酌今古，務求真是：凡其說平易，又能貫通上下文氣，則取之；否則，則去之。

《尚書》文辭古奧，異說又多，於諸經中最為難治。蔡沈《集傳》，說多平實，故東發主之。其稱蔡傳之長，曰能辨別錯簡，曰所論有助名教。其正蔡傳之誤，以三法：依據上下文勢，一也；辨別語詞虛實，二也；曲盡人情事理，三也。而《尚書》諸篇中，影響宋代理學之大，莫過於偽大禹謨篇所謂「十六字心傳」。東發以為心者所以統綜此理，別白是非，列聖相傳以執中之道，使事事皆合於理，非傳心也。其說視前儒為勝。

《易經》，東發以為係明大道之書，故取伊川而捨康節。以理言易，至伊川而精，故東發謂讀易當觀程傳與朱子本義。二家若有闕失，則亦加以補正。於十翼，則尊小象傳，以其多談人事，又相傳為孔子所作，故也。

朱子有《儀禮經傳通解》之作，而於《禮記》則不及疏解。東發有鑒於此，因於前人注疏博觀約取，為之集解。卷中考定〈禮運〉、〈檀弓〉等十七篇之著成時代。以為《禮記》多為戰國以來之文，而漢人傳述之篇什尤夥；故其中所載，不能無失，有說與孔子不同者，有屬特例者，甚而悖於事理之說，亦所在多有。東發既匡正之；於後儒傳注之偏，如：鄭玄之改字，亦加以更正。而《禮記》亦有思深言切之論，為宋代理學家所取資者，東發能明二者深厚之關係，實別具隻眼。其論《周禮》作於劉歆，雖非是；而論其中設官分職，紛冗交錯，與夫言事不合情理之失，則甚可取也。

學者於春秋，重經甚於傳，始於唐代，而東發為尤最。其謂經傳有異文、異說，皆當以經文為正。三傳各有其短，而左氏則較《公羊》、《穀梁》為長。自三傳以來，說者蓋謂春秋有義例，能於一字見褒貶，因橫生凡例之說。唐宋而下，日益以名教為宗，褒貶凡例之說益加嚴苛，孔子著作之本義反為所掩。東發謂春秋為直筆，孔子循事實書，而真相自可見。因謂可由所記事件

之先後，而見其意；或循常理，或由反常者逆推之，亦得。他如《春秋》所沿魯史舊文、所書爲自然現象等，固亦爲直書也。東發以此爲立論基礎，而駁斥三傳以後紛紛言凡例之弊；使千百年來，錯綜複雜，矛盾牴牾、不能自圓之凡例褒貶謬論，得以盡除。而《春秋》寓淑世之意與尊王「攘夷」之大旨，得以復明於世。此外，東發謂《春秋》實以夏正記時，嘗由人事活動及自然現象推證而得；其說可以糾正諸儒以歲首爲正月之謬。至其論魯國之所以盛、所以衰，尤寓深意焉。

讀其書，述其學，自不可不知其人，故本書第貳編具以黃氏年譜。於東發之世系、行實，固詳載之；而其歷官州縣，本乎仁心，施行仁政，視民如傷，勤求民瘼，爲之興利除弊，譜中尤致其詳焉。東發學術淹貫，崇道統，「斥佛老」，排功利，而歸乎窮理躬行，本譜反覆考究，悉加表彰。而其生亂世，孜孜爲國，忠於職守，不事異朝，竟而餓死之正氣節操，亦備載於譜內。夫東發非顯宦，《宋史·儒林傳》記其生平，係據戴表元所撰墓表，寥寥才數百言。全祖望謂戴氏表於東發之學無所發明；矧表今又不傳。本譜蒐材取證，考訂年代，必期翔實；述其治學行誼，力求扼要中肯。蓋如是，始能表其爲人、治學之眞情也。

憶自 1967 年，即從 屈師翼鵬先生受業，而就讀臺大中研所七年間，蒙師指導論文，示以治學之方，受益至多。期間， 師遠赴美講學，忙於研究，而審閱拙稿，則鉅細靡遺；賜書諭勉，尤爲周至。 師恩殷渥，所心感者也。奈以天資愚魯，綆短汲深，雖執卷 師門，請益問難，倖成斯編，而於學問之道，尚猶嬰兒之學步，有辱 師門多矣。東發出身農家，少嘗親執耒耜，繼則刻苦勵學，因得嗣洙泗，接跡考亭。予之身世，與之相似，故初讀其書，心已慕之。爰不揣拙陋，欲以發揚其學爲志事。茲編之成，雖自知未必皆有當於東發之心，而黽勉從事，既竭吾力，亦聊以慰情而已。

予幼家貧，賴 母劬勞撫育，始有今日。 母彌留時，殷殷告誡，諭以奮勉讀書；此言時縈耳際。斯編之成，矻矻孜孜，其足以稍慰吾 母於九泉乎？興念及此，不禁淚潛潛下矣……

西元 2011 年 9 月 霧峰 林政華序於教職退休前夕

第壹編　黃震之生平事蹟

第壹編　黃震之生平事蹟

　　黃震，字東發，[註1] 學者稱爲之越公。[註2] 南宋慶元府慈溪縣 [註3] 鳴鶴鄉之古窰人。[註4] 生於寧宗嘉定六年癸酉（西元1213年）[註5] 五月十四日。[註6]

　　東發曾祖允升，[註7] 祖世堯，[註8] 未仕。叔祖得一，字仲清，號壺隱，始以文振，[註9] 詩聞州里；[註10]「其在初年，學老子說，一登講席，聽者

〔註1〕　清乾隆三十二年汪佩鍔珠樹堂校刻本《慈溪黃氏日抄分類》（以下簡稱「日抄」）卷八七，頁13紹興府添差通判廳記自署。又《寶祐四年登科錄》，頁48（下引均見同頁）。

〔註2〕　宋・陳著《本堂集》卷三八，頁1～2送甥黃正孫入越序。全祖望修補本《宋元學案》（以下簡稱「宋元學案」）卷八六總頁1631〈東發學案〉（以下簡稱「東發學案」）作「於越先生」。按：之越，即於越；赴越，往越之意也。

〔註3〕　《日抄》卷八四，頁21～22回靖安張知縣自署；其它尚有多處，茲不俱引。慈溪，今浙江慈谿，（明永樂十六年改「溪」字爲「谿」，見《明史》卷四四〈地理志五〉。後世因之。按：元順帝至元三年黃禮之刊本《黃氏日抄》以下簡稱「元刊本日抄」卷八七，頁23紹興府添差通判廳龍山堂記作「慈谿」，蓋係誤刻。）初隸明州。紹熙五年，升明州爲慶元府，見《宋史》卷八八〈地理志四〉。

〔註4〕　元・袁桷《清容居士集》卷二九，總頁440〈處士黃仲正甫墓誌銘〉。

〔註5〕　《日抄》卷九六，頁13～14安撫顯謨少卿孫公（子秀）行狀云：「公長震僅一歲，（中略）公生於嘉定壬申。」是東發生於嘉定癸酉年。又據《寶祐四年登科錄》「年四十四」推定。

〔註6〕　《寶祐四年登科錄》。

〔註7〕　同註6。

〔註8〕　同註6。又《清容居士集》（同註4引）；元・黃溍《黃文獻公集》卷八上，總頁323〈黃彥實墓誌銘〉。

〔註9〕　《日抄》卷九五，頁1〈祭叔祖機察壺隱先生墓〉。

〔註10〕　《日抄》卷八六，頁4〈崇壽宮記〉。

千百。既而，復歸于儒，銳意斯世。」〔註11〕父一鶚，〔註12〕庭訓甚嚴，躬自督課；〔註13〕以子貴〔註14〕贈朝奉郎。〔註15〕

東發幼蒙父教，常讀晦庵論語註解，〔註16〕「刻志儒宗」；〔註17〕勤苦務農，〔註18〕「饑寒不以告人」。〔註19〕個性清介信直，〔註20〕「平生閉戶無求，併漫刺亦無之」；〔註21〕素厭時文之浮華，故每困場屋，〔註22〕乃授書以餬口。〔註23〕

理宗端平元年（西元1234年），年二十二，讀書餘姚縣學。〔註24〕三年，師朱熹三傳門人王文貫於鄞縣學宮，〔註25〕受《論語》〔註26〕、《毛詩》〔註27〕與《春秋》〔註28〕等，盡得其傳。

淳祐八年（西元1248年）冬，南遊天台，〔註29〕求郡守刊印《四書集註》，

〔註11〕 同註9。

〔註12〕 同註8。

〔註13〕 同註9。

〔註14〕 《黃文獻公集》卷九上，總頁367〈慈溪黃君（正孫）墓誌銘〉。

〔註15〕 《清容居士集》（同註4引）作「朝奉郎」（按：是文作於元仁宗延祐七年，西元1330年）。而《黃文獻公集》，同註13引，又卷三三，總頁346〈黃彥實墓誌銘〉均作「奉議郎」（作於元順帝至正五年，西元1345年）。按：疑始贈「奉議郎」，後又改贈「朝奉郎」。

〔註16〕 《日抄》卷二，頁1〈讀論語〉。

〔註17〕 見《日抄》卷九三，頁7〈通包發運啟〉。

〔註18〕 《日抄》卷七八，頁24〈咸淳八年春勸農文〉。

〔註19〕 《日抄》卷九三，頁4〈謝程丞相（元鳳）舉職狀〉。

〔註20〕 《日抄》卷九五，頁4〈祭浙西孫安撫〉。又參《清容居士集》卷三三，總頁495〈（先君子）師友淵源錄〉。

〔註21〕 《日抄》卷八四，頁7〈謝王提舉（華甫）辟充帳幹書〉。並參卷九六，頁18〈知興化軍宮講宗博汪公（元春）行狀〉。

〔註22〕 《日抄》卷九三，頁5〈謝王尚書（遂）舉著述科啟〉。

〔註23〕 《日抄》卷八四，頁8〈回王府僉（山甫）書〉；又卷九三，頁12〈撫州到任謝廟堂啟〉。

〔註24〕 見《日抄》卷五五，頁2〈讀宋齊邱《化書》〉；又卷九七，頁3〈致政修職孫君（一元）墓誌銘〉。

〔註25〕 《宋元學案》卷六四，頁1157〈潛庵學案〉載晦庵傳輔廣，廣傳余端臣，端臣傳王文貫。東發師文貫，見《日抄》卷五九，頁1〈讀韓（愈）文〉，又卷九七，頁14〈余夫人墓誌銘〉。

〔註26〕 同註16。

〔註27〕 《日抄》卷五九，頁1〈讀韓（愈）文〉。

〔註28〕 《日抄》卷七至卷十三〈讀春秋〉，屢引王氏之說。

〔註29〕 今浙江天台縣治。

揭櫫其景慕古聖先賢之學，並曰：「自唐虞三代之立極，至〔孔〕夫子集其大成。迨周、張、二程之談經，得〔朱〕文公更爲精密。」〔註30〕

寶祐四年丙辰（西元 1256 年），以詩登文天祥榜進士第，〔註31〕時年四十四。五年（蒙古憲宗七年）九月，蒙古軍分道南侵，明年十月，兵圍利州。〔註32〕越明年（宋開慶元年，西元 1259 年）元月，利州破。九月，蒙古軍自黃州渡江，困鄂州，〔註33〕此東發所謂存亡危急之秋。〔註34〕而東發乃於十一月十八日，至吳縣任尉。〔註35〕吳固多姦豪，或窮佃戶有告私租者，豪乃託名「監租」，〔註36〕誣以私沽，〔註37〕且囑縣吏差尉，令尉司弓手下鄉捕所怨之家，陰囚之死。〔註38〕東發屢乞縣釋放囚人，〔註39〕又請府及提刑司不許縣尉理索私租，以免橫擾編民；〔註40〕並申轉運司乞免行酒庫受誣告以致害民：〔註41〕於是「千百年坑陷人命之地，幸而一旦夷塞」，〔註42〕皆東發之力也。

迨景定三年（西元 1262 年）五月，東發奉差離吳，而尉司之弊復甚，六月，返吳始得悉，痛念人命至大，〔註43〕以爲「尉」本取除姦以慰安良民之義，〔註44〕豈可反以害民？亟申提刑乞將理索之責歸本縣，勿委諸尉司。〔註45〕時平江府私立西尉已二十年，〔註46〕東發爲免其生事擾民，亦並申

〔註30〕見《日抄》卷九三，頁 1〈台州郡齋求沈寺丞印四書啓〉；參卷六，頁 29〈讀易〉。

〔註31〕《日抄》中屢言，茲不具引。又見《寶祐四年登科錄》。

〔註32〕《元史》卷三〈憲宗本紀〉。

〔註33〕《宋史》卷四四〈理宗本紀四〉。

〔註34〕《日抄》卷九一，頁 7〈跋三山林貢元（立武）伏闕書〉。

〔註35〕見《日抄》卷七〇，頁 1〈申縣乞放寄收人狀〉。

〔註36〕《日抄》卷七〇，頁 5〈再申提刑司乞將理索歸本縣狀〉。

〔註37〕《日抄》卷七〇，頁 6～7〈申轉運司乞免行酒庫受誣告害民狀〉。

〔註38〕《日抄》卷七〇，頁 2〈申府乞免躬親擾民及理索狀〉。

〔註39〕同註35；又，同頁〈申縣解回續收人狀〉。

〔註40〕同註38；又卷七〇，頁 3～4〈申提刑司乞免一路巡尉理索狀〉。

〔註41〕同註37。

〔註42〕《日抄》卷七〇，頁 4〈再申提刑司因理索囚死人命狀〉。

〔註43〕《日抄》卷七〇，頁 4～5〈再申提刑司因理索囚死人命狀〉，卷七〇，頁 5～6〈再申提刑司乞將理索歸本縣狀〉；又卷八四，頁 6〈通新憲使余生一（鰲）書〉。

〔註44〕《日抄》屢申此義，例如：卷七〇，頁 3〈申提刑司乞免一路巡尉理索狀〉，又：卷七一，頁 16〈申提舉新到任求利便狀〉等。

〔註45〕同註36頁 5～6。

司乞省罷之。〔註47〕

　　先是，開慶元年冬，東發尉吳未幾，以嘉興府華亭縣水災，奉權知縣事，俾便辦理賑務。〔註48〕東發至，則「奉出己俸，倡率煮粥。兼出下俚之計，効尤浮屠家作疏頭緣化，請學職以化士大夫家，請寺僧以化街坊市戶」；〔註49〕又申倉司乞米賑救。〔註50〕是時，縣鹽場亭戶，〔註51〕屬浙西提舉常平茶鹽司華亭分司監督鹽課，備受其推剝〔註52〕、折陷之苦，往往逃亡。逃，則「係纍其妻妾，破壞其家產。甚至有訊，腿荊取杖錢五貫者」，〔註53〕東發「為之心酸淚隨。即不顧利害，不恤仇怨，以具其實，申聞使臺，乞將分司廳省罷」。〔註54〕他如：乞散還貼袋鹽錢〔註55〕、乞添亭戶賣鹽袋蒲草價錢〔註56〕等，凡有利於民者，莫不悉力以赴。

　　以賑災有法，景定二年（西元1261年）東發又奉權知平江府長洲縣。時，縣亦被水患，野無禾苗。東發效華亭故事，既為之煮粥散米，又為之申府乞添放苗米，重綠田園。〔註57〕

　　東發視民如傷，〔註58〕所至有聲，故朝野爭薦之。〔註59〕三年滿秩，浙東提舉常平倉使王華甫破格改辟主管帳司文字，〔註60〕時景定三年（西元1262

〔註46〕《日抄》卷七〇，頁9〈再申判府朱大參乞免再差權攝西尉狀〉。

〔註47〕《日抄》卷七〇，頁9〈申提刑司乞省免西尉狀〉。

〔註48〕《日抄》卷七三，頁6〈辭提領所帖令就常州置司狀〉。

〔註49〕《日抄》卷七一，頁2〈權華亭縣申倉司乞米賑饑狀〉。

〔註50〕同註49，頁2～3。

〔註51〕《宋史》卷一八一〈食貨志下〉之三謂：兩浙、淮東等六路鬻鹽之地曰亭場，民曰亭戶。

〔註52〕《日抄》卷七四，頁2榜放縣吏日納白撰（原作「撰」，此據《元刊本日抄》校改）〈錢申乞省罷添倅廳狀〉云：「凡官司之錢，（中略）明取於民者，是為科斂；（中略）不明取於民而取之吏者，是為推剝。其害極大。」

〔註53〕《日抄》卷七一，頁6〈提舉司差本錢申乞省罷華亭分司狀〉。

〔註54〕《日抄》卷七一，頁19〈申陳提舉（淳祖）到任求利便箚狀〉。

〔註55〕詳《日抄》卷七一，頁8〈權華亭鹽申乞散還貼袋錢狀〉。

〔註56〕詳見《日抄》卷七一，頁8～9〈申乞添人戶賣鹽袋蒲草價錢狀〉。

〔註57〕事詳《日抄》卷七一，頁2～3〈權長洲縣申平江府乞添放水傷狀〉。

〔註58〕東發以「視民如傷」為士大夫從政之要。說見《日抄》卷四一，頁12〈讀（楊）龜山先生語錄〉，並參卷九，頁6〈讀春秋〉。

〔註59〕《日抄》卷八四，頁1〈通新知平江府修齋王尚書〉；卷九三，頁2〈謝洪發運特薦啓〉、〈謝孫提刑舉職狀〉，又：頁3～4〈謝糜（弇）總領（舉）職狀〉，頁4〈謝程丞相（元鳳）舉職狀〉。

〔註60〕《日抄》卷八六，頁20〈台州黃巖縣太（「太」字，原作「大」，此據《元刊本日

年）之冬也。既赴任，則力主「以卹亭丁為急；而不以復祖額，〔註61〕贍國用為名」；〔註62〕蓋不若是，則「小民日以困，根本日以壞，而大農日以告匱，州縣日以煎熬」。〔註63〕又申安撫司乞撥其田產充和糴莊，以輸軍餉。〔註64〕時錢庚、孫守常、朱熠守平江，吳君燿守嘉興，皆倚嬖倖屬民，王華甫病革強起，劾罷三人，〔註65〕亦東發贊之也。

　　就帳司職未滿三月，兩浙鹽事司沿海制置司運使季鏞，欲辟之為幹辦提領浙西鹽事司，東發以腳氣羸疾，〔註66〕飢困旅邸，〔註67〕辭不赴。〔註68〕改辟提領鎮江府條陳轉般倉司幹辦公事，〔註69〕同年五月，到任，〔註70〕即申提刑司乞浚甘露港，以利軍餉轉運。〔註71〕時淮東總領財賦所迫繳倉民取受交米之事例錢十萬六千餘貫，極端擾民，東發於兩年之間三復申乞止之，以活倉眾。〔註72〕

　　景定五年（西元1264年）夏，東發雖因積勞而癉瘧之疾復發，間日一熱；〔註73〕然，仍往來常州境上。察知農民因旱未能種禾，〔註74〕而官府竟置之不問；「甚者，至焚其訴旱之狀而不恤。或未嘗種田而令納租；或本非種稻，而令納米：催而至擾。」〔註75〕又公田法於去年十月朝命施行，〔註76〕未半

抄》)平鄉義役記〉；又：卷九三，頁6～7〈謝王倉使（華甫）破白改官狀〉。
〔註61〕《日抄》卷七七，頁 3〈申乞免場官責罰狀〉有云：「所謂祖額者，（宋孝宗）乾淳時，亭戶情愿就賣之鹽數也。」
〔註62〕《日抄》卷七一，頁20〈赴兩浙鹽事司稟議狀〉。
〔註63〕同註62頁21。
〔註64〕《日抄》卷七一，頁22～23〈申安撫司乞撥白蓮堂田產充糴莊〉。
〔註65〕《宋史》卷四三八〈儒林傳·黃震〉（以下簡稱「《宋史》本傳」）。
〔註66〕《日抄》卷七一，頁23〈繳還兩浙辟鹽事幹官省劄狀〉。
〔註67〕《日抄》卷七三，頁5〈辭省劄發下官田所鑄銅印及人吏狀〉。
〔註68〕同註66。
〔註69〕《宋史》本傳。
〔註70〕《日抄》卷七二，頁1〈乞免江西米入倉狀自注〉。
〔註71〕詳《日抄》卷七二，頁1～3〈申提刑司乞浚甘露港狀〉。
〔註72〕詳見《日抄》卷七二，頁7〈回申提刑司備總所委監倉眾事例錢狀〉，〈回申再據總所欲監錢狀〉；又：同卷，頁8〈回申提刑司備省劄令為總所監錢狀〉；〈申乞給散倉眾事例錢狀〉，〈再申事例錢狀〉。
〔註73〕《日抄》卷七三，頁4〈辭省劄就常州置司狀〉，又卷八四，頁12〈與汪武諭（元春）書〉。
〔註74〕《日抄》卷七三，頁2～4〈申省控辭改差充官田所幹辦公事省劄狀〉。
〔註75〕同註74頁3。
〔註76〕《宋史》卷四五〈理宗本紀五〉。

載，而其弊已甚。泊同年五月，東發升差充官田所幹辦公事，主提領官田，乃力言其事之擾民，〔註 77〕有司不聽；辭官，亦不獲准。〔註 78〕至七月初七日，始奉朝命免差，八月十四日，令仍鎮江府轉般倉舊任。〔註 79〕

於是，東發爲申提刑修轉般倉庫，以爲經久之計，〔註 80〕將大有利於軍餉轉運工作；唯以事繁吏傲，「措置無策，申明不早」，遂被誣以「盜用」公糧之罪。東發自劾乞去。〔註 81〕秋，入爲行在點校贍軍激賞酒庫所檢察官，〔註 82〕時，度宗咸淳二年（西元 1266 年），東發年五十有四。

咸淳三年（西元 1267 年）冬至日，擢史館檢閱，〔註 83〕與修寧宗、理宗兩朝國史實錄。〔註 84〕四年戊辰（西元 1268 年）五月，至理宗朝；求里人慈湖楊簡行狀誌銘，〔註 85〕得其行實，委官編附入錄。楊氏宗陸象山心學，東發則爲朱子學，宗風互異；而東發不爲門戶之見所囿，其於鄉先賢之敬重有如此者。

同年七月二十一日輪對，慷慨指陳時弊云：

> 陛下今日所值之時，果何如時也？太祖太宗際天所覆之天下，至南渡僅有其半；高宗南渡之天下，至端平以後，所能實有而籍焉者，又幾於半之半！

國土之蹙，尚不足慮，至可憂者則爲：

> 而又緣此民日以窮！兵日以弱！財日以匱！士大夫日以無恥！民窮之極，至於浙右內地，亦多私相殺奪，一旦潰裂，何以救藥？兵弱之極，至於所在尺籍多是閒民冒請，脫有緩急，何所倚仗？財匱之極，至於州縣皆焦竭，大農猶苦之支，駸駸至於壞爛，不可收拾！

民窮、兵弱、財匱三者猶不難復振，唯士大夫係「世道命脈之所繫，社稷安

〔註 77〕同註 74。

〔註 78〕《日抄》卷七三，頁 1～2〈辭提刑司發到省箚陛差提領所幹官狀〉。

〔註 79〕見《日抄》卷七三，頁 7〈申提刑司乞批書離任狀〉及其自注。

〔註 80〕《日抄》卷七三，頁 7〈申提刑司修倉爲經久計狀〉。

〔註 81〕《日抄》卷七三，頁 9〈申提刑司自劾乞去狀〉。

〔註 82〕《宋史》本傳。

〔註 83〕《日抄》卷九三，頁 9〈除史館檢閱謝廟堂〉。

〔註 84〕清·楊正筍《慈谿縣志》卷一五，頁 2 東發〈與曹東墟省元求文元公行實手柬〉有云：「慈湖先生行狀或銘狀，千萬加意搜訪，以授去人。」

〔註 85〕《日抄》卷七四，頁 1〈繳申慈湖、壽張行實狀〉。

危之所關」。故又云：

> 士大夫又多狙於流俗，漸變初心，既欲享好官之實，又欲保好人之
> 名，兼跨彼此之兩間，自以和平爲得計。(中略) 蘇軾有言：「平居既
> 無犯顏敢諫之士，臨難必無捐〔註86〕軀徇義之人」，風俗至此，最爲
> 可悲。其餘貪饕小夫，則又在所不足論者也。

其結語云：

> 夫以境土日蹙如此，而凡所維持之具，又日裂如此。陛下試思，如
> 此不已，患將安極！此所謂可憂之甚者也。〔註87〕

因奏言：去推剝，民可使日富；嚴戰守，兵可使日強；量入爲出，財可使日
裕。廣開言路，任用賢能；嚴明科舉，重振士風，以共赴時艱，而國富兵強
矣！〔註88〕其披肝瀝血，直陳積弊，猶未能感動上心。因又奏請崇理學，行
仁政。且以爲釋道之說「似理亂眞」；其徒復出家遁世，不治生資。東發揭其
邪僞，並曰：「邪者未能洞照，則正者非實得；僞者未能盡絕，則眞者尙雜粹」。
〔註89〕因乞罷給度僧人道士牒，使其徒老死，即消弭之，收其田入，以富軍
國，紓民力。〔註90〕國富民安，三代之治庶可復見於秦漢以下矣。蓋以其時
宮中建道場，故首及之耳。疏上，「帝怒，批降三秩，即出國門！用諫官言，
得寢。出通判廣德軍」。〔註91〕

十月，到廣德任，見添倅廳牙契司爲宂位，舊官素餐食祿；又因以科斂、
推剝、分贓，毒民斯甚。東發乞省罷之，不再置。〔註92〕不獲。

先是孝宗淳熙八年冬，行朱子社倉法，社倉歸之於民，而官不得與。〔註93〕
度宗沿舊制，仍頒天下遵行之。第廣德則官置此倉，民困於納息，至以息爲本，
而息皆橫取，民窮至自經。人以爲熹之法，不敢議。東發獨不以爲然，曰：「法
出於堯舜，三代聖人猶有變通，安有先儒爲法，不思救其弊耶！況熹法：社倉

〔註86〕 「狙」字，原作「狙」字，從《元刊本日抄》及四庫全書校正本《日抄》改。
〔註87〕 「捐」字，原作「狷」字，從《元刊本日抄》及四庫全書校正本校改。「徇」
　　　　原作「狥」，從《元刊本日抄》校改。
〔註88〕 奏事俱見《日抄》卷六九，頁1〜4〈戊辰輪對箚子〉。
〔註89〕 《日抄》卷六九，頁4〜7〈戊辰輪對第二箚〉。
〔註90〕 同註89。
〔註91〕 同註52 頁1〜2。
〔註92〕 《宋史》卷三五〈孝宗本紀二〉。又：《朱子大全》卷一三，頁16〈(辛丑) 延
　　　　和奏箚四〉。
〔註93〕 見《宋史》本傳。

歸之於民，而官不得與。官雖不與，而終有納息之患！」〔註94〕是其法仍有未盡也。於是移書更革社倉〔註95〕：「別爲置田六百畝，以其租代社倉息。約：非凶年不貸，而貸者不取息。」〔註96〕法行，萬民稱戴。

廣德軍迄無學宮，東發於任內議建之，以祠孔子。於是廣德始有官學，以講孔學，崇孔子之教。〔註97〕

廣德舊有土神祠山者，郡俗於歲春聚江、淮之民，禱祈者千萬，名曰「春會」，其牲皆用天子太牢。後祠山改號眞君，宜用素祭；而俗仍用牲，致有殺耕牛以祭祀者。即以廣德縣而言，其管下七百二十餘保，保各用一牛，每保之新廟又各用牛，并其餘非法乞福，固亦用牛，遂至歲殺二千餘牛，〔註98〕歲耕幾爲之輟廢。東發至而乞司禁之。且郡惡少舞牲迎神，挾兵器以爲常；民俗亦多帶刀鬥狠，至犯法；又有自攖囚帽枷索等獄具，以徼福者。〔註99〕其俗又有所謂「埋藏會」者，爲坎於庭，深廣皆五尺，以所祭牛及器皿數百納其中，覆以牛革，封鐍一夕，明日發穴視之，失所在：凡此不法妖妄事，東發皆爲申提舉、提刑、安撫諸司，乞准禁絕之。〔註100〕

郡守賈藩世以權相似道從子，驕縱不法。東發數與爭論，藩世積怨，疏東發擾政。東發因解官去。〔註101〕

六年（西元 1270 年）五月，添差通判紹興府。〔註102〕扁舟過越州，以沿途所見水利，並修浚河堰事，具狀申提舉司，冀爲民除旱興利。〔註103〕

同年，江西十一州旱歉，而撫州獨甚，三歲不雨，至秋而劇，〔註104〕早禾、晚禾顆粒無成。〔註105〕次年二月，東發差知是州。〔註106〕「初，聞富室

〔註94〕《日抄》卷七四，頁 6～9〈更革社倉公移〉。
〔註95〕《宋史本傳》語。並參《日抄》，同註 94。
〔註96〕《日抄》卷八七，頁 7〈廣德軍滄河浮橋記〉。斯文，清刻本佚，此據《元刊本日抄》。
〔註97〕詳《日抄》卷七四，頁 9～15〈申諸司乞禁社會狀〉。
〔註98〕詳《日抄》卷七四，頁 9～15〈申諸司乞禁社會狀〉。
〔註99〕同註 98 頁 9，並參《宋史》本傳。
〔註100〕同註 99。
〔註101〕見《宋史》本傳。
〔註102〕《日抄》卷八七，頁 12〈紹興府添差通判廳龍山堂記〉。
〔註103〕《日抄》卷七四，頁 15～16〈申提舉司水利〉。
〔註104〕《日抄》卷七五，頁 12〈申轉運司乞免派和糴狀〉。
〔註105〕《日抄》卷七五，頁 1〈乞借舊和糴賑糴并寬減將來和糴申省狀〉。
〔註106〕《日抄》卷九三，頁 12〈差知撫州謝廟堂啓自注〉。

閉糶，不勝駭懼」。〔註107〕於是單車疾馳，就車駕中，發上戶勸糶賑饑榜者再。四月十日，用朱子舊法，約定：「閉糶者籍，搶掠者斬」，〔註108〕安富卹貧，共集和平。十三日，到州，「坐驛舍，署文書，不入州治」。遂於城設粥飯局，「親煮粥，食饑者」。〔註109〕於富室則曲體其情，勸糶而不飭其捐，論糶行賞；〔註110〕且爲編保甲，以利勸糶；〔註111〕並委官出郊發廩。〔註112〕三申禁造紅麴，免奪食米；〔註113〕又數爲民祈雨。〔註114〕州之樂安縣去治獨遠，東發特致關懷，申令勸糶，〔註115〕亟委官發糶，以活饑民。〔註116〕而後始入視州事。〔註117〕六月杪，早禾已熟，米價頓平。令發在城受濟之貧民路糧，以便利災黎還鄉。〔註118〕亟勸農種麥，〔註119〕並勸上戶放債減息，〔註120〕以蘇息於災後。七月十五日，荒政結局，東發以未能盡卹貧安富之力，申省自劾乞罷。〔註121〕臺省慰留，令仍舊任。

八年（西元1272年）撫州正值飢困之餘，轉運司責州糴米七萬二千五百石，〔註122〕東發念「朝廷和糴飽邊，正爲內地安靜之計，家國一體，痛癢相關」，乃一則榜稅戶繳納，一則申司詳述民情，〔註123〕請觀察民瘼。〔註124〕終「以

〔註107〕《日抄》卷七八，頁6〈四月十四日再曉諭發誓榜〉。
〔註108〕詳見《日抄》卷七八，頁3咸淳七年〈三月二十八日中途先發上戶勸糶公箚〉，又：〈四月初一日中途預發勸糶榜〉。約定事，見同卷同頁〈四月初十日入撫州界再發曉諭貧富升降榜〉，又：《宋史》本傳。
〔註109〕《宋史》本傳。
〔註110〕《日抄》卷七八，頁5～6〈四月十三日到州請上戶後再諭上戶榜〉。
〔註111〕《日抄》卷七八，頁7〈行移團結亭丁〉。
〔註112〕詳見《日抄》卷七八，頁9～11〈委臨川馬知縣（溏）出郊發廩榜〉。凡有三榜。
〔註113〕詳見《日抄》卷七八，頁14～15〈禁造紅麴榜〉。凡有三榜。
〔註114〕《日抄》卷九四，頁7～9〈辛未撫州祈雨〉，又：〈麻源眞君祈雨〉、〈相山四仙祈雨〉、〈祈雨送雨廟〉，〈壬申撫州祈雨與社壇城隍祈雨〉等文。
〔註115〕《日抄》卷七八，頁8～9〈四月十九日勸樂安縣稅戶發糶榜〉。
〔註116〕詳《日抄》卷七八，頁11〈五月二十五日委樂安梁縣丞發糶周宅康宅米〉，頁12〈六月二十日委樂安施知縣（享祖）發糶周宅康宅米〉，頁13又〈再委施知縣榜〉。
〔註117〕《宋史》本傳。
〔註118〕《日抄》卷七八，頁13〈六月三十日在城粥飯局結局榜〉。
〔註119〕《日抄》卷七八，頁22～24〈咸淳七年中秋勸種麥文〉。
〔註120〕《日抄》卷七八，頁15～16〈七月初一日勸上戶放債減息榜〉。
〔註121〕《日抄》卷七五，頁6〈七月十五日荒政結局申省自劾狀〉。
〔註122〕《日抄》卷七五，頁12〈申轉運司乞免派和糴狀〉，又：卷七八，頁19〈招糴免和糴榜〉。《宋史本傳》作「七萬石」，蓋取整數也。
〔註123〕同註122引《日抄》（卷七八，頁19～20）。

沒官田三莊所入，應之」。〔註125〕

東發知撫期間，嘗補刻六經、儀禮，〔註126〕修復朱子祠；〔註127〕又「樹晏殊里門，曰舊學坊。制祭社稷器，復風雷祀」，〔註128〕有功於古學儒術者甚多。而時僧俗有划船迎神之舉，勞民傷財，東發榜令止禁，且拆毀其廟，焚燬千三百餘船，〔註129〕「用其丁鐵觙軍艙五百間」。〔註130〕

六月，詔增秩，轉朝奉郎。〔註131〕遂升差江西提舉常平倉司，八月十一日，交割。〔註132〕東發首整飭吏治，棄絕干謁。〔註133〕撫州舊有結關拒捕事，繫獄已廿八年，存著十無三四。以事關尚書省，無敢決其獄者，蓋誤以結關為作亂也。東發以為「結關」猶他郡之「結甲」，並非作亂可以比況，於是皆釋放之。〔註134〕時，新城與光澤縣地犬牙相錯，民夾溪而處，歲常忿鬥爭漁。〔註135〕而新城知縣蹇雄，會創青冊擾民，縣民結關拒捕，又相仇殺，彼此報復，甚至殺人放火。〔註136〕東發乃劾罷蹇令，〔註137〕諭其民散去。〔註138〕

常平倉司原有慈幼局，為貧而棄子者設，久而名存實亡。〔註139〕東發謂：「官司收哺於已棄之後，孰若保全於未棄之先？」〔註140〕乃損益舊法，「凡當免而貧者，許其里胥請於官贍之；棄者，許人收養，官出粟給所收家：成活者眾」。〔註141〕又舊法：役事，「知縣可與上戶面議，而上司乃公移掣其肘」，殊

〔註124〕《日抄》卷七五，頁 12～13〈回申轉運司訪求凋邑利病狀〉。
〔註125〕《宋史》本傳。
〔註126〕《日抄》卷九一，頁 20〈修撫州六經跋〉，〈修撫州儀禮跋〉。
〔註127〕《日抄》卷八八，頁 9〈江西提舉司撫州臨汝書院山長廳記〉。
〔註128〕《宋史》本傳。
〔註129〕《日抄》卷七八，頁 22〈燒划船公帖〉，卷七九，頁 10～11〈禁划船迎會榜〉。
〔註130〕同註 129。
〔註131〕《日抄》卷九三，頁 13〈特轉朝奉郎謝廟堂啓〉。
〔註132〕《日抄》卷七六，頁 1〈申明七撫州兼江西提舉自注〉。又：卷七九，頁 1〈公移二江西提舉司自注〉。
〔註133〕《日抄》卷七九，頁 1〈免一路官通啓箚公文〉，又：同頁〈客位榜〉。
〔註134〕《宋史》本傳。並參《日抄》卷七九，頁 4〈放結關久禁人公牒〉。
〔註135〕《宋史》本傳。
〔註136〕事詳《日抄》卷七九，頁 5〈曉諭新城縣免讎殺榜〉。
〔註137〕《日抄》卷七六，頁 2～3〈按新城縣令蹇雄申省狀〉。
〔註138〕同註 137，頁 5～6。
〔註139〕《宋史》本傳。
〔註140〕《日抄》卷七九，頁 5〈曉諭遺棄榜〉。
〔註141〕《宋史》本傳。

擾役政。東發令「一路五十六縣，各隨宜處置，而覈鄉司底籍，知人戶虛實，無以詭挾爲擾」，要使下戶不受抑於上戶。至此，役法始公平可行。〔註 142〕東發又爲興修水利，凡廢陂壞堰及爲豪右所占者，皆復之。〔註 143〕

九年（西元 1273 年），改撫州提點刑獄司，三月初六日，至任〔註 144〕即「焚香告天，誓革積弊」，屢榜約束屬官廉潔自守。〔註 145〕決滯獄，清民訟，赫然如神明。有貴家害民，則按之，貴家怨；「又強發富人粟與民，富人亦怨」。怨家陰結御史中丞陳堅，劾之去。〔註 146〕十二月，扁舟歸江東〔註 147〕里居，遂奉雲臺祠（今陝西華陰縣南），〔註 148〕自署「雲台散吏」。〔註 149〕時年已六十有一矣。

帝㬎德祐元年（西元 1275 年）二月，奸相賈似道罷去。〔註 150〕上以宗正寺主簿召東發，將與俞浙爲監察御史。有內戚畏其直，止之，改移浙東提舉常平茶鹽司。〔註 151〕

三月十七日，到慶元府任所，致力撫定因饑致擾之鹽場亭丁，〔註 152〕「置司湖亭，止有水中亭子三間，風雨飄搖，不可居止」，〔註 153〕東發亦不問，唯公事是念：乃盡散還饑民舊欠本錢，使逃亡失所者歸復家園；〔註 154〕斬戮鹽場盜賊禍首，撫定其餘。〔註 155〕時茶鹽分司小吏赫然自持監司之體，紛然四出，剝賣亭戶田廬，故亦亟申准罷之。〔註 156〕五月十六日，鹽丁撫定，即行結帳。

〔註 142〕詳《日抄》卷七九，頁 2～3〈義役差役榜〉。
〔註 143〕《日抄》卷七九，頁 4〈本路通判水利公箚〉。又：《宋史本傳》。
〔註 144〕《日抄》卷七九，頁 6〈江西提舉司公移自注〉。
〔註 145〕詳《日抄》卷七九，頁 6～9〈交割到任日纍榜約束〉。
〔註 146〕《宋史》本傳。
〔註 147〕《日抄》卷九七，頁 9〈陸大傳墓誌銘〉。
〔註 148〕事見《宋史》本傳。
〔註 149〕《日抄》卷八八，頁 16〈餘姚縣重修學記〉，又：各本《宋史本傳》。惟《日抄》卷九○，頁 9〈送道士宋茗舍歸江西序〉，又：頁 10〈玉笥山道士徐師澹詩集序〉等二處，「雲」字誤刻爲「雪」，《元刊本日抄》係影鈔配補，無以證之。四庫全書校正本《日抄》上述二處均作「雲」字，是也。
〔註 150〕《宋史》卷四七〈瀛國公本紀〉。
〔註 151〕《宋史》本傳。
〔註 152〕《日抄》卷七七，頁 1〈申省寬鹽課狀〉，又：同卷，頁 2〈申已斷亭戶徐二百九〉等。
〔註 153〕《日抄》卷七七，頁 6〈辭免除直寶章閣兼紹興府長史申狀第二申〉。
〔註 154〕《日抄》卷七七，頁 1〈團結申省照會狀〉。
〔註 155〕《日抄》卷七七，頁 2～3〈申已斷亭戶徐二百九〉等。
〔註 156〕《日抄》卷七七，頁 1～2〈申免茶鹽分司狀〉。

而東發亦已「病瘁兼旬，飲食不進，實已不可支持」矣。遂申狀乞祠，〔註157〕弗聽。六月二十二日，令回司紹興府。二十八日，東發又申乞祠並免回司，〔註158〕亦弗聽。值皇叔大父福王與芮判紹興府，〔註159〕遂除直寶章閣依舊浙東提舉兼紹興府長史。〔註160〕

東發以為監司在外，於宰輔出為藩王者，得劾之，此國之紀綱也；而今若身為其僚屬，是坐壞紀綱矣，故屢申免兼長史，〔註161〕固不就命。至云：「士大夫可殺不可辱，匹夫不可奪志！（中略）若得免兼長史，則朝聞命而夕回司矣！」〔註162〕命進侍左郎官及宗正少卿，並皆不拜。〔註163〕

東發居官凡十七年，計歷十任。莅官之日，天恆未明，即起視事，事至立決。〔註164〕終身自奉儉薄，人有急難，則賙之不稍吝。〔註165〕

致仕歸，居定海縣靈緒鄉之澤山，〔註166〕榜其門曰「湖山行館」，其室曰「歸來之廬」。〔註167〕「督其家庭子弟，尤嚴於他人」。〔註168〕居無何，僑寓鄞縣南湖。未幾，復南遷寓桓溪，自署「杖錫山〔註169〕居士」。已而，又東避兵亂於同谷。〔註170〕國變後，隱居寶幢山，〔註171〕誓不入城府。前所居南湖之圖籍、器物，人爭掠取，亦不問。〔註172〕蒿目河山，感懷陵谷，「日惟一

〔註157〕詳《日抄》卷七七，頁4〈乞祠申狀〉。
〔註158〕《日抄》卷七七，頁4～5〈辭免回司乞祠狀〉。
〔註159〕《宋史》本傳。《宋史》卷四七〈瀛國公本紀〉載福王判紹興府在四月乙卯。
〔註160〕《日抄》卷七七，頁5～6〈辭免除直寶章閣兼紹興府長史申狀〉。
〔註161〕《日抄》卷七七，頁5～7〈辭免除直寶章閣兼紹興府長史〉，又：第二申、第三申。
〔註162〕《日抄》卷七七，頁7，同註164第三申。
〔註163〕《宋史》本傳。
〔註164〕《宋史》本傳，又參《日抄》卷七三，頁8〈回申省箚狀〉。
〔註165〕《黃文獻公集》卷九之上，總頁367〈慈溪黃君墓誌銘〉，又：《宋史本傳》。
〔註166〕袁桷《延祐四明志》卷七，頁23〈山川考自注〉：澤山本名櫟山，黃震以不雅，改今名。定海，今浙江鎮海縣治。
〔註167〕同註166。
〔註168〕元·戴表元《剡源集》卷一四總頁122〈贈黃彥實序〉。
〔註169〕全祖望《鮚埼亭集外編》卷一八，頁1〈東四明地脈記〉云：杖錫山為四明山二百八十峯之中心也。
〔註170〕同註169卷一六，頁17〈澤山書院記〉。
〔註171〕宋·謝翱《晞髮集》卷四，頁10有〈寶幢山尋黃提刑震舊避地〉詩。又《延祐四明志》卷五，頁30〈人物考〉中亦謂：東發曾避地寶幢山。並參《宋史》本傳。
〔註172〕《延祐四明志》卷五，頁30〈人物考〉中，又清·萬斯同《宋季忠義錄》卷

食」，〔註173〕遂餓死，享年六十有八。時宋亡之明年，即元世祖至元十七年（西元 1280 年）庚辰〔註174〕也。門人私謚曰「文節先生」。〔註175〕葬於慈溪縣之杜湖山。〔註176〕

　　元至元間，學者建湖山書院祀之；院，去其行館十里，順帝後至元二年（西元 1336 年）毀於兵，〔註177〕裔孫禮之復建。〔註178〕明洪武間，書院再毀於兵燹。〔註179〕至清，全祖望乃就湖山行館舊址建爲「澤山書院」；〔註180〕且嘆其從祀孔廟之典有闕。其祀於慈溪者，在杜洲六先生書院中；於鄞縣者，則在全氏所建同谷三先生書院中；而定海縣澤山之祀，則專席也。〔註181〕

　　東發於學無所不窺，著作甚夥，今存有《日抄》九十四卷，〔註182〕《古

一○，頁 10〈黃震傳〉（見《《四明》叢書》第二集第四冊）。兩處「南湖」，誤作「日湖」。按：實應作「月湖」，見《日抄》卷九○，頁 9〈玉笥山進士徐師澹詩集序〉，又同卷，頁 10〈書贈薛留耕〉。

〔註173〕同註 171 引《晞髮集》。

〔註174〕據戴表元《剡源集》（同註 168 引）云：「（東發）先生沒二十年，……（元成宗）大德辛丑（五年）之夏，遇……彥實（按：東發子）於杭，……是歲五月既望」，推證而得。又參近人陳垣〈黃東發之卒年〉一文。

〔註175〕《延祐四明志》（同註 172 引），《黃文獻公集》卷八上，總頁 323〈黃彥實墓誌銘〉，又：《宋史》本傳等均作「文潔」。唯袁桷《清容居士集》卷二○總頁 311〈戇庵記〉作「文節」，與其所編《延祐四明志》異，清王梓材據此疑東發私謚一作「文節」，見《東發學案補遺》卷八六，頁 1。按：《延祐四明志》非袁氏一人手編。謚法有「節」無「潔」，《逸周書》謚法解：「好廉自克曰節。」注：「自節以情欲也，不傷財，不害民。」《論語・泰伯篇》：「臨大節而不可奪。」宋人謝枋得以絕食報國，其門人私謚「文節」。驗諸東發生平，似以謚「文節」爲近；唯作「文潔」者多，茲仍存疑。

〔註176〕清正筍等重修《慈谿縣志》卷六，頁 8 古蹟門〈文潔先生黃震墓〉自注：「縣西北五十五里杜湖山」，清・曹秉仁《寧波府志》卷一七，頁 6 本之。

〔註177〕東發曾孫玠《弁山小隱吟錄・自序》。

〔註178〕同註 177。

〔註179〕曹秉仁《寧波府志》卷一六，頁 19 第宅「湖山書院」，又參《鮚埼亭集外編》卷一六，頁 17〈澤山書院記〉。

〔註180〕同註 179 引《鮚埼亭集》。

〔註181〕同註 179 引《鮚埼亭集》，頁 18。

〔註182〕東發晚年自編其《日抄》百卷，說見《元刊本日抄・沈遠序》。世有題宋「紹定二年菊月積德堂校正刊」本者，清・張鈞衡父子據而斷定黃氏原刊本之刊刻年代。其說殊謬，詳見拙作〈所謂宋紹定二年刊本黃氏日抄辨誤〉，載《書目季刊》第七卷第 1 期。原刻《日抄》，元順帝至元二年燬於兵。其明年，東發裔孫禮之復購求補刻，存目九十七卷，實九十四卷（佚其卷八一、八九、九二

今紀要》十九卷〔註183〕、《逸編》一卷，〔註184〕《戊辰修史傳》〔註185〕及佚文三篇〔註186〕等。

其於學，近則大抵尊信周、程、朱子之說，遠而上溯孔、孟、六經大旨；驗之於篤行，以爲實用。倡朱子之學於浙東，佛禪老莊「架空」之論，固所棄絕；即陸、楊一脈心學，亦在鄙駁之列。每於公暇，則批閱經、子四部諸書，隨手劄記，疏其精要，明其原委。凡微詞疑義，則反覆辨說，〔註187〕而斷以己意。不主於一家，不樹立門戶，蓋多深造自得，有所創發之論。〔註188〕此《日抄》之所由作也。

東發亦長於史學，所著有《古今紀要》；上自《左傳》、《國語》，下訖北宋，「或採其粹語，或撮其綱領，時代後先，人物本末，博綜條貫，細大不捐，間附折中之論」。〔註189〕又《日抄》中讀《史記》、《漢書》等正史及《國語》、《國策》等雜史，均有所評騭。至如：蘇轍《古史》、王當《春秋臣傳》等，言事固多謬誤不實；諸書皆爲之針砭訂正，欲後學免爲所誤也。〔註190〕

東發治學尚義理，重考據，而忽視辭章。嘗語人曰：「非聖人之書不可觀，無益之詩文不可作也」。〔註191〕又曰：「問學但知窮理，不求詞章記誦以爭名。」（《日抄》卷九三，頁4。）故其讀唐、宋人文集，特尚載理之文，遇其中有不合義理者，即爲辨正。〔註192〕

凡三卷；《永樂大典》收錄甚多）。明武宗正德十三──十四年龔氏明實書堂又有覆刻本。清初汪佩鍔珠樹堂重加校刻；四庫全書編修時，亦據元刊本而有所校正。《日抄》之佚文，今可考知者，有「勸誡」一類（元刊本沈遠序云有此類，而該本已無之）。

〔註183〕元刊本與四庫全書本單行，而明刻本與清初汪氏刻本則附《黃氏日抄》以行。

〔註184〕記理、度二朝事，今見於《知不足齋》叢書及《四明》叢書，第一集第二冊。

〔註185〕記度宗戊辰年與同修寧、理兩朝國史實錄時，所成李心傳等六人之事蹟。

〔註186〕東發之佚文有三篇，今有二編見存：其一爲〈與曹東墟省元求文元公行實手柬〉，見《慈谿縣志》卷一五，頁2。其二、爲〈五夫社倉記〉，見《永樂大典》卷七五一○，頁7引。至東發之自傳〈醒吟先生傳〉一篇，陳著謂爲東發六十七歲時所作，而今傳各本《日抄》俱不載。

〔註187〕《元刊本日抄·沈遠序》，清刻本沈起元序，《四庫全書總目提》卷九二，頁48子部儒家類二黃氏日鈔，並參《慈谿縣志》卷七，頁10〈黃震傳〉等處。

〔註188〕參《四庫全書總目提要》。

〔註189〕汪佩鍔序《日抄·古今紀要》語。

〔註190〕詳《日抄》卷四六──五四〈讀史〉。

〔註191〕《宋史》本傳。

〔註192〕詳見《日抄》卷五九～六八〈讀文集〉。

《日抄》後二十六卷，爲其文集，計收錄平生所作奏箚、申明、講義、記跋、書札與行狀等。蓋其生前已有「大手筆」之譽。〔註193〕其文「節支雖多，脈理自一」。〔註194〕尤長於論事，條其是非利害，語多警闢。人謂其奏疏明暢，甚似朱子云。〔註195〕

東發妻趙氏。〔註196〕子三：長曰夢辣，字祖勉。天性素靜，沉潛汲古，東發同年進士陳著見之，屈行輩與爲親家。宋亡，無意仕進，先其父而卒，〔註197〕以蔭補將仕郎。〔註198〕次曰叔雅，字仲正，事母至孝。有司三奉科舉令，卒不應試，家居授徒。享年五十有四。〔註199〕季曰叔英，字彥實，介然卓立，一以躬行爲本，酷肖其父。熟誦經、史、百氏之書，嘗爲晉陵、宣城、蕪湖三學教諭，又爲和靖、采石兩院山長。亦邃於詩文，有《戀庵暇筆》三卷、《詩文雜著》總二十卷。年五十五而卒。〔註200〕嫡長孫名正孫，有學行，宋亡不仕。曾孫玠，力行尚實，隱居湖州弁山，著有《弁山小隱集知非稿》。〔註201〕

黃氏晚年授學於浙東海隅，以傳之者寡，遂稍闇淡。〔註202〕然其三子俱克紹之，以傳其學。時人岑翔龍及墧陳若，亦傳其學。〔註203〕元楊維楨游學四明，得《日抄》及《黃氏紀聞》歸，〔註204〕學業大進，後遂爲一代文宗。〔註205〕明陳檉承祖著之學，又私叔東發之教，用功史學，著有《通鑑前編舉要》、《通鑑續編》等書。〔註206〕東發三子彥實，傳其學於黃玨、岑士貴、王

〔註193〕《日抄》卷九六，頁 15〈知興化軍宮講宗博汪公行狀引應浩然語〉。又：陳著《本堂集》卷七五，頁7〈答黃東發提舉送「本堂記」書〉。

〔註194〕同註 193 引《本堂集》。

〔註195〕《延祐四明志》卷五，頁 30〈人物考〉中。

〔註196〕《寶祐四年登科錄》，《清容居士集》卷二九，總頁 440〈處士黃仲正甫墓誌銘〉，《黃文獻公集》卷八之上，總頁 323〈黃彥實墓誌銘〉。

〔註197〕陳著《本堂集》卷九○，頁 1～2〈挽黃祖勉〉三首。又：卷八二，頁 1～2〈答次女洗許黃氏啓〉。

〔註198〕《黃文獻公集》卷九，總頁 367〈慈溪黃君墓誌銘〉。

〔註199〕袁桷《清容居士集》，同註 196 引，總頁 440～441。

〔註200〕《黃文獻公集》，同註 196 引，總頁 323～324。

〔註201〕《東發學案》，總頁 1642。

〔註202〕《鮚埼亭集外編》卷一六，頁 18〈澤山書院記〉。

〔註203〕《東發學案補遺》，頁 63～64。

〔註204〕明・朱昱編《鐵崖文集》卷二〈先考陰公實錄〉；宋濂《宋文獻公全集》卷一○，頁 15〈元故奉訓大夫江西等處儒學提舉楊君墓誌銘〉亦云。

〔註205〕《宋元學案》卷五二，總頁 966〈良齋學案〉。

〔註206〕《東發學案》，總頁 1643，《四庫全書總目提要》卷四七史部編年類著錄《通鑑續編》二十四卷。

士毅〔註207〕、岑良卿〔註208〕等。迨至清代，如：黃宗羲、顧炎武、陸世儀、全祖望、陳澧輩，皆受東發之影響焉。〔註209〕

〔註207〕《東發學案》，總頁1643～44。

〔註208〕《東發學案補遺》六六。

〔註209〕黃宗羲重視史學，開創有清浙東史學派，其學實嘗受東發之影響（參見杜維運〈黃宗羲與浙東學派之興起〉一文，頁6）；又：其《宋元學案》屢引東發之說，且首及胡瑗、孫復與石介三人，即本東發之說（詳《日抄》卷四五，頁10〈讀石徂徠文集〉）也。顧炎武主張「古之所謂理學，經學也。」（《顧亭林文集》卷三，頁10〈與施愚山書〉）之說，亦源諸東發（參何佑森〈顧亭林的經學〉一文，載《文史哲學報》第16期，頁201）；而顧氏《日知錄》中，又屢引東發之說，其私淑東發之學明矣。陸世儀《論性大旨》與東發相似（本錢穆〈黃東發學述〉說，見原文頁3）。全祖望亦為浙東史學家之一，所補《宋元學案》備引東發之說。陳澧之學，多調和今古文之說，如調和今古文孝經，即受東發〈讀孝經〉之影響；其所著《東塾讀書記》中，抄錄諸子書如：《老子》、《列子》等之可取者，亦繼東發者也。

第貳編　黃震年譜

第貳編　黃震年譜

宋寧宗嘉定六年癸酉_{金宣宗貞祐元年，蒙古太祖八年}〔註1〕（西元1213年）**先生一歲**

五月十四日，先生生於浙東路慶元府慈溪縣鳴鶴鄉之古竇。年月日據《寶祐四年登科錄》。

按：高宗紹興三十二年定浙江為二路；浙東路統三府——紹興、慶元與瑞安府——，四州（婺、衢、處與台州）。慶元府轄鄞、奉化、慈溪、定海、象山、昌國六縣。慈溪，明成祖十六年改溪字為「谿」（《明史・地理志五》）。先生《日抄》（元刊本、四庫本）卷八七〈紹興府添差通判廳龍山堂記〉末署「慈谿」，當係誤刻。先生曾六度自署籍曰鄞〔註2〕、又署四明（如《日抄》卷八八，頁4）、四明山〔註3〕、鄮山（如《日抄》卷八六，頁2），蓋鄞為慶元府首邑，鄮山在鄞東三十里，昔海人貿易於此；而府有四明山著稱於世，先生亦以生於四明為榮。全祖望謂先生慈溪舊宅在鳴鶴鄉之古竇。〔註4〕

先生姓黃，名震，字東發。其先來自東嘉（《日抄》卷九五，頁1）。唐末，黃氏一支遷姜山，即黃秀發之先也。秀發嘗編《姜山族譜》，東發作序，有云：「余宗人秀發一日謂余曰：「我祖太傅公，唐末持節鄉郡，聚族姜山。世以一字加名之上若下，以志別，無紊者。自從祖德器甫，初

〔註1〕五月，金衛紹王改崇慶為至寧。九月十五日，宣宗改元禎祐。
〔註2〕如：卷八六，頁13〈梅溪記〉；餘不俱引。
〔註3〕四庫本《日抄》卷八七，頁17〈萬山樓記〉。
〔註4〕《鮚埼亭集外編》卷一六，頁17〈澤山書院記〉。

以父命後其兄，已而，兄有子，復還其初。族或謂其嘗穆也，不以與昭齒，自是名字錯出，不復各於其行。」（《日抄》卷九〇，頁 1）另一支遷慈溪，則東發之先也。按：清全祖望《宋元學案》謂東發本貫定海（同註4），蓋見東發罷官後居定海而致誤也。東發自謂爲山谷之後（《日抄》卷九三，頁 1）。

曾祖允升，祖世堯，俱未仕（《寶祐四年登科錄》）。叔祖得一，字仲清，號壺隱，刻苦自修，深造有得，〔註5〕始以詩文振。官至機察。自先生幼即加督勵，移化深遠（《日抄》卷九五，頁 1）。父一鶚，庭訓甚嚴，躬自督課，每以學爲君子、知恥能格勉先生（《日抄》卷九四，頁 1），常囑誦晦庵《論語集註》。先生學術有得於晦翁，歸宿於孔子，乃父之教也。其幼家貧，父嘗令躬耕以食。（《日抄》卷七八，頁 2）

是年，楊簡七十四歲（《宋史・楊簡傳》）；葉適，六十四歲；〔註6〕黃榦，六十二歲；〔註7〕王柏，十七歲。〔註8〕

　按：全祖望云：「四明之傳，宗朱氏者，東發爲最。……晦翁生平不喜浙學；而端平以後，閩中江右諸弟子支離、舛戾、固陋，無不有之，其能中振之者，北山師弟爲一支，東發爲一支，皆浙產也。」〔註9〕東發、王柏庚齒雖不齊，而玩索古籍，得晦庵之傳，於理、度二朝間唱道於明、婺，其功則相似也。

嘉定七年甲戌 _{金貞祐二年，蒙古太祖九年}（西元 1214 年）**二歲**

十月一日，黃榦作〈徽州朱文公祠堂記〉，總述朱子平生學行，云：「不爲習俗之所遷，不爲利害之所誘，居敬以立其本，窮理以致其知，躬行以踐其實。」〔註10〕

是年，鄞人陳著生。

　按：著，號本堂，爲先生同年進士，後又聯爲親家。

〔註 5〕《朱子大全》卷八四，頁 24〈跋黃壺隱所藏師說〉。
〔註 6〕據元・方回《桐江集・讀筧窗荊溪集》跋謂水心生於紹興二十年推定。
〔註 7〕《考亭淵源錄初稿》卷四，頁 3 附鄭元肅、黃文肅年譜略。
〔註 8〕《魯齋集》卷一〇，頁 1 附錄宋・葉由庚〈魯齋壙誌〉。參程元敏《王柏之生平與學術》第壹編〈王柏年譜〉。
〔註 9〕《宋元學案》卷八六總頁 1631〈東發學案〉。
〔註 10〕《勉齋集》卷九，頁 20。

其生年，從近人陳垣先生說，陳氏〈東發之卒年〉一文附識云：「陳本堂生在嘉定七年甲戌，集中證據不一。寶祐四年丙辰應年四十三，……據本堂記九十，前妻童氏墓表，妻生於嘉定九年丙子，淳祐十一年壬子卒，得年三十有七，則寶祐四年妻當四十一；本堂長於妻二歲。」

同年，先生至友羅季清生。

按：先生爲季清作〈恥獨記〉，云：「羅君季清與余幼同里門，且同舍。先余十五年登科。」考先生於理宗寶祐四年，年四十四中進士；故先生嘗謂其「生甫二十七年，即告擢第。」（《日抄》卷八六，頁 14、卷九五，頁 5）是季清生於本年也。

同年，趙師夏讀朱子撰〈延平李先生行狀〉，有跋述朱子師事李侗態度轉變之經過；先生嘗錄其要，云：「文公幼孤，從屏山劉公問學，及壯，以父執事延平而已。至於論學，蓋未之契；而文公每誦其所聞，延平亦莫之許也。文公簿領同安，反復延平之言，若有所得者，於是盡棄其學而師事焉。」（《日抄》卷四三，頁 4）

嘉定八年乙亥 _{金貞祐三年，蒙古太祖十年}（西元 1215 年）**三歲**

十月一日，李道傳刊《朱子語錄》於池州，黃榦爲作後序。〔註11〕

按：語錄雖有門人失實之記載，然終爲治朱子學之重要憑藉，故先生亦每加徵引，《日抄》卷三十七、八兩卷即〈讀晦庵語類〉也。先生並嘗贊其殊勝處，云：「愚苦多忘，凡讀書必略記所見。至讀《朱子語類》，則如仰觀造化之大，莫知所措辭！」（《日抄》卷三八，頁 15）

嘉定九年丙子 _{金貞祐四年，蒙古太祖十一年}（西元 1216 年）**四歲**

正月一日，黃榦撰〈漢陽軍學五先生祠堂記〉。〔註12〕

按：五先生者，周子、二程、游酢與朱子也。勉齋謂五先生振洙泗遺緒，恢宏宋學之局。先生於游氏晚年嗜佛，頗致微辭（《日抄》卷三七，頁24），於其餘四先生則備致推崇。

〔註11〕《朱子語類》卷首附，序末署年月日。按：《日抄》卷三七，頁 1〈讀晦庵語類一〉將主刻者誤作李心傳。
〔註12〕《勉齋集》卷二〇，頁 1～3。

嘉定十二年己卯_{金興定三年，蒙
古太祖十四年}（西元 1212 年）**七歲**

十一月，黃榦講學三山，始通釋朱子《論語集註》、《集義》、《或問》三書，名曰《論語通釋》。〔註13〕原書久佚。

嘉定十三年庚辰_{金興定四年，蒙
古太祖十五年}（西元 1220 年）**八歲**

夏，黃榦撰成《儀禮經傳通解》續卷〈喪禮〉十五卷。（同註7頁4）

按：是書一本朱子編纂遺規，以儀禮為經，而取禮記及諸經、史雜書所載有及於禮者，皆以附於本經之下。先生未集解儀禮，蓋以此書為當時最善之注本，自無庸復贅也。

史公說於眉州刊黃士毅編《朱子語類》，九月一日，魏了翁作序。是本增多李氏池州本（三十三家）三十八家。〔註14〕

嘉定十四年辛巳_{金興定五年，蒙
古太祖十六年}（西元 1221 年）**九歲**

三月十七日，黃榦卒，享壽七十。（同註7頁4）

嘉定十五年壬午_{金宣宗元光元年
蒙古太祖十七年}（西元 1222 年）**十歲**

八月四日，寧宗命戶部詳議義役。（《宋史・寧宗本紀四》）

按：宋代義役時生流弊；是後先生任州郡時，亦嘗深探其失，而申朝省改革。

嘉定十六年癸未_{金元光二年，蒙
古太祖十八年}（西元 1223 年）**十一歲**

正月二十六日，葉適卒，享壽七十四。（同註6）

嘉定十七年甲申_{金哀宗正大元年，
蒙古太祖十九年}（西元 1224 年）**十二歲**

八月二十八日，袁燮卒，享壽八十一。（同註4）

理宗寶慶元年乙酉_{金正大二年，蒙
古太祖二十年}（西元 1225 年）**十三歲**

九月二十四日，實錄院詔編修寧宗實錄。（《宋史全文》）

按：寧宗實錄自本年起編修，費時頗久，十三年後，尚命李心傳等修撰。

〔註13〕同註7頁11注引門人陳宓序。

〔註14〕序見原書前附，末署年月日，又：《日抄》卷三七，頁1〈讀晦庵語類一〉。

四十二年後（度宗咸淳三年），當先生任史館檢閱時，仍與修焉。

寶慶二年丙戌_{金正大二年，蒙古太祖二十一年}（西元 1226 年）**十四歲**

三月二十三日，楊簡卒，享壽八十六。〔註15〕

　　按：四明楊簡、袁燮、舒璘、沈煥四先生宗陸，而慈湖尤著。歸有光〈浙
　　　　省策問〉云：「子靜之門人，則楊簡篤學力行，爲治設施，皆可爲後世
　　　　法；清明高逸，人所不及。……蓋浙中尤尊陸氏，而慈湖其唱也。」
　　　　〔註16〕明州四先生均在先生前，至先生時，浙中陸學鼎盛，學朱者寡。
　　　　先生生乎其世，欲崇朱學，不得不斥陸學之偏，與慈湖之說之弊，於
　　　　《日抄》中每隨文論之。

是歲，先生本師王文貫（貫道）及進士第。

　　按：文貫，鄞人。事鄉先生余端臣。學宗輔廣，工《毛詩》、《論語》與
　　　　《春秋》；並以授徒，四明從游者百餘，先生與汪元春其魁也。〔註17〕

寶慶三年丁亥_{金正大四年，蒙古太祖二十二年}（西元 1227 年）**十五歲**

五月二十一日，理宗詔：「朕每觀朱熹集註《大學》、《論語》、《孟子》、《中
庸》，發揮聖賢蘊奧，有補治道。……可特贈熹太師，進封信國公。」

　　（《宋史‧理宗本紀一》）

紹定二年己丑_{金正大六年，蒙古太宗元年}（西元 1229 年）**十七歲**

九月，改封朱子徽國公。（《日抄》卷三二，頁 17）

紹定三年庚寅_{金正大七年，蒙古太宗二年}（西元 1230 年）**十八歲**

五月一日，蔡沈卒，年六十四。〔註18〕

　　按：蔡氏《書集傳》，先生極爲重視，《日抄‧讀尚書序》嘗云：「經解唯
　　　　書最多，至蔡九峰參合諸儒要說，嘗經朱文公訂正。其釋文義既視漢
　　　　唐爲精，其發旨趣又視諸家爲的，書經至是而大明，如揭日月矣！」

　　（《日抄》卷五，頁 1）

〔註15〕《慈湖遺書》後附年譜卷二，頁 28。
〔註16〕《震川先生別集》卷二下頁 1〈應制策〉。
〔註17〕元‧馮福京編《大德昌國州圖志》卷六，頁 6〈名賢門〉。
〔註18〕《眞文忠公文集》卷四二，頁 644〈九峰先生蔡君墓表〉。

端平元年甲午^{金天興三年、末帝承麟}（西元 1234 年）二十二歲
端平元年甲午_{元年，蒙古太宗六年}（西元 1234 年）二十二歲

五月十日，金哀宗、末帝被殺，金亡。

十二月三十日，林守道卒。

　　按：先生嘗撰〈守道墓誌銘〉有云：「艾隱古學古心，超然不與世接。……
　　　　蚤工詩賦。年十五即嘆曰：破碎非吾學也。改學經，又嘆曰：破碎猶
　　　　吾前日詩賦也。改從晦庵先生遊，願聞大道之要；裹糧束書，至中途，
　　　　聞晦庵訃而返；慨然避戶，力學精思實踐，如及考亭之門焉。……晚
　　　　猶嗜易，積十年，精通卦義。濱死尚吟誦不輟，易簀置易床頭。」（《日
　　　　抄》卷九七，頁 11～12）

是年，先生讀書餘姚縣學。嘗閱南唐宋齊丘《化書》而喜。

　　按：時，同學間傳閱宋齊丘《化書》，先生讀之欣然，為文亦效其體，
　　　　嘗云：「用其氣之說，答權政氣略策，以氣貫權、政、略三事，文
　　　　亦仿效之。主司湛太傅驚喜，及拆試卷，半持草卷，先聲之眾曰：
　　　　有卷合實魁，而文怪，不可，今實第四。」（《日抄》卷五五，頁 20）
　　　　《化書》，張耒、東發等以為宋齊丘作；而陳景元跋，則謂宋竊之
　　　　其師譚峭，宋濂《諸子辨》本之。《四庫全書總目提要》云：「方外
　　　　之士，行蹤靡定，亦無從而究詰矣！」

端平三年丙申_{蒙古太宗八年}（西元 1236 年）二十四歲

春，先生入王文貫之門，因得聞余端臣之學。

　　按：先生嘗云：「慶元府舊有訥庵先生余君，以經學教授閭里，從之者數
　　　　百人，後多出為名卿才士。余生也晚，猶幸得師其門人宗學諭王公貫
　　　　道，因亦得竊聞先生緒論。」（《日抄》卷九七，頁 14）

嘉熙元年丁酉_{蒙古太宗九年}（西元 1237 年）二十五歲

冬：孫一元禮致先生於餘姚縣學西塾。（《日抄》卷九七，頁 3）

　　按：一元為東發知友子秀之父，頗有學行。

嘉熙四年庚子_{蒙古太宗十二年}（西元 1240 年）二十八歲

夏，先生仍在餘姚讀書，與同舍張澤民友善，「澤民年少而能卓立，口誦古文
　　不少休。平居非公堂、講肆，足跡未嘗出戶限。」（《日抄》卷九七，頁 12）

淳祐元年辛丑 ^{蒙古太宗十三年}（西元 1241 年）二十九歲

正月十五日，理宗詔：周、張、二程四子眞見實踐，深探聖域。中興以來，得朱子精思明辨，孔子之道益大明于世。其令學官列之從祀，以示崇獎。（《宋史·理宗本紀二》）

淳祐四年甲辰 ^{蒙古乃馬真后三年}（西元 1244 年）三十二歲

是年，戴表元（帥初）生。〔註19〕

淳祐六年丙午 ^{蒙古乃馬真后五年，定宗}_{元年，（西元 1246 年）}三十四歲

春，先生得黃勉齋文集十卷於山陰施德懋，乃衡陽本也；口誦心惟，視如拱璧。（《日抄》卷九一，頁 19）

淳祐七年丁未 ^{蒙古定宗二年}（西元 1247 年）三十五歲

八月二十六日，蔡杭進父沈《書集傳》，上表有云：「伏以惟精一以執中，乃三聖傳授之心法；無黨無偏而建極，蓋百王立治之大經。」〔註20〕

按：自此而後，世之學者遂指「人心惟危」以下十六字，爲傳心之要（《日抄》卷五，頁 2）。先生不以其說爲然（詳第肆編第二章尚書學）。

同年，先生至天台，隨郡守沈寺丞墅留郡齋後屈原廟，先生作祝文揭櫫立身之要旨，云：「古之學者學爲君子。世降俗薄，偽焉而已；甚至小人挾以邀利，曳裾侯門，尤或無恥，欺主招賂，盜賊不啻。世道之污，蓋亦由此。夙被父訓，誓不敢爾。……凜凜此心，朝夕靡替，惟神矜佑，俾我始終。」（《日抄》卷九四，頁 1）

淳祐八年戊申 ^{蒙古定宗三年、斡兀后}_{元年（西元 1248 年）}三十六歲

冬，先生求台守沈氏刊印朱子《四書章句集註》，啓文述其故云：「蓋聞自唐虞三代之立極，至夫子集其大成。迨周、張、二程之談經，得文公更爲精密，謂〈中庸〉爲造道之奧，謂〈大學〉爲入德之門，《論語》

〔註19〕方回《桐江續集》卷三一，頁 32 應子翺經傳蒙求序云：「戴帥初，……少予十七歲。」方氏生於理宗寶慶三年，由此推定戴氏生平。又：袁桷《清容居士集》卷二八，頁 421〈戴先生墓誌銘〉云：「至大庚戌三月卒，享年六十有七。」由此推算亦得。

〔註20〕蔡氏《九儒書》卷八，頁 5《久軒公集上·書經集傳表》。

皆答問之微言，《孟子》盡義利之大訓；既爲提其綱要，又復次其簡編。
支分節解，而脈絡之相通；辭約義精，而毫髮之無恨。」（《日抄》卷九
三，頁 1）

先生景慕聖賢，有得於朱學者，均由此文見之。其文又云：「邇年以來，榮
望既絕，收身心而伏讀，覺氣味之愈長。茲備門牆之員，遂免江湖之
習。」所謂江湖之習，乃指科場所重之浮華時文，先生素厭之而不爲。
（《日抄》卷九三，頁 5）

淳祐九年己酉 ^{蒙古斡兀后二年}（西元 1249 年）三十七歲

正月二十日，朝廷給官田五百畝，命臨安府創慈幼局，收養道路棄嬰；仍
置施藥局醫療貧民疾病。（《宋史‧理宗本紀三》）

按：後，慈幼局蓋普設各地，惜法久弊生，有名無實。故其後先生知撫
州兼江西提舉期間，即嘗損益舊法，爲孤獨者謀。

秋，先生落第，寓居杭州。（《日抄》卷九七，頁 1）

淳祐十二年壬子 ^{蒙古憲宗二年}（西元 1252 年）四十歲

十月，王佖撰徽州刊本朱子語續類後序，謂增多前編者二十餘家，「既哀以
爲媵錄，而繼之者尚未艾也。」（《朱子語類》前附）

寶祐元年癸丑 ^{蒙古憲宗四年}（西元 1254 年）四十二歲

八月十三日，吳槃知嚴州。〔註 21〕

按：董槐與王柏移大學「知止而后有定」等四十二字，及前「此謂知本」
四字，并「子曰：聽訟吾猶人也」章三十字，又「此謂知之至也」六
字，總八十二字爲格致傳，謂格致傳未嘗亡。〔註 22〕後人多謂此爲
董氏首倡，實則，吳氏於董氏之前已有是說矣，王柏云：「聞昔日嚴
陵吳守槃亦有此說」；〔註 23〕似以董後爲丞相位尊，吳爲太守位卑，
故後人但述董說耳。

〔註 21〕《嚴州圖經》卷一，頁 75。
〔註 22〕董說見《日抄》卷二八，頁 12〈讀禮記大學〉所引，王說見所著《魯齋集卷
九〈大學沿革論〉。
〔註 23〕《魯齋集》卷八，頁 7〈回趙星渚書〉。

寶祐三年乙卯 ^{蒙古憲宗五年}（西元 1255 年）四十三歲

八月一日，以董槐爲右丞相兼樞密使。（《宋史・理宗本紀四》）

本年，先生應鄉試。（《日抄》卷九七，頁 10～11）

寶祐四年丙辰 ^{蒙古憲宗六年}（西元 1256 年）四十四歲

五月八日，先生應御試。（《寶祐四年登科錄》，頁 1）

按：考官之中，日後與先生任官職事有關係者，有添差覆考官余鰲與覆
考檢點試卷官王應麟；而汪元春獨褒獎先生卷。先生皆師事之。

同月二十四日，先生成進士。

按：本日唱名，先生中第四甲第一〇五名；其第一甲第一人爲文天祥，第
五甲第十七人爲陳著。合賜進士出身者六百零一人。先生既登第，往
謝考官汪元春；汪氏省憶先生爲同門學弟，「每以出處大致相勉勵」
（《日抄》卷九六，頁 18）。

七月二十六日，以程元鳳爲右丞相兼樞密使。（《宋史・理宗本紀四》）

寶祐五年丁巳 ^{蒙古憲宗七年}（西元 1257 年）四十五歲

先生待吳縣尉缺。（《日抄》卷九四，頁 1）

九月，蒙古軍分道南侵。（《元史・憲宗本紀》）

同年，先生作〈代台州糶知郡祈晴〉，有云：「爲民請命，敢遺餘力？……
淋淫未止，神豈棄民！吏則有罪。」（《日抄》卷九四，頁 1）

按：此文雖爲代筆，然孜孜爲民之意，則先生後日涖民之寫照也。

開慶元年己未 ^{蒙古憲宗九年}（西元 1259 年）四十七歲

二月，蒙古軍圍潭州，憲宗親將圍合州。（《元史・憲宗本紀》）

春，吳縣雨霆霖，鹽產絕少。（《日抄》卷七一，頁 13）

九年十一日，忽必略渡江困鄂州，焚毀江西興國軍官板六經。先生謂此爲
存亡危急之秋。〔註 24〕

十月十日，合州圍解。

〔註 24〕《宋史》卷四四〈理宗本紀四〉。《日抄》卷九一，頁 20〈修撫州六經跋〉。

十一月十八日，先生到平江府吳縣尉任。

按：吳縣爲當時陪都。先生省憶當時局勢及涖事方針，云：「某之來，正當己未冬胡馬飲江時。方是時，朝廷方大懲創人心，方大改觀監司，帥守方極一時選，以大更革。某因得盡爲百姓大鳴其不平。」蓋先生以爲「尉」本取「慰安其民」之義也。〔註25〕

同日，先生申縣令乞放寄收尉司人嚴七七。先是本年五月七日嚴某欠租，盡典田七畝於李奉使家，李以之作賣契折還，已無所欠；而嚴某則仍拘繫尉司，同監三名內詹、凌二人均以凍餓致死。先生聞訊，驚惶哀痛，乃亟乞放歸。（同註25）

十二月，申府乞免縣尉躬親擾民及理索，痛陳尉司弓手之害，云：「豪姦玩法，睚眦微隙，必囑縣吏差縣尉捕所怨之家，以快其私。……人戶理索，因官司所當與之主盟；然非尉職也。」（《日抄》卷七○，頁3）

冬，林立武伏闕上書。

按：其後，先生嘗撰〈跋林氏上書〉云：「其言之哀痛切至，猶人情然也。至其畿甸之民瘼事機、江淮兵防要害，歷歷如指諸掌，非其平日志存當世，深思力討，亦安能一旦發言動中肯綮如此？往事雖幸再安，而良藥不容少廢於病瘳之餘也。」（《日抄》卷九一，頁7）

同年，作〈通浙西常平朱提幹書〉，於虛無之學與功利之說爲之扼腕，云：「胡爲吾黨反惑異聞，高者流於虛無，既已牢不可解；卑者溺於功利，又復陋矣。」（《日抄》卷九三，頁1）

按：反虛無、反功利爲先生理學要旨。此意日後屢加發明。

景定元年庚申 _{蒙古世祖中統二年}（西元 1260 年）**四十八歲**

春，先生權使嘉興府華亭鹽場，見亭戶有白納貼袋鹽錢者，申提舉司乞散還。提舉司未果行。《日抄》卷七一，頁8）

又：先生探悉華亭分司購買牙人所購蒲草，以織鹽袋，出價低而求袋多，催督煩苛，繼以箠楚，牙人因多逃亡，不逃者怨之次骨。因亟申府乞補添買價，使公私兩便。鹽場織鹽袋機戶工錢，先生亦乞定本月工錢

〔註25〕《日抄》卷七○，頁1〈申縣乞放寄收人狀〉；卷八三，頁1〈吳縣擬試策問第一道〉；卷八四，頁6〈通新憲使余主一書〉。

至次月十五日前發放爲期限，以免拖欠，礙民生計。（《日抄》卷七一，頁8～10）

又：先生又作〈申寬免綱欠零細及孤孀貧乏戶外再乞作區處狀〉、〈申乞免監贓錢狀〉、〈申乞免追鈔客舊鈔狀〉、〈再申乞免鈔客比較狀〉，皆爲便民利民故。而〈申起蓋監水步屋狀〉，請蓋屋十間，使舡鹽隨處交卸，免致停積，則爲便官而作也。（《日抄》卷七一，頁10～16）

先生以政績卓著，平江府洪雲岩發運特薦之，先生作謝啓，謙云：「某者技極五窮，官卑一尉，惟有忠赤可酬上蒼。……凡其廉隅之自守，正以分量之素微。」（《日抄》卷九三，頁2）

夏，楊頎新任提舉司，先生作狀求利便編民，洋洋一千三百言，其要點有二：一、乞廢除案吏巡捉私鹽一斤，給賞二百文之舉，以免其貪利擾民。二、義役敗壞，官與民爭利，當詳察而求變革。（《日抄》卷七一，頁16～18）

七月，先生繼去歲十二月申洪發運之後，又申提刑司孫憲使乞免巡尉理索，謂尉司本職爲巡警及催促綱運，今使理索私租，於法無據；且「理索私租帖牒日下數四，一帖牒動追數十家。」因條陳巡尉不可理索之故十事，言之諄諄，聲淚俱下。幸蒙採納，革此宿弊。（《日抄》卷七〇，頁3～4，頁6）

多，嘉興府孫提舉差先生至鹽場散還鹽本錢，先生親見華亭分司之害，因乞提舉敷奏朝廷省罷之，云：「亭戶本與官爲市，有買而後有納。自置分司，……買鹽不以本錢，惟事抑納，使亭戶逃亡而鹽課折陷者分司也。……係纍其妻妾，破壞其家產；甚至有訊，腿荆五十，而一荆取錢五貫者。……天下細民之苦，莫亭戶爲劇，……蓋煮海爲鹽，全藉晴日，到深多沍寒之際，必缺額也。……況如某所經歷〔註26〕下砂、青村、袁部、浦東等場，三數百里無禾黍菜蔬井泉，所食惟醎水煮麥，不知人世生聚之樂，其苦尤甚，所宜痛恤。分司廳已去之官，斷杖乃日不下四百座，半歲之間，死於非命者七人。人人視分司即本司，無敢輕出一語。……竊謂必欲亭戶之逃亡者復業，鹽課之折陷者復舊，非省罷分司廳不可！」（《日抄》卷七一，頁5～7）

〔註26〕歷字原誤作「登」，此據四庫本《日抄》。

先生視民如傷，竭心力為之興利除弊，故所知交薦之。程元鳳亦薦先生，
先生謝啟有云：「如某者眇眇百僚之底，落落寸心之孤，饑寒不以告人，
自諉窮達死生之有命。問學但知窮理，不求詞章記誦以爭名。」又曰：
「問學但知窮理，不求詞章記誦以爭名。」（《日抄》卷九三，頁4）

景定二年辛酉^{蒙古中統二年}（西元1261年）四十九歲

景定二年辛酉（蒙古中統二年）（西元1261年）四十九歲

五月六日，暴風雨毀壞吳縣通濟寺化人亭十間，吏受寺僧之請，急令尉司
監造。次月，先生申判府程元鳳乞止之。

　　按：人死火化，源自印度。先生以其非人道而斥之，云：「親死肉未寒，
即舉而付之烈焰，權棒碎拆，以燔以炙；餘骨不化，則又舉而投之深
淵。哀哉斯人，何辜而遭此身後之大戮耶？某久切痛心，每念革絕。」
又由倫理觀點論之，云：「竊謂此亭為焚人之親設也，人之焚其親，
不孝之大者也。」復斥其不合古禮，云：「古者小斂、大斂，以至殯
葬皆僻踊，謂遷其親之尸而動之也；況可得而火之耶？舉其尸而畀之
火，天下慘虐之極，無復人道，雖蚩尤作五虐之法、商紂作炮烙之刑，
皆戮之於生前，何至戮之於身後也！」（《日抄》卷七○，頁7～9）此文，
清人董兆熊編《南宋文錄錄》卷八收錄之，蓋以其深有教化之功也。

七月，先生申轉運司乞免行酒庫受誣告害民。所申獲准，因掃絕此弊。〔註27〕

夏至秋，浙西三郡水災，華亭縣上戶閉糴，縣令被劾去，改派先生權攝，
專力賑濟，活口甚眾。其〈權華亭縣申倉司乞米賑饑狀〉，述其賑救之
法，云：「某一時作急，盡出己俸，倡率煮粥；兼出下俚之計，效尤浮
屠家作疏頭緣化，請學職以化士大夫家，請寺僧以化街坊市戶。」水
災未救，而府乃命縣重修圍田田塍。先生申明其事較小，而修復水利
事關民食軍餉；且飢民方嗷嗷待哺，豈可拋離？又省箚只命「各郡差
官使判」，府吏增附「知縣躬親同往」之語，故先生具狀辭之。（《日抄》
卷七一，頁1～2）

十月二十一日後不久，先生作〈總所差踏江北三沙圍田回幕申提刑司狀〉，
將所見江北之民苦於舡少之狀，歷歷指陳，并述增舡以固江防之要，
回申總所。（《日抄》卷七一，頁4～5）

〔註27〕見《日抄》卷七○，頁6～7，卷八四，頁7〈附通新漕季厚齋書〉。

十一月十六日，先生作〈積慶庵記〉。先是先生友人鍾君遇於浙江獅山下作積慶庵成，先生釋「積慶」二字之深意而勉之，云：「一陰一陽，造化樞紐，繼之者善，善之積也厚，而善之發也宏。……夫止於至善而不遷謂之積，積於其家而不已謂之慶。……夫善非積於家而已也，非徒善之為而已也，士君子出而兼善天下，必去其不善，而後其善斯溥也。」（《日抄》卷八六，頁14～15）

同月，先生有〈通新知平江府修齋王尚書（燴）〉書，陳救吳門積弊者上中下三策曰省罷分司為上策。「甄別廉貪，稍革泛冗，科別其蠹弊之源」為中策。隨事撙節，痛察吏奸，謹倉庫出納之司，乃下策也。（《日抄》卷八四，頁1）

十二月十三日，先生復修一書，亟申汰冗官，謂發運、節制司、兵將官、白帖、西班之流，官多吏冗，雜遝生事，而民不聊生。裁汰之，則可以蘇民瘼，裕郡政，善和糴，而國以安。王尚書從之。〔註28〕

冬，先生權知平江府長洲縣賑救水災。按：先生劾華亭舊法，亦奏偉功。田園荒落，而郡府令民納苗，先生亟乞府寬租減賦，添放苗米，以蘇災黎。又：府已令縣分類造水傷冊，費錢三千七百餘貫，歷時半月。頃又令再造，勞神傷財莫此為甚，先生申乞省免之。〔註29〕

同年，先生擬吳縣試策問三道：問：如何清政治、開財源、實軍餉、利家國。問：古今禮儀、學問之異同，二者宜何先？抑可並行否？問：張良、郭子儀二人之去留，孰是孰非？何以二人皆能以功名終始。（《日抄》卷八三，頁1～4）

先生又擬浙漕宗子場策問一道，問：日月食等天象問題。又有浙漕進納軍功策問一道，問：禹貢三江問題。（《日抄》卷八三，頁4～7）

先生閱董槐行實，行實中載其大學格致傳不亡之說。《日抄・讀大學》云：「辛酉歲，見董丞相槐行實載此章，謂：經本無闕文，此特錯簡之釐正未盡者矣。首章明德、新民、至善三句綱領以下，即繼以欲明明德

〔註28〕《日抄》卷八四，頁1～2〈回王尚書〉。卷七○，頁9〈再申判府朱大參乞免再差權攝西尉狀〉，〈申提刑司乞省免西尉狀〉。

〔註29〕《日抄》卷七一，頁3〈申平江府乞添放水傷狀〉，頁3～4〈申王尚書乞免再造帳冊〉。

以下條目八事之詳。此經也。自『知止而后有定，……則近道矣，此謂知本。子曰：聽訟吾猶人也，……大畏民志，此謂知本；此謂知之至也。』古正係釋致知在格物，不待別補，今錯在首章三句下耳。」（同註22）按：朱彝尊《經義考》卷一五七著錄董槐《大學記》一卷，云佚，而下則全引《日抄》文，蓋即《日抄》所載，非所見董氏大學記也。先生以董說爲然，故《日抄·讀大學》即並列朱子改本與董氏之說。

景定三年壬戌 ^{蒙古中統三年}（西元 1262 年）五十歲

三月十五日至六月十五日間，先生督糴江陰軍，曾修書翁提刑合，乞罷西尉司。〔註30〕

六月十五日，余鱉新到提刑司任，先生申狀謂尉司理索事於開慶元年十二月已申府禁戢，奈頃被差江陰軍督糴，而舊弊復深，弓手拘繫八人已過一月，飢餓垂死。先生此申未獲允，因復申乞將理索權歸縣，勿委之尉司弓手。〔註31〕

閏九月一日，先生作〈修吳縣尉衙紀事〉。

按：修尉衙之費，係先生「積入幕之俸，并請益于邑大夫李君，共爲費五千六百緡有奇。」

十一月十八日先生滿秩前，屢申諸官乞省罷私立二十年之西尉，有通余鱉提刑、季鏞發運使書。其申汪提刑之狀詳述西尉誤國擾民，云：「本縣部缺惟有一尉，初無東西尉之分。昨因本府無以應副江湖丐謁之士，私立西尉稱呼。……白佔一兩間民屋，私名曰官衙；結集十輩破落，私名曰弓手；擅開木朱記一顆，日夜生事擾民，……使本縣人戶一半不見天日。」此申僅蒙汪提刑轉申朝省，以裁汰之權不在提刑也。〔註32〕

十一月十八日，先生尉吳滿秩，浙東提舉常平倉使王華甫破格改辟主管浙西提舉常平倉帳司文字。先生奉書叩謝，因自述平生操持，云：「某窮鄉鄙樸人也，平生閉戶無求，併漫刺亦無之。」（《日抄》卷八四，頁 7～8）

〔註30〕《日抄》卷八四，頁 6〈通新憲使余主一書〉，頁 4～5〈通新憲使丹山書〉。

〔註31〕《日抄》卷七〇，頁 4～5〈再申提刑司因理索囚人命狀〉，頁 5～6〈再申提刑司乞將理索歸本縣狀〉。

〔註32〕《日抄》卷八四，頁 5～6，頁 6～7〈附通新漕季厚齋書〉，頁 9〈申提刑司乞省免西尉狀〉，頁 10〈再申判府朱大參乞免再差權攝西尉狀〉。

隆冬，先生見尉司理索囚禁人戶，屢申不報，遂親入提刑司幕，陳疏利害。
（《日抄》卷七一，頁4）

年終，判府朱大參提舉平江府，先生呈狀乞免再差人吏權攝西尉司。（同註
12）

十二月，爲友人何茂遠立雪亭作記，文中除闡發游酢、楊時立雪程門之本
義外，復推廣其義，云：「吾願叔茂與二三子，尚友古人映雪讀書，先
自孫康刻苦入，推之於事：窮則爲袁安門外雪深丈，僵臥不干人；達
則思趙韓王迎拜太祖風雪中，共圖安天下事。循是而進，立己立人，
念念眞切，工夫接續，天理流動，則孔門之學可幾，而四時之景無非
道妙，雖不立雪，吾知自與程子教人意脗合；不然，機觸神悟，游心
寂滅，彼禪學者亦嘗立雪。」（《日抄》卷八六，頁3）

按：先生畢生論斥佛教禪宗，其明言闢之者以此文爲最早，其後之評論
愈爲激切。

本年以前，先生業師王文貫卒。

按：王文貫卒年當在淳祐元年以後，本年以前（《日抄》卷九六，頁18）。

同年，王爌舉先生文章典麗科。先生於謝啓中痛砭當時文壇大病，云：「嗟
哉末俗，昧厥本原，妄意古初，強爲苦澀：或掇用古文之怪字，或援
引非聖之僻書，或痛節助語以爲工，或雜釘陳言以爲巧。」（《日抄》卷
九三，頁4～5）

景定四年癸亥 蒙古中統四年（西元1263年） 五十一歲

二月，先生親赴兩浙鹽事司，奏明鹽政當以卹亭丁爲急，而不以復祖額爲
名；否則，「小民日以困，根本日壞，而大農日以告匱，州縣日以煎熬。」

按：所謂「祖額」，乃孝宗乾道、淳熙時亭戶情願就賣之鹽數也。〔註33〕

同月，王遂葬。遂，先生嘗問學焉。其卒也，先生執紼至於墓壙，撰祭文
二通，其一贊其人格云：「蓋世之欲爲善者多計較，世之號治辨者類局
促。根一念之誠，達之事事物物間，惟先生獨。」其二述其政績，云：
「莫難岩邑，公爲之宰，振其疾苦，釐其經界，化行俗易，厥聲四沛。

〔註33〕《日抄》卷七一，頁20～21〈赴兩浙鹽事司稟議狀〉，卷七七，頁3〈乞免場
官責罰狀〉。

後復守台，益廣慈惠：迺立社倉，俾無飢毀；迺興學校，躬講義理。……
蠲缺役錢，八十萬計；雪鹽民苦，纖悉備至。裁折苗價，諸郡風靡。」
（《日抄》卷九五，頁1～3）

春，兩浙鹽事司沿海制置司轉運使季鏞辟先生提領浙西分司幹辦公事。先
生前已備申分司之害，故「寧飢困旅邸三月而不就」，具狀辭云：「某
素羸多疾，薄命易災，久當憂悴之餘，忽有風邪之感，水漿不入，脈
息將沉。……既而，眾疾又復交攻，臟毒丕發者屢年，今幾直瀉；脚
氣嘗得於前歲，此更作疼。」〔註34〕先生於季運使之失，亦直陳不諱，
謂季氏「上不過奉行省所之吏牘，……凡片言隻字皆窮民之所厭聞，
傍觀之所竊笑，前日之所以致鹽事之虧壞者也。」（《日抄》卷七一，頁23
～24）

五月六日，作〈申提刑司乞免黃勇死罪狀〉，爲無辜者平反。是後不久，又
具狀爲民王定平反冤獄。（《日抄》卷七一，頁21～22）

同月十五日，先生到任浙西提刑司同提領鎮江府條陳轉般倉分司幹辦公
事，司糧道之暢通。即上書孫提刑，陳倉司弊病，且具狀乞修倉，以
利貯糧。又乞免轉運日久費多之江西米入倉。〔註35〕不從。

六月十二日，詔浙西路平江、江陰、安吉、嘉興、常州與鎮江等六郡買公
田三百五十餘萬畝，仍舊和糴。（《宋史・理宗本紀五》）

六月十七日，先生奉命至金壇縣問獄事。

八月二十七日，先生監浚犇牛河，二三個月間，往來常州境上，備悉是州
荒旱之狀。（《日抄》卷七三，頁3）

九月七日，朝廷詔趙汝楳爲太府少卿淮東總領財賦。

十月十三日，朝廷詔發緡錢百四十萬，命浙西六郡置公田莊。（《宋史・理宗
本紀五》）至是公田法行。

冬，先生申權提刑趙氏乞造循環匣及浚甘露港，以節省江西米之轉運費用，
且使轉般便捷。（《日抄》卷七二，頁1～6）不從。

〔註34〕《日抄》卷七三，頁5〈辭省箚發下官田所鑄銅印及人吏狀〉，卷七一，頁23
〈繳還兩浙辟鹽事幹官狀〉。

〔註35〕《日抄》卷八四，頁11〈與葉中嶽書〉，頁9〈發孫提刑書〉，卷七二，頁1
〈申提刑司乞申朝省修倉并乞免江西米入倉狀〉。

同年，先生撰〈申提刑司辨總所欲追治本倉狀〉，謂糧餉之濡濕與雜駁，皆綱稍所爲，以其有減剋盜糶之利，非倉司人吏之失也。而淮東財賦總所不聽，令追就失職者，先生具文力辯之。(《日抄》卷七二，頁6～7)

淮東總所委倉司監納三年未還之事例錢，先生謂：倉眾爲餬口食，此錢已用罄，時隔三年，追還不易；且於綱運亦無大裨益也。(《日抄》卷七二，頁7)

景定五年甲子 ^{蒙古世祖至元元年}(西元 1264 年) 五十二歲

二月六日，糜弇卒，年五十九。先生撰祭文，有云：「某最失學，乃辱異知。諸司之誤薦，無一非先生廷譽之賜；薄官之免戾，無一非先王教詔之爲。」(《日抄》卷九五，頁3)

春，先王讀畢《葉適全集》；讀時隨手箚記，並加評論。箚記後刊入《日抄》卷之六十八。其論水心一生之言行大端，云：「水心能力排老莊，正矣；乃併譏程伊川，則異論也。能力主恢復，正矣；乃反斥張魏公，則大言也。能力詆本朝兵財靡弊，天下以至於弱，正矣；乃卻抑三等戶代兵，茲又靡弊削弱之尤者。」此於水心學術、政事，評騭堪稱允當。(見頁12)

五月二十六日，尚書省升先生差提領公田所分司幹辦公事，置司常州。先生謂任此職則六大弊端立見，云：「向也以監司爲同提領；今也以監司舊屬官而同提領。向也近屬於監司，緩急猶易於上達；今也遠屬於朝省，申請不可以立應。……且其屬於本司也，倉眾有舉有刺，今選人而同提領，舉刺其將安屬乎？其屬本司也，分司有吏有祿，今小官自爲司存，吏祿其將安仰乎？兼本司之同提領也，不惟督倉場，亦且督綱運，……綱運遠自吳門，此事又將誰屬？」(《日抄》卷七三，頁1～2)

同月，張希聲修崇壽宮成。張氏謂老子入西域化爲摩尼佛，其法嚴於佛教戒律。因請先生記其法以自警警人。先生大不以爲然，與張氏往復論辨，先生云：「自古立言垂訓者，莫不使人明是而別非，絕惡而修善，故能輔人心而裨世教。說久而弊始或紛之：老子寶慈儉，而後世事清談；釋氏持戒定，而後世譏執著，是豈其初然哉？老子再化爲摩尼，而說法獨嚴於自律，如師所云，殆其初之未變者。」(《日抄》卷八六，頁3～5)

按：《化胡經》乃道家者流，掇取《史記·老子傳》所載老子西出關莫知其所終之語，以爲老子成仙，如《列仙傳》所列者。東漢以後，道家

更有化胡成佛之說。皆無稽之談也。先生旨在批評老學末流及禪學之
異於釋氏，未必即以張氏之言爲有據也。

六月十二日，先生親至浙西各郡訪察公田事宜。二十三日，再辭差官田所
幹官，狀文論及公田法之不可行及救治之方，云：「浙右之地濱海皆
山，……地磽而多乾。……去歲置田之初，適值中夏缺雨，……常州
境上兩岸，所見止種荳麥，則此等所買公田不能盡出租米可知矣。……
賢者雖受其訴旱之狀而不申，甚者至焚其訴旱之狀而不恤；或未嘗種
田而令納租；或本非種稻而令納米；催而至擾。……今日之救弊，但
當達民隱而不當輕於置分司。」二十九日，又具狀辭置官常州之命（《日
抄》卷七三，頁 2～4）。

六月，撰〈重修轉般倉記〉。（《日抄》卷八六，頁 2～3）

七月二日，尚書省差人齎印記令先生置分司常州，先生辭狀中揭發吏奸，
云：「公田法公佈施行之前，被差調查之吏不能據實申明，又不與之斟
酌地理土產，據數收買，乃欺罔虛張：以高地爲良田，以荳麥爲租米，
以少報多，農民苦不堪言。」又不獲。五日，先生再辭。七日，始蒙
聖旨免差。八日晨，先生望闕謝恩，因乞離任。（《日抄》卷七三，頁 4～7）

同月，先生爲孫氏號常州者作〈霽窗記〉，由天象而推人事，云：「一念內
覺，善念油然而生者，吾心之霽也；革弊而新，使百姓鼓舞於快活條
貫者，天下之霽也。」（《日抄》卷八六，頁 5）先生愛民之心隨處而發，
此其一也。

八月十四日，詔先生仍鎮江轉般倉舊任。（《日抄》卷七三，頁 7）此時先生爲
正九品從事郎（同註 11）。

同年，作〈申提刑司修倉爲經久計狀〉。又作〈跋新豐饒省元義貸倉〉文，
謂朱子社倉法：社倉歸之於民，而官不得與；然法久弊生，饒氏變通
其法，以一分八釐之息裁酌之，而收僅五釐，名曰義貸。其法約而精，
惠而無弊。（《日抄》卷九一，頁 12～13）

度宗咸淳元年乙丑 蒙古至元二年（西元 1265 年）**五十三歲**

正月十四日，作〈回申省劄狀〉。先是省劄勒先生當至各倉視察，痛革弊倖。
實則，先生日日到倉，忠勤無似，因回申云：「某見今日日絕早率同官

下倉，米到，即時審交」。(《日抄》卷七三，頁7～8)

四月一日，作〈普寧寺修造記〉。寺，高宗南渡嘗宿於其醫藥院，建炎四年燬
　　於兵，寺僧福山於寶祐五年募資修建，能復舊觀，貽書先生丐記。先生
　　極論佛寺之侵，而勉福山學釋迦爲醫王濟世，云：「方今佛屋僧廬突兀撐
　　天者羅天下，而吾民或不得把茅以居。……頃，余捧檄慮囚，固嘗過所
　　謂神濟院，借爲蘧廬一宿，察其事頗審。……師自祝髮，力守佛所謂三
　　淨戒，……其寓於醫藥者皆慈悲之爲，而非利之規，……天理之未始間
　　斷於人心者，豈不於此猶見髣髴？」(《日抄》卷八六，頁7～9)

十月，沈氏於浙江瓜涇建林水會心室成，先生所撰記文，有極高明之理
　　學思想。先生云：「夫人一心，物物可以坐照；然使一有所奪，雖泰
　　山頹乎其前而不覺。惟凝神息念，脫去世慮，則雖草木榮華之飄風、
　　鳥獸好音之過耳，一一皆吾眞樂也。……天高地下，萬物散殊，皆
　　造化生息之入，〔註36〕而至理流行之寓。……天包宇宙，細入無倫，
　　何莫非此心之所會？豈徒會之，要當實以體之，眞見天地萬物之與
　　我爲一；又當以仁行之，使天地萬物皆由我而各得其所，此則有貴
　　於吾心，而人之所當盡其心者也。……吾夫子川上之嘆、周茂叔窗
　　前之草，生意流動；近而有遠者存，必如是斯可言會心矣。」(《日抄》
　　卷八六，頁6)

十月二十四日，爲宗澤五世孫有大，撰〈高宗賜宗忠簡公親札碑陰記〉，於
　　忠簡之功勳多所表彰。(《日抄》卷八六，頁6～7)

　　按：此文，清人編《南宋文錄錄》卷十三收錄。

咸淳二年丙寅 ^{蒙古至元三年}（西元1266年）五十四歲

六月二日，汪元春卒於任。五日，眾爲之立廟，八十老翁劉克莊撰祭文，
　　與眾所作祭文、哀辭、輓章雜著等合二巨編曰《遺愛錄》。郡民感德有
　　如此者。〔註37〕

七月十三日，孫子秀卒，年五十五。先生撰祭文。(《日抄》卷九六，頁14，卷
　　九五，頁4～5)

〔註36〕入字原誤作「人」，此據四庫本《日抄》。
〔註37〕《日抄》卷九六，頁14。劉克莊《後村大全集》卷一四〇總頁1227〈祭汪守
　　　　（元春）文〉。

秋，任滿前，先生因倉廒不足，曾申朝省速作區處。時先生因「公租米舡隻擁併，轉般倉敖眼充斥，措置無策，申明不早，以致人言沸騰。」被誣以「實斛虛概，多量盜用」、「夾袋」之罪，先生乃申司自劾乞去，狀文云：「盜之一字，豈士大夫之所宜蒙？況轉般倉關係軍餉甚大，萬一官果爲盜，其於虧誤國事豈小小？此而不汰，如後患何？」發運使包氏聞訊即爲先生辨誣，沿江制置使汪氏且以「勤」、「敏」之譽薦先生於朝省。〔註38〕

秋，先生入爲行在點校贍軍賞酒庫所檢察官。（《宋史》本傳）。

十二月十日，爲趙元父作〈梅溪記〉。元父問先生：「動靜無端，陰陽無始，有諸？」先生云：「氣一耳，由動靜始有陰陽之名，交迭相摩，固不見其端與始；然造化無形，惟物有稽，往而必復，動者其候：草木黃落而萌動，霜降水涸而泉動，至於一花初白，疏影浸流，生意胥動，孰此爲昭著？他日春徧宇宙，芳潤拍塞，皆由此擴充爾。此非動之端、陽之始乎？」（《日抄》卷八六，頁13）

冬，爲嚴陵洪國梁作〈平山記〉，歸宿於極高明而道中庸之意，云：「蓋天下事惟高者最宜平。此義於山可知……磐石坐千人，則吳山之平也，……上有瑤池醴泉，則高莫高於崑崙山，亦未嘗不平也。……達人大觀皆可意會，傳不云乎？『極高明而道中庸』。」（《日抄》卷八六，頁13～14）

同年，鄞縣袁桷生。

按：元・蘇天爵謂：「泰定……四年八月三日以疾終於家，享年六十有二。」〔註39〕是袁氏生於此年也。袁氏與先生次子叔雅相友善。袁氏《清容居士集》卷三十三〈先君子師友淵源錄〉謂先生爲其父之友。

咸淳三年丁卯_{蒙古至元四年（西元1267年）}五十五歲

正月二十日，朝廷以子張升十哲，邵雍封新安伯，司馬光前已封隕國公：並列從祀。（《宋史・度宗本紀》）

〔註38〕《日抄》卷七三，頁8～9〈申提刑司區處交米狀〉，頁9〈申提刑司自劾乞去狀〉。卷九三，頁7～8〈謝包發運啓〉，頁8～9〈謝沿江汪制置應詔薦啓〉。

〔註39〕《滋溪文稿》卷九，頁6〈元故翰林學士知制誥同修國史贈江浙行中書省參知政事袁文清公墓誌銘〉。

按：朝廷以子張升十哲，當時有爭議，其後先生亦不以爲然，先生云：「升
　　從祀以補十哲，眾議必有若也；然祭酒力詆有若不升，而升子張。」
　　先生〈讀孟子〉「有若似聖人」一章，論云：「不知《論語》一書孔子
　　未嘗深許子張；據此章則子張正欲事有若者也。子張之未能爲有若，
　　昭昭也！」（《日抄》卷三，頁3）

二月，朝廷以曾子、子思從祀。（《日抄》卷三二，頁13）

三月，朝廷以程元鳳爲右丞相兼樞密使。（《通鑑續編》）

三月十六日，爲俞立父作〈省齋記〉，略云：「此心齊一謂之齋。……隨事
　　謹省，則心自存正，不待治之而後齊一也。」因論儒、禪二家論心之
　　異，且謂當以儒爲正，云：「孔子惟曰居處恭，執事敬，與人忠。則心
　　不待言而自貫通於動靜之間。曾子親得孔子之傳，亦惟曰謀不忠乎？
　　交不信乎？傳不習乎？將心不待言而自昭徹於流行之際。孟子不幸當
　　人欲橫流之時，始單出而爲『求放心』之說；然嘗言日以仁存心。則
　　心有所主，非虛空以治心，爲可知。至於齋心服形之老、莊，一漲而
　　爲坐脫立忘之禪學，始瞑目株坐，日夜仇視其心而禁治之；及治之愈
　　急而心愈亂，則日易伏猛獸，難降寸心。嗚呼！人之有心，猶家之有
　　主也；家有主，反禁切之使一不得有爲其擾者，勢也，而訝心之難降
　　歟？」其於俞氏，則以省所自來、自立、自行三者勉之，云：「由太極
　　之流行而有此身，則當省其所自來。人與天地並列爲三，則當省其所
　　自立。自君臣、父子之大倫，至服食、起居之委細，天者無不在焉，
　　則當省其所自行。」（《日抄》卷八六，頁15～16）

五月十一日爲友人羅季清作〈恥獨記〉，論及古聖賢爲己之學，云：「蓋蘧
　　伯玉欲寡其過而未能，此恥之始事也，切己者也；至其後恥獨爲君子，
　　此恥之終事也，推己者也。……吾夫子己欲立而立人，己欲達而達人，
　　其用心可謂廣大。至自言其所恥，亦退託於巧言、令色、足恭之類，
　　僅僅左丘明等爾。聖賢爲學次第由己，每如此。」先生並述自警勉人
　　之意，云：「夫余雖不肖，亦人耳，豈獨無天理萌動、人欲銷沮之時？
　　而志不勝氣，率落頹惰：嘗讀書見古人心與天地同，固慨然恥其不及
　　矣，未幾，掩卷而倏忘之，依然故吾，無恥也；嘗筮仕，見州縣或以
　　非道加其民，固勃然恥於力不能救矣，未幾，因循苟祿，非甚不可者

亦或奉行之，依然故吾，無恥也。……而今而後，痛切自省，庶幾獲
為君子之歸。」（《日抄》卷八六，頁 14）

八月五日，朝廷以葉夢鼎為左丞相。先生賀啓申言知人之難，而勉其明辨
君子小人；又上書願其「推誠感動，務濟國事。必不得已則明白而勇
去。」（《日抄》卷九三，頁 10，卷八五，頁 6）

十二月四日，撰〈申京尹洪尚書覆帖〉，請洪氏調查米局局吏循私哄擡米價
之事而區處之。（《日抄》卷七三，頁 9～10）

冬至，先生與知友毛鼎新同除史館檢閱，與修寧、理兩朝國史實錄。（《日抄》
卷九七，頁 6，卷九三，頁 9～10）

同年，先生次子叔雅生。

　按：袁桷〈處士黃仲正甫墓誌銘〉謂叔雅：「延祐七年五月二十二日卒，
　　年五十有四」〔註40〕是叔雅生於本年也。

咸淳四年戊辰（蒙古至元五年 西元 1268 年）**五十六歲**

三月十一日，為史館同事潘約之作〈水竹村記〉。（《日抄》卷八六，頁 16～17）

　按：清莊仲方編《南宋文範》卷四六收有此文。

四月二十八日，為釋明溥作〈龍山壽聖寺記〉，以虛實判儒、釋，並謂佛
之初說並無不善，其末流禪宗轉壞耳，云：「……西域佛氏之說來，
其初本以慈悲不殺、戒人斷惡修善而止。未幾，世降而晉，又降而元
魏，莊、列之說益以泛濫，則又溢而勦入佛氏中，……謂善、惡為無
二，謂有心而修善為不可，謂無心而殺人為無傷，以一切掃除佛氏之
初說。」（《日抄》卷八六，頁 11～13）

五月一日，作〈繳申慈湖、壽張行實狀〉。時，先生分修理宗實錄附傳，於
群臣行實、銘誌收集不易，乃議親行訪求。並請准先將楊簡、張處等
誌狀委官編附入錄；謂楊、張二氏之學行云：「慈湖為時儒宗，壽張亦
文行表現，皆先皇帝朝名法從，皆足垂示將來，法合立傳。」（《日抄》
卷七四，頁 1）

　按：先生為朱子學，楊氏則主陸象山心學，宗風互異，先生不為門戶之
　　見所囿；由此亦可見先生修史之勤與求實之精神矣。

〔註40〕《清容居士集》卷二九，總頁 440。

同日，作〈知興化軍宮講宗博汪公元春行狀〉。(《日抄》卷九六，頁 14～18)

　按：先生文末自署「文林郎」，係從八品官。

五月，黃岳卿以大禹寺修葺之始末來求先生作記，先生問：昔寺何以弊，
　　　今何以新？岳卿曰：「弊之者禪也。寺始於梁大同十一年，時未有所謂
　　　禪也，雖或昉以禪之萌蘖來，梁未之納也。且禪自稱教外別傳，是於
　　　佛書無證，其果為佛與否莫知也。」先生曰：「可也。」因為之記，謂：
　　　「自昔聖賢有功於一方，則一方之人心不能忘。禹之功終天地不可磨，
　　　則寺亦將與之俱不磨。」(《日抄》卷八六，頁 10～11)

六月一日，詔：罷浙西諸州公田莊。(《宋史‧度宗本紀》)

　按：浙西公田之罷，與先生景定五年之議雖事隔四年，然二者蓋有關也。

七月二十一日，先生輪對，慷慨直陳時弊，並揭對治之策，洋洋數千言。
　　　其第一劄謂當時已民窮、兵弱、財匱，固可憂矣；而士大夫之無恥尤
　　　可憂，蓋以士大夫為「世道命脈之所繫，社稷安危之所關」，因云：「士
　　　大夫又多狃於流俗，漸變初心，既欲享好官之實，又欲保好人之名，
　　　兼跨彼此之兩間，自以和平為得計。……風俗至此，最為可悲。其餘
　　　貪饕小夫，則又在所不足論者也。」處此內憂外患之局，而度宗蓋不
　　　聞不問，先生復興辭力諫云：「踐阼五年以來，無一動變色之慮：居則
　　　惟見湖山歌舞之已久、宮室服食之便安，而凡京襄淮蜀之荒殘、中原
　　　河北之狐鬼，未必關於思慮也；出則惟見儀衛法物之塞途、簾幃粉飾
　　　之夾道，而凡驅逐出巷之啼號、窮僻在野之愁嘆，皆不接於見聞也。」
　　　因奏請去推剝，擇賢守令，則民可使日富；嚴戰守、切考核，則兵可
　　　使日強；量入為出，省冗官、冗兵、冗費，則財可使日裕。而廣開言
　　　路，嚴明科舉，任用賢能，乃可重振士風。(《日抄》卷六九，頁 1～4)

八月二十三日，奉安寧宗、理宗實錄。(《宋史‧度宗本紀》)

八月，先生同年進士錢真孫守高郵，修社稷壇成，為作〈高郵軍社壇記〉；
　　　時先生升從八品文官宣教郎。(《日抄》卷八六，頁 19～20)

重陽，為史猷夫寶善堂作記，以剛而有力許之。其行徑與先生同，因勉以
　　　剛而寶其善，云：「寶此善者，常以剛而防其柔耳：剛則利害不足以動，
　　　必無計較心以搖此善；剛則權位不足以滯，必無持固心以違此善；剛
　　　則財貨不足以汙，必無封殖心而戕此善。」(《日抄》卷八六，頁 17～19)

九月癸未（？〔註41〕），蒙古兵築白河城，始圍襄樊。

同月，爲陳栩作〈台州黃巖縣太平鄉義役記〉。（《日抄》卷八六，頁20～21）

按：各本《日抄》文末俱作「淳祐四年九月」，而文中有「淳祐九年王公
來爲宰，……垂二十年無敢變」之語，及「咸淳戊辰秋」等語，知「淳
祐」二字當爲「咸淳」之誤。

九月至十月中旬，先生與毛鼎新等主考尚書省禮部試，策問略謂本朝州縣
所以煎熬，閭閻所以愁嘆，是士大夫抑或胥吏爲之乎？又問差役與募
役孰善？（《日抄》卷九七，頁6，卷八二，頁7～8）在省闈中與董華翁、戴
侗等討論詩經小雅小宛「螟蛉有子，蜾蠃負之」之義，先生云：「董華
翁云：蜾蠃負螟蛉埋土中，而寄其子其身——如雞抱子暖之而使生—
—其子即蜾蠃之子，非以螟蛉之子爲子，詩之說得之。……時有監簿
永嘉戴侗聞其說亦云：嘗親見蠮螉負螟蛉入筆管，有兩蠮螉互飛而共
營之，初非獨陽無子，而外取螟蛉之子爲子也（政華按：此駁楊雄《方言》
所說）。如腐草化螢，亦螢宿其子於腐草，既成形則自腐草出，杜詩云：
「幸因腐草出」，最精於物理。（《日抄》卷四，頁24）

按：董、戴二說是而未能詳其所以然，至孫文撰《孫文學說》，於第五章
知行總論中始詳言之，云：「夫蜾蠃之蔽螟蛉於泥窩之中，即用其蜂
螫以灌其毒於螟蛉之腦髓而蒙之，使之醉而不死，活而不動也。」如
此，「蜾蠃則生卵於螟蛉之體中，及蜾蠃之子長，則以螟蛉之體爲
糧。……是蜾蠃並未變螟蛉爲己子也。」

十月十五日前不久，先生第二次輪對。先生以七月之言雖披肝瀝血，痛陳
積弊，而猶未能感動上心。因又奏請崇理學、行仁政、由格物致知推
之於治國平天下。又以爲釋、道二氏之說皆憑空架說，似理亂眞：其
徒出家避世，不治生資，翻爲國家生計之累，先生斥其邪僞。其時宮
中建道場，故先生奏乞罷給度僧人道士牒；俟其徒老死即消弭之，收
其田產以富軍國、紓民力。（《日抄》卷六九，頁4～7）疏上，帝怒，命降
三秩，即出國門！旋用諫官言，得寢（《宋史》本傳）。

十月十五日，先生爲廣德通判史景皋作〈廣德軍通判廳佐清堂記〉；釋「清」

〔註41〕九月己酉朔，癸未是後己酉三十五日。癸未，當爲癸丑（五日）或癸亥（十五
日）或癸酉（二十五日）之誤。而《通鑑續編》在十一日己未。

字之深義，云：「夫自混沌既剖，輕清爲天，天以是命爲性，人物亦莫不各具天之清以全其生。其本也眞而靜，但隨其所感而不同。……作夷之清風，漢人之清節，是皆所遇之不同。其進〔註42〕其退，全一己之清，不得與斯世同其所尙，故自然不同也。」（《日抄》卷八七，頁「2至4」～3）

先生自謂在史館期間，嘗窺史籍而曾無披閱之勞。又云：「學殖荒落，每懷非據，〔註43〕聲利侵尋，易失平生之守，亟合奉身而退，遂乞親民以行。」（《日抄》卷九三，頁11～12）是先生志在造福地方，朝官實非其性所宜也。

十月十五日後不久，先生添差通判江西廣德軍到任。（《日抄》卷九四，頁3）

十一月二十四日，朝廷頒天下行義役法。（《宋史·度宗本紀》）

冬，作〈廣德軍添差通判廳記〉。（《日抄》卷八七，頁1～「2至4」）

> 按：各本《日抄》文末俱署「咸淳乙丑」。考乙丑爲咸淳元年，而文首云：「咸淳四年冬，余自史館出爲桐川員外丞。」《日抄》每卷文字依撰成時代排列，此下有佐清堂記亦著「戊辰」年，故知乙丑非「己巳」之形誤，而必爲「戊辰」之誤也。

同年，江西撫州荒歉。（《日抄》卷七五，頁2）

咸淳五年己巳 ^{蒙古至元六年}（西元1269年）五十七歲

正月十五日前後，作〈謝黃提舉陞陟啓〉。先是去年歲終薦官，黃提舉稱先生「直而方」、「清而粹」、「進未可量」。先生今奉啓致謝，謙謂於「職守之間，皆屬照臨之事，……盡心三月，未覩成功。」（《日抄》卷九三，頁10～11）

三月一日，作〈廣德軍重建藏書閣記〉。文中述及宋代官藏圖籍之要略，云：「我宋……徵儒積年，校讎祕閣，而朝廷藏書亦已勤矣；而又勅白鹿洞等四書院藏書。天聖元年，王宮國都莫不有學，又聚監書。及紹興二十一年，設官分署六經子史，舉令通疏義，而天下郡縣學無不盡力通解其義。」〔註44〕

〔註42〕以下《日抄》原漏刻，此據元刊本《日抄》，頁4補。年月亦按元刊本《日抄》。

〔註43〕《日抄》卷九四，頁4〈祠山眞君祝文〉云：「近綴史筵，乃館閣清華之選，處非其據，志漸乖初，亟請外庸。」可爲註腳。

〔註44〕《日抄》卷八七，頁5～6。文題據元刊本（頁4）補。

同月，先生申乞提舉、提刑與安撫諸司嚴戒違法會社。具狀列本軍風俗大壞者五事：其一謂埋藏會，為坎於庭，以所祭太牢及器皿數百納其中，覆以牛革，封鐍一夕，明日發穴視之，失所在。此風所至，民俗多殺牛坐坊賣肉，農耕幾為之輟。其二謂迎傷神以兵器，致民俗多帶刀，狠鬥殺人。其三謂罪案迎以囚帽枷鎖，民俗遂視獄具為玩物。其四謂差會首同於差役，民一充應，率至破產。其五謂差機察，遠近商賈類蒙其奸。凡此五害皆張王廟土神曰祠山者啓之也。（《日抄》卷七四九～一三，參《宋史》本傳）

四月十二日，桐川陳粹德出長紫陽書院，先生勉以務為理學而送之，云：「古之所謂治者，導迪天理民彝，使各歸於理而已。自後世以簿書期會為治，典教之責獨歸學校之官；至三舍法行，學校又一變為程文利祿之地，雖職教者亦言不暇及於理，所謂天理民彝如一髮引千鈞之寄，獨賴諸儒之書院在耳。」（《日抄》卷九〇，頁 3）

五月四日，為桐川趙平叔撰〈萬山樓記〉，略云：「夫山於天地間為物最厖碩，草木之所生、禽獸之所蕃、寶藏之所興，……而國家以成。是仁者所以樂山，是固非局於游觀之娛，而昧於造化之仁者，所能體認而興起也。」（《日抄》卷八七，頁「8 至 10」）

五月，為墇陳若作〈山陰縣重建主簿廳記〉，剖釋心之說，云：「夫心之說有二：古人之所謂存心者，專此心於當用之地也。後世之所謂存心者，攝此心於空寂之境也。造化流行，無一息不運，人得之以為心，心即造化，亦不容一息不運，心豈容空寂無用之物哉？心之德為仁，仁之施為愛。以之親親，而親以睦；以之仁民，而民以化；以之愛物，而物以育。」又為論楊簡「心之精神是謂聖」之說，云：「近世慈湖先生楊元公，教學者專指心之精神是謂聖，或者亦不無疑焉；然此語於傳謂吾夫子所以教子思也。使之推數究理，周其所察。則精神云者，正其心之用，與世之攝置此心於無用者，正相南北，與程子所謂存心愛物者，正自符契。故慈湖為郡，教化興行，……要其行事，則可以推其所以言心者矣。」〔註45〕

六月五日，先生被檄至寧國軍慮囚。（《日抄》卷七四，頁 14）

〔註45〕《日抄》卷八七，頁「8 至 10」，元刊本在頁 15～17，四庫本在頁 18～21。

八月八日前不久，作〈申尚書省乞禁本軍再行牛祭事〉。先生專以耕牛之銳
減爲憂，云：「祠山歲用一牛；方山則廣德縣管下七百二十餘保各用一
牛，……而每保之社廟又各用牛，并其餘非法乞福，因亦用牛，……
遂至歲殺二千餘牛。若當時屠販小人因而宰殺者，又不預焉。」（《日抄》
卷七四，頁 13～15）

九月五日，先生在金陵，爲宋達甫作〈居易俟命之奧記〉。（此文惟元刊本及四
庫本《日抄》存），略云：「易者，日用常行安於我，而本無事者也。命
者，得喪窮通制於天，而不可必者也。……故居易者君子之事也，俟
者非君子之心也。自或者徼幸之念生，子思子始不得不爲俟命之說以
形之。俟之爲言，若曰聽其自然云爾。」〔註46〕

冬至，作〈廣德軍滄河浮橋記〉。

　按：此文明、清刊本《日抄》俱無，元刊本與四庫本《日抄》有。〔註47〕
　　文末自署「宣教郎」，乃從八品官。

十二月一日，〔註48〕撰〈臨安府昌化縣重建平糴倉記〉，述平糴法源流之大
較，云：「井田漸壞，民不免糴，平糴自管夷吾始矣；然爲強國計，未
必爲仁民計之。爲仁民計而平糴者，我朝也；平糴以仁民冀復承平之
舊者，我朝南渡也。」（《日抄》卷八七，頁 11～12）

咸淳六年庚午 _{蒙古至元七年}（西元 1270 年）**五十八歲**

五月以前，先生倅廣德任內，撰〈榜放縣吏日納白撰錢申乞省罷添倅廳狀〉
等文，未署年月。

　按：先生本孔子「官事不攝」之主張，謂廣德有倅已非矣；而近又增添
　　倅，以倅廳下牙契司屬之。牙契司所支冗費，係由縣吏日納白撰公事
　　錢供給，名曰「辦什物錢」，不明取於民而實取之，民受推剝之害極
　　大。先生云：「每見縣吏之錢全出於推獄之手，拷掠人肌膚、破壞人
　　產業，然後僅得之分文。」廣德地瘠民貧，民豈堪此蹂躪！先生因申
　　乞罷止，永不再置。狀上，未獲准。臺省反特撥在城地錢及張恩鄉役

〔註46〕《元刊本日抄》卷八七，頁 18～19，四庫本頁 21～22。
〔註47〕《元刊本日抄》卷八七，頁 5～8，四庫本頁 6～9。
〔註48〕十二月，諸本《日抄》均作十一月，茲考文末署「奉議郎」，乃正八品官，蓋
　　　　本年冬至以後，先生由宣教郎而升此官也。

－47－

　　　　錢二項，先生又具狀論之。（《日抄》卷七四，頁 1～3）

又撰〈更革社倉事宜申省狀〉及〈更革社倉公移〉。

　　按：先是淳熙八年多，行朱子社倉法，社倉歸之於民，而官不得與。〔註49〕
　　度宗沿舊制，仍頒行天下；第廣德則官置此倉，兩縣之民困於納息，
　　以息爲本，而息皆橫取；循而至於逼勒，不勝而逃亡，自經者日眾，
　　其弊幾類於王荊公之青苗法。而人以爲朱子法而不敢議，先生獨不以
　　爲然，因移書陳更革之法，謂：常年不貸，水旱出貸，息只取一分（舊
　　取二分二釐）。先生於一年之後，以所收息別置田六百畝，永代貧戶納
　　息。〔註50〕

五月，先生添差通判紹興府，撰〈謝廟堂啓〉。（《日抄》卷九一，頁 11，卷九三，
　　頁 11～12）

　　按：《宋史》本傳載先生倅廣德，數與郡守賈蕃世（似道從子）爭論賈所爲
　　不法事。蕃世積怨，疏先生擾政，先生因解官去，改添差紹興府。（《日
　　抄》卷九四，頁 5）

六月二日，詔：周子〈太極圖說〉、張子西銘、《伊川易傳・序》、《春秋傳・
　　序》，天下士子宜肆其文。（《宋史・度宗本紀》）

時台州山陰、會稽諸鄉人戶訴旱之狀百五十六起，台判疑其中有妄，乃差
　　先生下鄉看詳。先生一一察覈，知其爲實情，因作〈回申紹興府人戶
　　訴旱狀〉，冀特賜減租，以慰鄉民。（《日抄》卷七四，頁 16～17）

八月，蒙古軍圍襄樊甚急，而賈似道乃安坐葛嶺，起樓閣臺榭，日肆淫樂。
　　（《宋元通鑑》）

同月，先生監試紹興府，作〈試院曉諭榜〉、〈曉諭假手代筆榜〉二文。（《日
　　抄》卷七八，頁 1～2）與考官張天瑞、舒漢章等結交。及張氏將去，先生
　　贈言，云：「士大夫非平居講求之難，處窮通、臨利害之爲難。」舒氏
　　請先生作〈止庵記〉，先生暢論止與有所不止之理，云：「大學之道，
　　在明明德，在新民，在止於至善。此孔門所謂止兼善天下之義也。……
　　雖然，人必有所不止也，然後能得其所止。一或自止，則志念頹惰；

〔註49〕 《朱子大全》卷一三，頁 16〈（辛丑）延和奏箚四〉。
〔註50〕 《日抄》卷七四，頁 3～9，參《宋史》本傳。又：《日抄》卷八七，頁 18〈撫
　　　　州金谿縣李氏社倉記〉。

工夫不續，人者一雜，天者已擾，而何止之有？故夫子曰：吾見其進也，未見其止也。」（《日抄》卷九〇，頁4，卷八七，頁12）

同月二十二日，先生在貢闈內，讀畢蘇轍《古史》，既摘記心得，復作跋論之云：「（《古史》，）及今參考，乃不過帝紀增入道家者說，謂黃帝以無為為宗，其書與老子書相出入耳；於老子傳附以傳家者說，謂釋氏視老子體道愈遠，而立於世之表耳。太史公言申不害學本黃老，蘇子則諱而改之曰：緣飾以黃老；太史公言韓非本其歸於黃老，蘇子則諱而改之曰：借老子為說。凡其論贊之間，又往往顯斥孟子，而陰詆正學。」（《日抄》卷五一，頁17）

秋，江西撫州大荒，以臨川為最甚，知州失於申聞，以致例派和糴，民食愈艱。（《日抄》卷九三，頁13，卷七五，頁1）

十月十五日，為胡文伯《訓族編》作序，云：「孔門之教人，諄諄然惟以孝弟為本。自利欲之侵蝕、天理之易昏，孟子不得已始出而言性、言天；周子又極而言陰陽造化之原，皆揭之以正性之所從來，使人超然獨立於萬物之表，利欲不得昏，以克廣此性之孝弟，達之天下為仁爾。近世士大夫乃非性命不言，甚至疾有子言孝弟為支離，噫亦甚矣！」（《日抄》卷九〇，頁3～4）

立多，為釋蔚上人所編《約梅眾妙集》撰序，云：「一太極之流行，無往不復，方多之窮，生意幾絕，一花初白，天地皆春。此生生不息之呈露，而梅之謂也。上人顧與之何約？夫上人佛者也，佛不言生生而言往生，上人宜念念與蓮為約者，而暇與梅約乎？豈往生者未可知，而生生者不可欺乎！」（《日抄》卷九〇，頁3）

同年，先生申提舉司興水利。

　按：先生曾扁舟過越，於沿途所見水利應興應革者，查之頗審。乃申乞修築疏濬，為經久之計。（《日抄》卷七四，頁15～16）

先生再讀《化書》，與三十六年前初讀時所見大不相同，乃摘其說之謬，如云：「其書之目凡六：一曰道化，則竊用莊、列之故智，借物類偶然之變，以概人事實然之常，因謂彼可化，此亦可化。不思人與物異，此非彼比也。二曰術化，則陰祖呪術之小見，指蕩穢者能召五帝之氣，與伏尫者能役五星之精，因謂風雲可扳、江海可覆。不知乞食之虛喝，

非立言之援證也。……」惟先生亦錄其言之可取者，云：「其仁化有謂：異類懷仁義之性，人殺之，反不仁不義；儉化有謂奢者富不足，儉者貧有餘：此雖老子慈儉之餘說，亦足警愚俗，不以人廢言。」（《日抄》卷五五，頁 20～21）

咸淳七年辛未 _{蒙古至元八年（西元 1271 年）}五十九歲

二月十五日，命差知撫州。爲三山葉龍從作〈長興縣主學廳題名記〉。記文述理宗朝始於縣學設官主之，並論縣學之重要，云：「縣之有學，於教養爲最切，蓋士方少長閭里，聞見未雜，父詔其子，兄率其弟，必先使挾策游縣學，於斯時也，蚤正而素定之，是水方出而澄其源，木初生而培其本，關係異日之成就夫豈小小？我朝深察其所以然，故凡縣無不置之學。……我先皇帝善通其變，始詔天下縣學各置官主之，與州郡置教授等。」（《日抄》卷八七，頁 14～15）文末署「新差知撫州軍州事」。

時先生聞撫州大飢而富家閉糶，不勝駭懼，即諮詢採訪，思量對策。（《日抄》卷七八，頁 6）

同月，福王與芮見百姓禱雨暘於普陀山圓通寺，應之如響，是大有功於民，因重修圓通寺成，先生爲作記文。（《日抄》卷八七，頁 15～16）

三月二十八日，先生赴撫途中，在嚴州境上，先發上戶勸糶公箚，云：「本日欲安富恤貧，……決不敢從事一切抑價勸分，置場拘數，使富室或至規避，而吏胥得以並緣也。然撫州米貴，於斯爲極，乘時急糶，足以接濟鄉曲，而利亦在其中。」（《日抄》卷七八，頁 3）此種貧富兼顧之法，係其日後賑濟成功之原因所在。

四月一日，赴撫在建德路上，揭榜預發勸糶。五日，仍在途中，先生度十三日可到州，因預約上戶屆時來州面議。（《日抄》卷七八，頁 3）

十日，入撫州界，其發榜曉諭濟貧安富之意，云：「本職……沿途探問，乃聞閉糶自若，米價日增。……甚至聞金谿管下有餓民群擾富室，此固小民之罪，獨非富室閉糶之罪乎？」

十三日，先生見餓莩滿野，即「坐驛舍，署文書，不入州治」。於城設粥飯局，「親煮粥，食餓者」，效華亭、長洲故事。與上戶面議後，再出榜

曉諭論糶補官行賞之法，云：「糶二千石以上，太守自旌賞。糶一萬石以上，太守申朝廷補官，已有官者陞擢。」（《日抄》卷七八，頁3～6）先生又申省乞借前年貯存之和糶米一萬石救荒；且乞本年分糶數痛減一年，去年未繳之和糶米寬延二月，俟秋成後催足。（《日抄》卷七五，頁1）

十四日，再諭昨日不到之上戶，令呈報發糶時日；並曉諭居奇操縱米價上戶，云：「若干日之內不糶者，輕則差官發廩，重則估籍黥配。」又委官覈實諸坊廂人戶糶米曆，使赤貧者得賑濟，且防多取賑米。（《日抄》卷七八，頁6～7）

十四日至十九日間，先生團結亭丁，將上、中、下戶分別登錄。令十家結為一甲，輪流遞充甲首，告誡勸糶。樂安縣去州治獨遠，介萬山間不通舟楫，先生請縣提督勸糶。

二十五日，懸令發糶之限期已過，先生委託臨川知縣周滂至南塘饒宅強制執行發廩，效黃榦於河東謝氏故事也。而閉糶者依然如故，先生三復委周知縣封倉發廩。（《日抄》卷七八，頁9～11）

同月，戶部使專人催解絹萬餘匹，折錢三十五萬八千餘貫。先生以州餓死者十之七八，蠶桑之業盡絕，因申乞照戶部原行款數八萬八千貫充解。又：提舉司州糶還義倉米萬餘石，先生申省乞令提舉司以五倍去秋之價收糶，以助賑災。（《日抄》卷七五，頁2～4）

五月二日後不久，乞省將提舉司借調之軍人輪替，以免其生事擾民。前縠城縣尉饒立積米累萬而不貸，先生申省決計強制發廩，將來或有詞訴等情事，乞省明察。（《日抄》卷七五，頁4～5）十五日，申省謂自二日迄今無雨，里田龜裂。二十五日，委樂安梁縣丞發糶周、康二宅米。（《日抄》卷七八，頁11～12）

六月一日，宜黃監酒趙與坰失職掩護饒立，先生本日乞省罷其職。二日至十三日間，申湖廣總所暫借義米一萬石，以賑饑荒。（《日抄》卷七五，頁10～11）二十四日，詔：先生前所奏饒立罪狀屬實，削饒某兩秩，武岡軍居住。（《宋史·度宗本紀》）

二十八日，先生復申令民禁造酒麴，免奪食米。（《日抄》卷七八，頁14～14）

三十日，在城粥飯局錢米施盡，時早禾已熟，米價頓平。先生令發窮民路糧，以利還鄉。

七月一日，入州治視事，榜示詞訴約束，勸災後省事，勿輕啓狀獄訟。（《日
抄》卷七八，頁 15～17。《宋史》本傳）

二日、三日，天雨。

按：除本月二十四日又雨外，餘日皆無雨，先生徧至州壇、麻源眞君廟、
相山四仙祠、送雨廟等處祈雨，懇祈蒼天，哀我生民。其情感人。（《日
抄》卷七五，頁 5，卷九四，頁 7～8）

十五日，荒政結局，先生申省自劾，云：「某……到郡出榜誓欲安富卹貧。
今乃勸糶，未孚之先，深村餓死者眾，是貧者不能盡卹；差官發廩者
數家，申省蒙施行者一家，是富者亦不能盡安。……謹自列罪狀申聞，
欲望鈞慈特賜敷奏，將某速行罷斥，以謝一州之民。」（《日抄》卷七五，
頁 6）

二十六日，作〈撫州新建增差教授廳記〉，云：「仁義禮智之性具在人心，
所以開而明之者則存乎教；詩書禮樂之教具在方冊，所以講而行之者
則繫乎師。故師必明聖經而後可以淑人心，必淑人心而後可以轉移風
俗。……自詞章之學興，而士未必知經，我神宗是以創經學，士猶多
以詞章發身；而職教者又未必皆經，我神宗是以創經學，士猶多以詞
章發身；而職教者又未必皆經，我之理考是以創增教。增教云者，必
使一州各備一經師，于以上續三代聖王化民成俗之初意。」〔註51〕文
末署「承議郎」，爲從七品官。

同月，南城縣尉樂氏卒，其田產，先生議充和糴莊，因作〈樂縣尉絕戶業
助和糴榜〉。轉運司續添和糴二萬七千五百石，先生議以招糴代和糴，
因撰〈招糴免和糴榜〉。又：本州軍人無屋可住者十之八九，先生念
「稅賃居止，既費房錢，軍民雜處，動或喧鬧」，因議建營寨，作〈起
營寨榜〉。（《日抄》卷七八，頁 17～20）時樂安縣曾田寨兵，屢掠村保，
得利與寨官、縣吏瓜分，毒民斯深，因乞省罷其寨。（《日抄》卷七五，
頁 9～10）

八月一日，作〈以運司牒派和糴申省狀〉。先是江西轉運司牒報派撫州和糴
米七萬二千五百石。先生以州饑歉，因請以去歲和糴米一萬七千餘石

〔註51〕《日抄》卷八七，頁 19～21。按：日期原脫，此據元刊本及四庫本《日抄》
補。

留在今年糶還，並請將今年和糴數痛減，如四月十三日所申者。先生別修書陳運使，請矜念民瘼，特准所申。二十八日，再申省乞賜通融。（《日抄》卷七五，頁 6～7，卷八四，頁 15～16）

中秋，勸農種麥，以免荒旱飢餓。（《日抄》卷七八，頁 22～24）

同月，先生申省乞推賞賑糶戶譚氏（糶三萬餘石）與黃、危、申氏（萬石）等。（《日抄》卷七五，頁 7～8）

十月一日，作〈臨川圖畫記〉。先是撫州宅舊有登覽之亭曰瀛洲者，先生新葺之。以瀛洲乃列子寓言，其名未安，而易為「臨川圖畫」。〔註 52〕

二日，作〈送撫州新參太學生序〉，勉以務實用，勿雜絲毫利祿之念。（《日抄》卷九○，頁 4～5）

冬至，作〈撫州金谿縣李氏社倉記〉。先是李沂舊創社倉，取息二分，不借勢於官，不鳩粟於眾。今歲荒歉，邑多賴之。先生乃為之記。（《日抄》卷八七，頁 17～18）

　按：此文，清·董氏編《南宋文錄錄》卷一三曾收錄。

是日前不久，州學教授程紹開敦請先生講學，先生以「今日吾儕之所少者，非講說也，躬行也」。婉辭不獲，冬至日，因講《論語·學而篇》「弟子入則孝，出則弟，謹而信，汎愛眾，而親仁；行有餘力，則以學文」章，云：「此章教人為學以躬行為本，躬行以孝弟為先，文則行有餘力而後學之。所謂文者，又禮樂射御書數之謂，非言語文字之末。今之學者乃或反是，豈因講造化性命之高遠，反忘孝弟謹信之切近乎？然嘗思二者本無異旨也。造化流行賦于萬物，是謂之性，而人得其至粹；善性發見，始於事親，是之謂孝，而推之為百行。……故《論語》一書，首章先言學，次章即言孝弟。至於性與天道則未嘗輕發其祕，豈非孝弟實行正從性與天道中來，聖門之學惟欲約之，使歸於實行哉？」因又論孟子以至周子之說，皆所以發明孔子躬行之意，云：「自夫性近習遠，利欲易昏，周子不得已又始曉人以太極陰陽五行，無非指示此性之所從來，使人知心之所具者即性，性之所稟者即天，虛靈瑩徹，超然物表，塵視軒冕，芥視珠玉，則見於事父從兄，推之躬行

〔註 52〕　《日抄》卷八七，頁 16～17。按：題目「圖畫」作「畫圖」，今據元刊本及四庫本《日抄》改。

踐履，自然無玷無缺，純是天然本性。凡言性、天之妙者，正爲孝弟之實也。」（《日抄》卷八四，頁 16，卷八二，頁 1～2）

十一月，蒙古改國號曰元。

同年，先生求朱子爵位遺像於臨汝書堂，模刻而奉安於州學宮，作祝文述朱子直接孔子之功，云：「孔子教人以大中至正之極，而世儒溺卑陋。濂洛遂進之以性理精微之奧，……而門人流高虛，先生又約之爲大中至正之歸。」（《日抄》卷九四，頁 7）

跋宋飲冰《耘溪慚稿》。言道爲文之本，云：「文所以達理。理者文之本，法度則其枝條，詞藻則其華實，無非自然而然，初無定形，要歸於陽和暢達。」（《日抄》卷九一，頁 18）

咸淳八年壬申 ^{元至元九年}（西元 1272 年）六十歲

正旦，作〈曉諭敬天文〉。

按：先生每五鼓行轎，率見街市掛天燈，供天香，輒爲欣喜，以爲人知敬天，則行事必善。因作敬天之文，謂日月星辰、風雷雨露、朝廷、父母皆是天。而若拜祭塔廟，迎引社會，枉費財物；自逞雄豪，目無官法；爲財物所昏，爲血氣所使，違忤父母；起念害物，欺心瞞人：皆非敬天也。（《日抄》卷七八，頁 20～21）

同月十八日，作〈撫州金谿縣李氏平糴倉記〉。

按：去歲多至先生爲李沂撰〈社倉記〉，李氏感先生之言，因別捐田二百畝，計歲租可四百石，「歲收其值，更買田以附益之，期至千畝；當益下其值，永以濟民，爲平糴倉。」先生高其誼，嘉其進善不已，因又爲之記。（《日抄》卷八八，頁 2）

同月，撫州重建教授廳成，先生記之，云：「古者養非飲食之謂，在優游以成其器；教非文字之謂，在切磨以進其德。……六經之訓具在，諸儒之說愈詳，夫人能言之；而人才反不古若者，其故果安在？良田利祿之途既開，卑陋之習已成，有隙必投，見利必動。……天生萬物，何物非天？人爲最靈，實與天一，宇宙吾廣大，日月吾精明，風雲吾變化，飛潛動植吾仁心流動，陰陽代謝吾窮有定。士苟以此而爲心，以此心而爲學，則亦何卑陋之能溺而實德之不充耶？」（《日抄》卷八八，頁 1～2）

二月，作勸農文，謂州農疏懶，年僅一作，致連歲荒旱。先生曉勸有加，
殷殷勉民勿令田園荒蕪。(《日抄》卷七八，頁 24)

四月二十一日，吏部令各州訪求凋邑利病，先生回申謂財賦之折陷爲時大
弊，以致大戶不納苗額。(《日抄》卷七五，頁 12)

五月十一日，讀朱子文集畢。先生讀是集，隨時記其心得，刊於《日抄》
卷三四至三六，凡三卷，而爲之跋。跋文贊朱子天才卓絕，學力宏肆，
落筆成章，殆如天造。而其剖析性理之精微，窮詰邪說之隱遁；感慨
忠義，發明離騷；泛應人事，遊戲翰墨，皆道之流行也。(《日抄》卷三
六，頁 21)

六月十一日前不久，先生以救荒有功，詔增秩，特轉正七品朝奉郎兼江西
提舉。先生辭不獲允。(《日抄》卷七九，頁 1)

十六日，先生申尙書省乞減和糴米數，謂州和糴定額歲七萬二千五百石；而
本州沒田官多處，歲收官租三萬五千石，此實同和糴，而不在和糴之數，
致州和糴總數高達十一萬石，州民苦不堪言。因乞以沒官田三莊租得充
和糴。復別修書二通致鍾季玉運使，乞准所請。終蒙賜允。〔註53〕

月末，先生薦舉知崇仁縣事周汝同升官，以其勤於政事也；保舉臨汝書院
山長黃翔龍改官，以其恬於仕進也；又州學教授鄭濟安於樸素，薦其
宜授縣吏。(《日抄》卷九四，頁 9～10)

八月十一日，升兼江西提舉，本日交印。(《日抄》卷七六，頁 1) 交印後不久，
作下列諸文：其一、爲〈客位榜〉，有云：「當職平生不求人，今亦不
受人求。自到撫州，應大小舉狀，並先奏告上天，然後望闕拜發。」
又囑僚屬今後當棄絕干謁。其二、〈免專人匣子公文〉，謂匣帖到司繳
費手續至繁，影響州縣之行政效率，因令簡化，迅速傳遞公文。其三、
爲「抽回專人」公文。舊法：由路派專人傳遞公文，速度遲緩，先生
令由州縣各任官從事，將專人抽回。(《日抄》卷七九，頁 1～2)

同月，建昌軍新城縣令蹇雄私糴擾民食，苛捐雜稅飽私囊，以興園庭，民
有不堪則囚至死。先生知悉，亟申省黜罷之。(《日抄》卷七六，頁 2～3)

同月，舉本司幹辦公事趙必趯充常平司官，以其舍選甲科，而德性、吏事

〔註53〕《日抄》卷九三，頁 13 特轉朝奉朗謝廟堂，卷七五，頁 8〈乞減和糴申省狀〉，
卷八四，頁 19～21〈(與)鍾運使書〉，《宋史》本傳。

皆有過人者。又隆興府司法晏世充常平職狀，其善與趙氏同。餘如徐龍雲、趙良抹、趙時壑、翁仲德、黃吳老、徐思訊與楊休，等皆有聲，宜改官升陟。（《日抄》卷九四，頁 10～11）

九月，跋姜山黃秀發《借庵集》。

按：秀發乃先生同宗，年亦相若，嘗作《姜山族譜》，先生既為之序。今復跋其集，云：「吾宗借庵先生文章光明發越，無一不本於理。如駈蚊一篇雖似出戲作，而聲其不仁之罪凡四，且謂虎猶可德，鱷猶可文，駈蚊最不靈，乃為血肉一飽，不滅其身不止。其借以垂世戒，亦辭嚴義正矣。」（卷九一，頁 17）

十月，先生再跋讀《王荊公文集》。謂其不護細行，其論理、論治之文，「未見其有犁然當人心，使人心開目明，誦詠不忘者。以之施諸天下，則所傷多矣。此說自覺過於嚴苛，因再跋云：「蜀人黃制參有大，年且九十，作書撫州求荊公集，云：『人雖誤國，文則傳世。』此確論也，因附此。然公論治、講理之文與題詠記碣之文，如出兩手，又不當例觀也。」（《日抄》卷六四，頁 13）

按：《日抄》有〈回制參黃通制（有大）書〉，辨朱子論介甫、東坡有偏頗者，乃其一時之言。（《日抄》卷八五，頁 5）當為此時前後所書。

同年，奉書鍾季玉轉運使，詳陳白撰錢之害，有至家破身滅者，乞速停徵。（《日抄》卷八四，頁 17～18）

作〈義役差役榜〉，謂義役雖勝於差役，而近年義役亦生弊病，故吉水縣併二者皆不用，而隨宜區處，績效斐然；因榜諭諸縣效法之。（《日抄》卷七九，頁 2～4）

當平倉司原有慈幼局，為貧而棄子者設，惟久而名存實亡。先生以為「官司收哺於已棄之後，孰若保全於未棄之先？」乃損益舊法：貧者由官贍之，棄者許人收養，官出粟給所收家；因出〈曉諭遺棄榜〉。（《日抄》卷七九，頁 5）

作〈放結關久禁人公箚〉。先是朱、余二家有隙，率眾相鬥，名曰結關，已二十八年；二人皆已死，而被喚結關者亦將老死於獄中。先生盡釋放之，使重見天日。時新城與光澤縣地犬牙相錯，民夾溪而處，歲常忿鬥爭漁，相互仇殺報復，甚至殺人放火。先生揭榜勒令禁止，諭其民

散去。(《日抄》卷七九，頁 4～6)

咸淳九年癸酉 ^{元 至 元 十 年}（西元 1273 年）**六十一歲**

正旦，在臨汝書院講《論語》「吾道一以貫之」章。謂聖門之指示要領在此
　　一章，異端之竊證空談亦在此，故學者讀此章最不可不慎。略云：「夫
　　萬事莫不有理，學者當貫通之以理，故夫子謂之一以貫。然必先以學
　　問之功，而後能至於貫通之地，故曾子釋之以忠與恕。蓋理固無所不
　　在，而人之未能以貫通者，己私間之也。盡己之謂忠，推己及人之謂
　　恕，忠恕既盡，己私乃克。……異端之學既興，蕩空之說肆行，盡《論
　　語》二十篇無一可借為蕩空之證者，始節略忠恕之說，單摘一貫之
　　語，……以為天下之理自成一貫，初無事於他求，……已非聖賢教人
　　之本旨矣。甚至挑剔新說，謂不必言貫此道，不必貫而本一。」(《日抄》
　　卷八二，頁 3～4)

　　按：據先生〈回董瑞州書〉(詳本譜明年)，知所斥時儒曲解一貫之說者，
　　　　乃指楊慈湖一派也。

正月，作〈文鑑注釋序〉，云：「惠陽史君師公，始昉為之(注釋)。一用文
　　公楚詞之法，凡國朝之典故、諸賢之出處、世道之升降，亦無不瞭然
　　於其間，逐輔成我宋一代全書。」(《日抄》卷九○，頁 7)

　　按：此書久佚，《宋史・藝文志》未著錄，蓋燬於宋末兵燹歟？

同月，作〈臨汝書院山長廳記〉，文中述及道統，並謂當以孔子學說為依歸，
　　云：「道原於天，闡於伏羲，傳於堯、舜、禹、湯、文、武、周公，而
　　集大成於孔子；苟有異於孔子者，皆非吾之所謂道矣。」因歷述孟子、
　　韓愈與宋諸大儒斥異端，承道統之功，云：「戰國時，楊、墨嘗害此道，
　　孟子闢之，而道以明。漢魏以降，佛、老嘗亂此道，韓文公闢之，而
　　道又明。唐中世以後，佛氏始改說心學以蕩此道，濂、洛諸儒講性理
　　之學以闢之，而道益明。伊川既沒(歿)，講濂洛性理之學者，反又浸
　　淫於佛氏心學之說。晦庵先生復出而加以是正，歸之平實，而道益大
　　明。」(《日抄》卷八八，頁 8～9)

　　按：此文為先生道統論之最重要文字，後人亦頗重視，清人編《南宋文
　　　　範》卷四六即收錄之。

二月三日，呂文煥以襄陽叛降元，自是襄、樊次第失陷。(《宋元通鑑》) 先生

兼江西提舉任內，作〈回趙知縣書〉，謝其賜陳亮巨編，因謂陳氏登朱
子之門，而縱橫之餘氣遂收。（《日抄》卷八四，頁21）

同月十五日前不久，先生除江西提點刑獄公事。（《日抄》卷八八，頁7）

十五日，萬載縣尉婁南良新葺尉衙成，扁其堂曰「清心」，先生為作記，謂
清心之說始於《荀子》；尉事繁劇，當清心以應之。並述尉吳之經驗，
云：「余初仕亦尉吳門，事之以非理而來者，紛乎如麻，余雖不能清心
以省之，亦嘗清心以應之：上惟知有皇天，下惟知有百姓，惟勢惟
貨，……一非所知。此心既清，事亦徐就條理。」（《日抄》卷八八，頁7）

二月，先生令官修《勉齋大全集》成，因跋之云：「某淳祐丙午春，得勉齋
文集於山陰施侯德懋，衡陽本也。後二十七年來撫州，推官李君龍金，
衡陽人，復以其本見遺，則字之磨滅不存者已十二三。……未幾，臨
汝書堂江君克明招臨江董君雲章偕來，其家收勉齋文最備，謂：初得
衡陽本十卷，次得巖溪趙氏所刊本二十四卷，次得雙峰饒氏錄本書問
一卷，次得徽庵程氏錄本書問一卷，次得北山何氏錄本答問十卷；近
又得三山黃氏友進刊本四十卷，凡衡陽、巖溪、雙峰、徽庵本皆在焉，
而又多三之一，獨無答問。某因館致董君盡求其書，屬幹辦常平司公
事趙君必趩，相與裒類為《勉齋大全集》。……〈勉齋祠堂記〉，崧峯
黃氏所作，能發明晦翁、勉齋相傳之正，併刻附卷末。」（《日抄》卷九
一，頁19～20）

按：先生令董雲章與趙必趩重訂之撫州本《勉齋大全集》，蓋不久即失傳。
四庫全書所採「《講義經說》三卷、《雜文》三十六卷、《詩》一卷」，
合四十卷之本，蓋為三山黃友進刊本也。《四庫提要》謂其本與《宋
史・藝文志》所著錄卷數相合，實屬不察，考宋志著錄十卷，蓋所謂
衡陽本也。清・瞿鏞《鐵琴銅劍樓藏書目錄》卷二一著錄本集四十卷、
附集一卷、語錄一卷、年譜一卷，題曰「宋刊本」，並謂附集中有本
傳、告詞、謚議、行實、詞（祠）記、祭文等篇，其中雖有「詞（祠）
記」，似與撫州本合；而由附本傳一點覘之，當是元以後人所刊；否
則，即後人就宋刊本而增刻傳文也。

先生請友人高夢璞校勘六經官板竣事，並添刊論、孟、孝經，合九經之數，
而為之跋，云：「六經官板，舊惟江西撫州興國軍稱善本。己未，虜騎

偷渡，興國板已燬于火，獨撫州板尚存。咸淳七年，某……取而讀之，
漫滅已甚。因用國子監本參對整之，凡換新板再刊者一百一十二，計
字五萬六千一十八；因舊板整刊者九百六十二，計字一十一萬五千七
百五十二；舊本雖善，中更修繕，任事者不盡心，字反因之而多訛，
今爲正其訛七百六十九字。又：舊板惟六經三傳，今用監本添刊《論
語》、《孟子》、《孝經》，以足九經之數。」（《日抄》卷九一，頁 20）

先生取撫州官板與蜀本《儀禮》對勘，而重刻之，跋云：「儀禮……撫州舊
有刊板，某以咸淳七年來撫，板已漫滅不全。……因徧於寓公尋借，
得蜀本參對而足之，凡重刻者六十五版，計字三萬四千三百八十五；
補刻者百六十九版，計字二萬三千五百六十七，今幸再爲全書云。」（《日
抄》卷九一，頁 20）

三月六日，升江西提刑，本日到任交割，即就刑獄、泛追、贓錢、專人、
詞訴與巡歷等項，榜諭約束。（《日抄》卷七九，頁 6～9）

二十二日後不久，作〈禁划船迎會榜〉，以民多有划船迎神，鬥毆繫獄者。
先生燒毀船千三百餘隻，並拆毀邪廟，榜示禁絕此惡俗。（《日抄》卷七
九，頁 10～11）

六月，鄱陽胡繼張主學臨川，頗有教蹟，先生爲置廳事，本日記其原委，
並論及當時學校之流弊在爭利。（《日抄》卷八八，頁 9）

同月，爲撫州李朋天理堂撰記文，述理與數之殊，而歸結於數在理中，云：
「人之所得於天以爲人者，理也；人事之既盡，而感應之不可必者，
數也。理者，居子之所安行；數者，非君子之所與知。古之君子，修
其在我，本非責報於天：顏子雖夭，原憲雖貧，從容乎天理之常，去
之萬世有餘榮；盜蹠雖壽、慶封雖富，顛倒於物慾之私，在當時已狗
彘不啻。如以數言，孰得孰失？是天下亦無理外之數。」（《日抄》卷八
八，頁 11）

金谿何某，不遇於世，築室清源以隱，先生爲作〈清源隱居記〉云：「余聞
士之隱顯無異道，而行藏安於所遇，故不當必於顯，亦不當必於隱。……
夫惟修其在我，聽其在天，譬之蛟龍蟄藏于淵，一旦風雷變化，潤澤
天下，有不知其然而然，……此隱也乃所以爲顯。」（《日抄》卷八八，頁
11～12）

跋張戒顏魯公祠堂記。

按：張戒字定復，徽宗宣和六年進士，累官司農少卿。羅汝楫劾其沮和議，實則不然。先生刻其〈顏魯公祠堂記〉既成，為之跋云：「侍御張公不附和議，終身不復肯仕，中興豪傑一也。嘗作〈麻姑山魯公祠堂記〉，言死生有命，世不當以魯公罹兇人之禍為戒；且歷舉兇人之自罹於禍者猶慘，以堅天下萬世忠臣義士抱道不屈之心。……其有補世教何如也！……余因為再刻之祠中。」（《日抄》卷九一，頁 20～21）

閏六月，臨川章叔平撰《讀詩私記》成，先生序其書，云：「詩自衛宏作小序，諸儒往往憑之以說詩。……王雪山、鄭夾漈始各捨序而言詩，朱晦庵因夾漈而酌以人情天理之自然而折衷之，所以開示後學者已明且要。東萊呂氏讀詩時，嘗雜記諸儒之舊說，未及成書，公已下世。學者以其與晦庵之說異，而與舊傳之說同也，或莫適從。臨川章君叔平因兩家之異，參諸說之詳，斷以己見，各以私記，無一語隨人之後。」
（《日抄》卷九〇，頁 7）

按：先生有〈讀毛詩〉《日抄》一卷，序中述歷代詩學大勢，與此文合而較詳，當是此時前後所作。章氏讀詩私記，朱氏《經義考》（卷一一〇）謂佚，元明人亦未見徵引，蓋亡於宋末之亂也。

跋《尹和靖家傳》，謂「本朝（理學）以程先生為之宗師也。……中天以來，程門之學，惟和靖尹先生巋然獨存，而得程門之傳者亦惟和靖為最正。……和靖每謂語錄不可信，至晦庵集程錄，反有疑於和靖，而學者多從晦庵。余嘗謂晦翁裒集之功固大，和靖親見之事尤的；今程錄中，門人竄入禪語者頗多，和靖之說其可廢也哉？！」（《日抄》卷九一，頁 21）

按：《日抄》卷四一有〈讀尹和靖文集〉，其跋文所說，與此同。

跋〈侯獻（景仁）水監行狀〉。（《日抄》卷九一，頁 21）

按：「侯獻」，各本《日抄》均同，惟韓維《南陽集》〈前權知楚州團練判官侯叔獻可著作郎制〉（卷一七，頁 6）一文，則作「侯叔獻」，明凌迪知《萬姓統譜》從之（卷六三，頁 4）。韓氏與侯氏同時，當得其實，是《日抄》蓋漏刻「叔」字也。

九月九日，先生刊陳炤所裒集之先聖諡號及從祀人名，并已故宋儒封爵於建寧縣學。（《日抄》卷三二，頁 18）

十一月，爲道士臣濟作〈奉眞道院記〉，謂：「眞者，無妄之名，而誠之謂
也。誠者天之道，而至誠者謂之如神。……天神森列，通得以眞稱也。
然則，奉之者其容有不眞乎？一言必信，一行必謹，一念慮必實，上
眞昭昭，對越無愧，斯其爲奉眞；要不出吾之天眞而已。」〔註54〕

十二月，作〈欽德載閉道集序〉。先是先生見佛、老之害，於戊辰輪對除
奏告於度宗之外，退而思集一書以暴之；而官務紛冗，未克如願。閱
四、五年，欽氏忽寄《閑道集》來，正先生所欲作者，因爲之序，斥
佛、老「特怵於死生之變耳。彼知人之所畏者死也，故預爲無常之說
以撼搖之；謂天地爲幻化，謂父母爲冤債，謂凡所生生無非火宅；甚
至疾視其親爲仇讎。而愚者既信之矣。而彼又知其說之繆於理也，又
肆爲反常之說以掃除之：謂善、惡爲無二，謂修學爲不可，謂即心是
佛，萬法皆空；甚至疾視天下之正理爲障礙。而高虛者反復信之矣。」
先生因以死生乃人世之常破之，云：「不知有生而有死，所以生生而
不窮，此即寒暑陰陽之代謝，此即草木榮華之開落，何怪之有？……
世豈有信其說而果不生不死者哉！」（《日抄》卷九〇，頁7～8）

同月，扁舟歸江東里居。

　　按：《宋史》本傳云有貴家害民，先生按之；「又強發富人粟與民，富人
　　　　亦怨。」御史中丞誤信讒者言而劾之去，遂奉雲臺祠。（《日抄》卷九
　　　　七，頁9）

同年，先生三子叔英生。〔註55〕

同年或稍後，作〈讀論語〉一卷成，序云：「今年踰六十，遺忘是懼，官所
　　竊暇復讀，而間記《集注》、《或問》偶合參考，及他說不同者一二，
　　以求長者之教，餘則盡在《集注》矣。」（《日抄》卷二，頁1）

咸淳十年甲戌 _{元至元十一年}（西元 1274 年）**六十二歲**

正月十二日，先生作〈送道士宋茗舍歸江西序〉。文末署雲臺散吏（《日抄》
　　卷九〇，頁8～9）。

〔註54〕《日抄》卷八八，頁13至14。按：文中自第八行「之」字以下，誤在頁20
　　　　第一行至第九行「所從」止。諸本《日抄》亦有誤刻，而所誤情狀互異。
〔註55〕據黃溍《黃文獻公集》卷三三，總頁345〈黃彥實墓誌銘〉：「年五十有五，以
　　　　泰定四年九月某日卒」之語推定。

七月九日，度宗崩，年三十五，遺詔太子㬎（年四歲）即位。(《宋史·度宗本
紀》)

九月一日，奉化縣盧白觀住山道士吳葆眞修繕道觀成，求記於先生。先生
云：「乃祖有言虛室生白。此言虛局內融，一塵不染，固道家清淨之初
說也。……虛白於心言也，心具眾理，理貫萬事。古之正其心者，正
將明其理，推以濟人利物。若徒虛白自潔，世將安仰？……以虛白爲
本，以惠利爲用，合二者始宜書。」(《日抄》卷八八，頁17～18)

二十日，爲友劉文炳《孝經解》作序，云：「人生而知愛其親，是良心莫先
孝也。親親而後能仁民，仁民而後能愛物，是百行莫先於孝也。孩提
之童，即授之以《孝經》之書，是講學莫先於孝也。孝無一日而可忘，
則《孝經》亦豈容一日忘？」(《日抄》卷九〇，頁9)

二十一日，〔註56〕先生隱居鄞縣月湖精舍。道士徐清夫來訪，出示詩編曰
秋蛩》，先生序之，有云：「人心與造化相流通，必銷落世慮，冰雪吾
心，斯可言清之極；否則，心聲之發，必有不能掩焉者，反異於秋蛩
之天籟自鳴矣。」(《日抄》卷九〇，頁9～10)

十二月，元兵因漢奸呂文煥、劉整之引導，進取鄂州，諸將多降。(《宋史·
度宗本紀》)

恭帝德祐元年乙亥 元至元十二年（西元1275年）六十三歲

十三日，青林山寶慶院主僧曇華新建觀音殿成，求先生爲記，先生論佛之初
說與後世末流大異，云：「蓋聞佛氏以寂滅爲教，凡吾耳目口鼻、四肢百
骸之身，與吾父母妻子、君臣上下之倫，及吾耕食鑿飲、生產作業，凡
所藉以資生之具，盡欲屏絕之。故樹下不敢三宿，恐成恩愛，惟行道乞
食，以畢餘生，一般涅槃，了無所有：此寂滅之說也。」先生意謂佛之
初說，爲害僅及佛者自身，事尙小；至其末流，則擾及民生，云：「後之
爲佛者不能盡然，仍奉養以愛色身，……仍頭首綱維以效君臣上下，仍
田以食，仍室以居，視世俗殆無以異；甚者反加侈大，往往與寂滅之說
正相背馳，故人或得而議其後。」(《日抄》卷八八，頁18～19)

三月二十四日，文天祥起兵勤王。

〔註56〕二十一日，清刊本《日抄》作一十一日。此據元刊本校正。

二十九日，朝廷加張世傑和州防禦使，令入衛。賈似道罷。

　　按：《宋史》本傳謂賈相罷後，以宗正寺簿召先生，將任監察御史；有內
　　戚畏其正直，止之。因移浙東提舉常平茶鹽公事。

先生在江西提刑任內，有〈回董瑞州書〉，云：「上蔡不欲以愛為仁，而欲
　　以覺為仁，至欲掃除乍見孺子惻隱之心；則橫浦之借儒談禪，一則曰
　　覺，二則曰覺者，皆不過敷衍上蔡之言也。上蔡謂王介甫勝流俗兩字
　　極好，若用此以講學，為補不細；則象山借儒談禪，斥千五百年儒學
　　皆為流俗，……皆不過受用上蔡之說也。上蔡稱釋氏以性為日，以性
　　為雲，去念見性，猶披雲見日；則慈湖借儒談禪，謂意起如雲霧之興，
　　人心不可有意，因而改《論語》「毋意」之毋為「無」字；又因《大學》
　　有誠意一章，而詆斥為非聖之書皆襲取上蔡之說也。」先生因取去年
　　正旦於臨汝書院辨〈慈湖說一貫〉之講義與之。蓋董氏台州人，時台
　　方盛行慈湖之說，並勉其審慎取捨。（《日抄》卷八五，頁 1）文末有「郡
　　獄將空」之語，知其書當作於此時。

〈回陳總領書〉，旨與〈回董瑞州〉同，且云：「自古惟孔子為大中至正之
　　極，據實平說，參之愚夫愚婦，亦無有不合者。自孟子出來，便是立
　　議論；但其所以立論之心，無非欲教人為善爾。」（《日抄》卷八五，頁 1
　　～2）

〈回太和余知縣書〉。先是余某來箚謂：「若有先生之庇護，贓錢始可盡蠲
　　還。」先生回書云：「其請越禮，本司亦素無可庇之事」；因退還其箚。
　　（《日抄》卷八五，頁 3）

〈回信豐鄧知縣書〉，勉以省事即是便民。（《日抄》卷八五，頁 4）

〈回樓新恩書〉，論下列三事：袁燮謂《論語》「吾道一以貫之」，意為「吾
　　以一道貫之」，乃改易經文。此其一。吾鄉俗有三弊：惟知權利、文必
　　求奇、理必求高。二也。斥慈湖心不必正，意不可有之說。三也。（《日
　　抄》卷八五，頁 4～5）

二月二十九日，除浙東提舉，專司撫定團結今春因積年不得鹽本錢而挺亂
　　之鹽場亭丁。（《日抄》卷七七，頁 6 第三中）

三月十七日（《日抄》卷七七，頁 2），先生到浙東任，置司慶元府。作〈到任
　　榜〉，誓革下列積弊：一、鹽官掩取鹽本錢之弊。二、上戶掩取鹽本之

弊。三、本司人吏陰取鹽本之弊。四、亭戶被擾之弊。（《日抄》卷八〇，頁1～4）

四月上旬，省箚：特寬展鹽課一月。先生作〈團結申省照會狀〉，謂亭戶所以不寧，係累年不得本錢，其數多達六十一萬三千餘貫，以故今春飢困極，乃相挺作亂，殺傷極多，并官府捕斬與逃竄山谷者相率。（《日抄》卷七七，頁1）

十四日，福王與芮為武康、寧江軍節度使判紹興府。（《宋史·瀛國公本紀》）

十二日至十五日間，先生作下列諸公移：「數巡鹽曆」，沒收巡鹽曆，禁戢官吏欺詐，與民相安。「約束瑞安倅廳差鹽場機察」，機察乃非官非吏，而為江湖乞丐之流，掩取盜賣亭鹽，官吏、亭戶皆苦之。先生因榜諭禁絕之。「約束諸場折納鹽」，官司強制亭戶折錢代鹽，公、私兩蒙其害，先生榜示約束。又作〈蠲免滷折鹽〉榜。至是凡當時鹽場宿弊，攸關亭戶生業者，已約束禁戢。（《日抄》卷八〇，頁4～6）

十六日至二十七日間，作〈呈行官員便宜〉，令屬官親察民情，便宜行事。「禁約謁士干求」，取締非理取錢之弊。「禁約欺詐」，免專人、牌匣、巡尉司、巡鹽曆、主管司茶曆，以免再生欺詐。又作〈禁約綱梢運鹽積弊〉。以時分司小吏赫然自持監司之禮，紛紛四出，剝賣亭戶田廬，先生亟申准罷之，且具狀申乞免場官責罰之權。（《日抄》卷八〇，頁7～9，卷七七，頁1～4）

四月，作〈慶元府先聖殿〉祝文，痛論倉司積弊，云：「今某所職之常平，徒虛名而無『平』之實；所職之茶鹽，反剝民而惟國之肥，以致財聚民散，盜賊日滋。」又撰〈城隍〉祝文，有云：「（今）皇帝幼冲克肖，天命未艾，悔禍在即，神於此時，丕昭威靈。……」是先生已知國勢之危矣。

五月十六日，慶元、紹興兩府二十鹽場結清帳冊。

六月四日，台州、瑞安府六場鹽冊結帳。

二十日，具狀申乞仍舊予祠。（《日抄》卷七七，頁4）

> 按：先生承差提舉浙東，責在撫定鹽戶，今各場結帳，亭戶已寧，自不必復膺此職，乃遞辭呈。先生任內「置司湖亭，止有水中亭子三間，風雨飄搖，不可居止」，以致「病瘁兼旬，飲食不進，實已不可支持」，因申狀乞祠。

二十二日，省箚令先生由湖亭回紹興府司事。

二十八日，作〈辭免回司乞祠狀〉。(《日抄》卷七七，頁 4～5)

同日，省箚除先生直寶章閣依舊浙東提舉兼紹興府長史。(《日抄》卷七七，頁
　　6 第一申)

七月二日，張世傑諸軍敗於焦山下。

同日，先生拜奉上月二十八日省箚。自忖提舉屬浙東路常平茶鹽司官，紹
　　興府係浙東屬郡，長史又係府之屬官。兼職乃破壞朝廷綱紀之大者，
　　因亟具狀辭兼長史，云：「蓋我宋所以立國者，其紀綱有二：在內，以
　　臺諫爲紀綱，自宰相以下皆得劾之。在外，以監司爲紀綱，自宰輔出
　　爲藩府以上皆得劾之。……(某)職則和預監司，今若使兼紹興府長史，
　　是以監司而反爲藩府之幕屬，……則決(絕)所不敢受也。」(《日抄》卷
　　七七，頁 6 第一申)

二十三日，省箚催促先生回司紹興府，先生再辭。(《日抄》卷七七，頁 6 第
　　二申)

二十三日後不久，先生又申狀堅辭長史。先是省箚命即到官；否則，「從御
　　史臺覺察」。先生堅辭，至云：「某委因有妨國家紀綱，不敢供職分明，
　　士大夫可殺而不可辱，匹夫不可奪志。……若得免兼長史，則朝聞命
　　而夕回司矣。」(《日抄》卷七七，頁 6 第三申) 狀上，未獲准，乃回司紹
　　興 (《日抄》卷八二，頁 4)。《宋史》本傳謂朝省又命進侍左郎官 [註 57]
　　及宗正少卿，先生併皆不拜。蓋不久即辭官歸，居定海縣靈緒鄉之澤
　　山，榜其門曰湖山行館；嚴課家庭子弟。 [註 58]

九月十九日，命文天祥爲都督府參贊官，總三路兵。

同年，在餘姚縣學講《論語》「子曰：古者言之不出，恥躬之不逮也」章。
　　先是縣學諸教授聯翰敦請先生講學，先生謂朱子嘗仕此邦而未嘗入講
　　肄，今亦不敢僭越；「況近世講書，講者非所問，聽者非所疑，正文公
　　疇昔之所戒」。辭至再三而不獲，因講《論語》此章，云：「古者，舉
　　古之人以警今之人也。恥者，謂言或過其行，則古之人以爲深恥也。
　　夫子此意正欲學者訥於言而敏於行耳。蓋理有自然，本不待言。……

〔註 57〕《四明人鑑》卷一，頁 59 引作「左侍郎官」。
〔註 58〕《剡源戴先生文集》卷一四總頁 122〈贈黃彥實序〉。

其有不得已而見於問答者，亦皆正爲學者躬行而發凡，今見於《論語》二十篇者，往往不過片言而止。言之非艱，行之爲艱，聖門何嘗以能言爲事？」繼謂孟子至朱子所以不得不詳言辯說之故，乃在排斥異端之謬也。末云：「君子小人之分，決於言行之相顧與否；言行之相顧不相顧，又決於此心之知恥與否。」（《日抄》卷八二，頁4～6）

端宗景炎元年丙子（即德祐二年）^{元至元十三年（西元1276年）}六十四歲

正月十九日，以文天祥爲右丞相兼樞密使都督。

二月六日，元兵駐軍錢塘江沙上。二十二日，帝及太后出宮。

五月一日，益王昰即位於福州，改元景炎。

六月十三日，元兵入廣州，諸將皆降。命文天祥爲同都督。（《宋史・瀛國公本紀》）

景炎二年丁丑 _{（西元1277年）}元至元十四年 六十五歲

九月二十二日，帝遷於潮州之淺灣。

十二月，元兵已陷諸州。

帝昺祥興元年（即景炎三年）戊寅 _{（西元1278年）}元至元十五年 六十六歲

四月十五日，帝崩。次日，衛王昺立，以陸秀夫爲左丞相兼樞密使，張世傑爲太傅，文天祥爲少傅。

六月七日，帝昺遷於新會之厓山。

十月，文天祥軍潰於潮州。

祥興二年己卯 _{（西元1279年）}元至元十六年 六十七歲

正月十四日，張宏範襲厓山。（《宋史・瀛國公本紀》）

先生居澤山後，國變前，曾喬寓鄞縣南湖，又遷寓桓溪，旋又避地同谷。（同註4）

二月六日，張世傑兵潰於厓山，陸秀夫負帝投海死，世傑亦自沉死。宋亡。（《宋史・瀛國公本紀》）

國變後，先生隱居寶幢山，誓不入城府，所居南湖之圖籍器物，人爭掠取，

亦不問。〔註59〕

十月，先生訪親家陳著山居，適著築後屋三間，爲作〈本堂記〉。〔註60〕

　　按：〈本堂記〉，元刊本日抄已佚。陳著答書，云：「焚香細讀根極理義之
　　　　文，某之心所自知而口不能宣者，盡發之于大手筆下。節支雖多，脈
　　　　理自一，如長江萬里，三峽之奇傾，五湖之平放，寬受而安流焉。此
　　　　天下之至文也。」又一書云：「發明透徹，山川爲之光采。……君變
　　　　化闔闢，升轉斗量之妙，恐非其（按：指包恢）所及也。」〔註61〕

同年，作〈醒吟先生傳〉。

　　按：先生近自號「醒吟」，陳著云：「晚年北山北，唯識醒中吟。」（同註
　　　　60）此傳亦久佚。

先生生前曾刻所撰《日抄》百卷，寄贈一部與袁桷之父洪。〔註62〕

宋亡之明年庚辰_{（西元1280年）}六十八歲
元至元十七年

先生餓死於寶幢山。

　　按：先生於國亡後，蒿目河山，感懷陵谷，「日惟一食」，遂餓死。〔註63〕
　　　　又按：戴表元〈送黃彥實序〉云：「先生沒二十年……（元成宗）大德
　　　　辛丑之夏，遇……彥實於杭。……是歲五月既望。」（同註58）由此
　　　　推定先生卒於本年也。又：近人陳垣引陳著〈挽黃祖勉詩〉云：「誰
　　　　料生芻奠，今年又乃翁。」謂先生父子同一年卒。又引詩云：「辰龍
　　　　竟歸夢」（同註60），謂辰龍似指今年庚辰也。

陳著挽先生，有辭三章，其一曰：「江山古四明，獨立表平生。敏處經綸密，
癯中氣局弘。鴻毛看勢利，虎口見功名。麾節那能究，東南天已傾！」於
先生之氣概、學行，識之深而表之切。又云：「文弊莫如今，獨存師古心。
汲深六經海，茹寔百家林。公有傳賢筆（自注：曾作史館檢閱文字），私無諛墓
金。晚年北山北，誰識醒中吟！」於先生之文備致推崇。其三曰：「當年時
事殊，咄咄賦歸與。同是無枝鵲，危如游釜魚。偷生盟世好，訪遠記山居。

〔註59〕　袁桷等編《延祐四明志》卷三○，頁5〈人物考中〉。
〔註60〕　《本堂集》卷九○，頁1挽黃提舉（震）三章自注。
〔註61〕　《本堂集》卷七五，頁6～8〈答黃東發提舉送本堂記〉，又：與前人書。
〔註62〕　《清客居士集》卷三三，總頁495〈先君子師友淵源錄〉。
〔註63〕　宋·謝翱《晞髮集》卷四，頁10〈寶幢山尋黃提刑震舊避地詩〉。

已矣向誰慟，兒孫書滿廬。」（同註 60）

戴表元撰〈先生墓表〉。

> 按：全祖望云：「《宋史‧儒林》所作傳，本之剡源墓表；其於先生之學
> 無所發明。」（同註 4）戴氏所撰墓表，今不傳。考今傳《剡源集》三
> 十卷本為明隆慶、萬曆間周儀所輯刊；其四卷本曰《剡源先生文鈔》，
> 則黃宗羲所選錄，二本皆非完書。

門人私諡「文節」（一作「文潔」）。

> 按：袁桷等編《延祐四明志》（同註 59 引）、《宋史》本傳與黃溍〈黃彥實
> 墓誌銘〉等作「文潔」。而袁氏《清容居士集‧戀庵記》則作「文節」；
> 清王梓材據此疑先生一諡「文節」。〔註64〕考《延祐四明志》非袁氏
> 一人所編；古諡法有「節」無「潔」，《逸周書》諡法解云：「好廉自
> 克曰節」，注：「自節以情欲也，不傷財，不害民。」《論語‧泰作篇》：
> 「臨大節而不可奪。」宋人謝枋得絕食報國，其門人諡曰文節。驗諸
> 先生行誼，似以諡「文節」為近；惟作「文潔」者多，茲姑存疑。

先生葬於慈溪縣西北五十五里之杜湖山。〔註65〕

譜　後

元世祖至元間，學者建「湖山書院」以祀先生，院去澤山行館十里。〔註66〕

元成宗大德四年
（西元 1301 年）（先生歿後二十一年）五月十六日

> 戴表元撰〈贈黃彥實序〉，憶及與先生之交游，并贊先生之學行，云：「黃
> 東發先生以經術、行誼、政業為江南名卿。緣桑梓故，每與余評覈古
> 近人物，以為士之生世，誠不可無材。……惟先生輩起寒微，實用所
> 長取知於人，寸量尺鈗後至，故其語執之良堅，後生晚學化之，亦皆
> 矯然有自勵之色。」（同註 58）

元泰定帝至和元年
（西元 1328 年）（先生歿後四十八年）

> 九月黃溍撰〈黃彥實墓誌銘〉，述及先生之行誼，云：「負材能，尚氣節，

〔註64〕《宋元學案補遺》卷八六，頁 1。
〔註65〕《慈谿縣志》卷六，頁 8 古蹟門「文潔先生黃震墓」下自注。
〔註66〕黃玠《弁山小隱吟錄‧自序》。全祖望謂在「至正中」（同註 4），實誤。

而甚邃於經術，所著書世多有之。蓋先生之學壹以躬行爲本，故其在朝著見謂忠鯁，而分符握節所主，舉其職業，風采凜然。」（同註 55）

元順帝後至元二年
（西元 1336 年）（先生歿後五十六年）

湖山書院燬於兵，先生裔孫禮之復建。（同註 66）

元後至元三年
（西元 1337 年）（先生歿後五十七年）

黃禮之重刻先生《日抄》，僅存九十四卷，另三卷有目無文。

元・楊維楨（西元 1296～1370 年）游學四明，得先生《日抄》及黃氏紀聞歸，學業大進，後遂爲一代文宗。〔註 67〕

明太祖洪武間，湖山書院再燬於兵燹。〔註 68〕

明・陳桱承祖著之學，又私叔先生之教，用功史學，著有《通鑑前編舉要》，又爲《通鑑續編》二十四卷，能補金履祥前編之闕，頗爲學者所重。（同註 9 總頁 1642）

清・全祖望就湖山行館舊址，建澤山書院；且嘆其從祀之典有闕，特於書院中立專席祀之。全氏又於鄞縣建同谷三先生書院，以先生與王應麟、史蒙卿等同祀。又據全氏〈杜洲六先生書院記〉所載，童金於慈溪建書院，以先生與童居易、童鐘、曹漢炎、嚴畏與童鉁並祀。〔註 69〕全氏於先生之學亦多能闡揚發明。

〔註67〕《鐵崖文集》卷二〈先考山陰公實錄〉。《宋元學案》卷五二，總頁 966〈艮齋學案〉。

〔註68〕《寧波府志》卷一六，頁 19 第宅門「湖山書院」。

〔註69〕同註 4 頁 10〈同谷三先生書院記〉，頁 13〈杜洲六先生書院記〉。

第叁編　黃震之學術淵源與著述

第一章　學術淵源

第一節　四明學風之影響

　　東發學術，上繼考亭，旁採張（栻）、呂（祖謙）二氏，而一反陸學，此受當時四明學風之影響。論四明學風當自北宋始。

　　北宋之四明已有鄞、奉化、慈溪、定海、翁山與昌國六縣。王安石以仁宗慶曆七年任鄞令，明年始創縣學，延慈溪杜醇爲之師。〔註1〕四明學風自此而盛。時有所謂慶曆五先生者，除杜氏外，楊適、樓郁、王致、王說等四人皆有學行。清全祖望〈慶曆五先生書院記〉云：

> 有宋眞、仁二宗之際，儒林之草昧也，當時濂洛之徒，方萌芽而未
> 出；而……泰山孫氏在齊，安定胡氏在吳，相與講明正學，自拔於
> 塵俗之中；亦會值賢者在朝，高平范文正公、樂安歐陽文忠公，皆
> 卓然有見於道之大概，左提右挈，於是學校遍（徧）於四方，師儒之
> 道以立。……而吾鄉楊、杜五先生者，駢集於百里之間，可不謂極
> 盛歟？夷考五先生皆隱約草廬，不求聞達；而一時牧守來浙者，如：
> 范文正公、孫威敏公皆摳衣請見，惟恐失之。〔註2〕

時五先生各有講堂，琅琅之聲以王致之門最盛，是以王荊公誌其墓云：「四明士大夫立言以垂後世者，自先生始。」〔註3〕樓郁登仁宗皇祐五年進士，先後

〔註1〕《王臨川集》卷七七總頁491〈請杜醇先生入縣學書〉；凡二通。
〔註2〕《鮚埼亭集》外編卷一六總頁674。
〔註3〕文不見於《王臨川集》，此據《寧波府志》卷二五總頁1929引。

掌教郡學三十餘年。其弟子豐稷，哲宗元祐中，官至國子祭酒。又：其玄孫鑰，爲文精博，筆力雄健，有《攻媿集》一百二十卷。北宋末年，鄞人高閌入太學，見楊時於京師，得其指授，歸里後建長春書院，以授鄉人，自是伊洛之學始傳之四明。

南渡後五十餘年間，朱、陸學說不同，而旗幟皆大顯於世。四明後進有袁燮、楊簡、沈煥、舒璘，於孝宗乾道初年，同入太學，親炙陸九齡，朝夕以道義切磨。後又師事九齡弟九淵，傳其衣缽。又後二十年，即淳熙年間，四人各開堂講學於故鄉，稱明州四先生。四先生中，楊氏年最高，其道尤廣。嘗講陸學於東發本籍慈溪縣北之德潤湖，後因改名慈湖，築室其上。其弟子徧於大江南北，如：袁甫、陳塤、童居易與桂萬榮等，最能昌大師門。

陸氏尊德性，謂心即理也，四明學者專尚之，流弊漸生，有識之士轉而究心朱說，朱子學乃漸受重視。其時傳朱學者有二派，清黃百家云：「其一史果齋（政華按：果齋，蒙卿號），從晏氏（名「淵」）入；其一余正君，從輔氏入。」〔註4〕東發即輔廣之裔胄也。

宋季於朱、呂、陸三大學統，並有傳者：袁燮弟子陳塤爲陸學；王應麟爲呂學，又由父之師史彌鞏，以接陸學。東發得朱子遺籍，默識冥搜，獨倡之於浙東。按：王氏爲東發應舉時之覆考官，東發於呂氏之學亦頗推崇；獨於陸學則無所取，乃四明陸學之反動派也。

第二節　朱、呂、張氏師說之承繼

東發本師王文貫，其學源出余端臣，端臣出於輔廣。廣，乃朱子門人，而傳其學於兩浙者，且接呂東萊之緒。東發又嘗從學金壇王遂，遂學於游九言，九言乃張栻高弟。故東發得接朱、呂、張三氏之傳也。

王文貫，字貫道，鄞縣人。幼即嗜學，事鄉先生余端臣，登理宗寶慶二年進士第（詳上文黃震年譜）。教授眞州，除宗學諭。〔註5〕學宗輔氏，工毛詩。東發以詩舉進士，王氏之教也。文貫又精《論語》與《春秋》，並以之授徒，流澤四明，東發與汪元春（詳下）其魁也。其說，《日抄》屢加引述，皆明白洞達，平實可從。

〔註4〕《宋元學案》卷八七總頁1645〈靜清學案〉。
〔註5〕清・汪氏刊本《黃氏日抄》卷二，頁1〈讀論語〉。

王遂，字去非，號實齋。寧宗嘉泰二年進士。守台州，爲立社倉，興學校，講理學。其人頗長於治道。官至浙東提舉。爲文雄健，無浮靡之氣。東發從學，待之以國士，相與優游於道藝焉。〔註6〕

余端臣，字正君，爲太學生。以經學教授閭里，從游者數百人。與弟子王文貫同爲四明詩學宗匠。學者稱爲訥庵先生。〔註7〕

輔廣字漢卿，號潛庵。浙江崇德人。始事呂東萊，繼登考亭之門，留三月而後返。居武夷山，飯糗飲水，亦不改所樂。〔註8〕寧宗慶元「僞學」禁嚴，漢卿不爲所動，朱子、眞德秀稱譽之。〔註9〕嘉定初，奉祠歸隱，築傳貽書院，教授子弟，以著書自任。所著有《四書答問》、《四書纂疏》（一名集解）、《五經集解》、《詩童子問》、《通鑑集義》、《潛庵日知錄》、《師訓編》及《慶源詩經說》等八種。〔註10〕今僅存《詩童子問》，其說羽翼朱子集傳。〔註11〕又嘗有知行相資之說，見於陳著〈敏求齋記〉，記云：

　　潛庵輔先生謂：生而知之者，義理，好古敏求者，事實。理與事一
　　貫，知與行相資。〔註12〕

說蓋源於朱子；東發亦有取焉。〔註13〕

游九言，字誠之，初名九思。十歲，爲文詆秦檜。及長，銳志當世。師張栻，舉江西漕司進士第一。嘗授其學於王遂。學者稱默齋先生。〔註14〕

東發之學，以朱子爲本，其傳授統緒，雖如上述；而就本源論，則可略去輔、余、王三氏，徑接朱子。

朱子歿十三年而東發生，東發雖未及親炙於朱子，然由於師傳，浸淫乎

〔註6〕　《日抄》卷九五，頁 2〈祭江西提舉實齋王先生〉，《宋史》卷四一五〈王遂傳〉，
　　　　《宋元學案》，總頁 1357〈嶽麓諸儒學案〉。

〔註7〕　《日抄》卷九七，頁 14〈余夫人墓誌銘〉，卷九六，頁 15〈知興化軍宮講宗
　　　　博汪公行狀〉。

〔註8〕　《至元嘉禾志》卷一二，頁 21〈人物門〉。

〔註9〕　《朱子大全集》卷五九，頁 25〈答輔漢卿書〉，《眞西山文集》卷三六，頁 16
　　　　〈跋文公與漢卿帖〉。

〔註10〕見《至元嘉禾志》（同註 8 引），《南宋書》卷六三，頁 4，《宋元學案》卷六四
　　　　總頁 1159〈潛庵學案〉。其詩經說，《潛庵學案補遺》，頁 1～5 有輯本。

〔註11〕見《詩童子問‧胡一中序》，又：《四庫提要》卷一五，頁 28。

〔註12〕《本堂集》卷五○，頁 6。

〔註13〕《日抄》卷九五，頁 6〈祭添差通判呂寺簿〉。

〔註14〕《默齋遺稿》卷下頁 20〈游氏世譜〉。《宋元學案》卷七一總頁 1346，頁 1354
　　　　〈嶽麓諸儒學案〉。

遺籍，亦得以升堂入室焉。東發治學謹嚴，反復探究，必止於心之所安，乃宗朱而不為所囿者。〔註15〕朱子於學，以經學為本，以文詞為末；欲求經史中義理，用諸事功。嘗云：

> 用力於文詞，不若窮經觀史，以求義理，而措諸事業之為實也。
> 〔註16〕

此言為東發所崇尚，如：《日抄・讀孝經》云：

> 《孝經》視《論語》雖有衍文，其每章引詩為斷，雖與劉向《說苑》、
> 《新序》、《列女傳》文法相類；而孝為百行之本，孔門發明孝之為
> 義，自是萬世學者所當拳拳服膺。他皆文義之細，而不容不考，至
> 晦庵（《孝經刊誤》）疏剔瞭然矣！〔註17〕

是知東發已得朱子學說之大本矣。今人錢穆云：「竊謂後儒治朱學，能深得朱子奧旨者，殆莫踰於黃氏。」又云：「蓋東發之學，專崇朱子，其學博，即承朱子之教而來；然於朱子成說亦時有糾正，不娓娓姝姝務墨守。……朱子論學極尊二程，亦時於二程有糾正。東發之能糾正朱子，乃正見其善學也。」〔註18〕

茲再詳述東發與朱子之淵源關係於後：

晦庵於經書，殆無不熟悉；註有《詩》、《書》（門人蔡沈書集傳多用其說）、《周易》與《儀禮》等，又有《孝經刊誤》。十三經之中，《爾雅》為詁訓之書，可以不論。《周禮》，朱子以為作於周初，〔註19〕而東發則疑其出自劉歆（詳見第伍編第四章禮學），故不為之註釋。東發以為《春秋》三傳不如經文確當，故專註經文，而論傳文之失（詳見第伍編第四章）。朱子《儀禮經傳通解》以《禮記》為傳文，〔註20〕東發不以為然，遂取而註之，凡十六卷。《日抄・讀禮記》、〈讀春秋〉均為集解性質之作，博觀約取，蓋有意補朱子所未備，而不欲顯為之，故附於《日抄》中，〔註21〕誠為考亭之功臣。

朱子亦湛深史學，著有《資治通鑑綱目》與《八朝名臣言行錄》等書，

〔註15〕本四庫提要說，見卷九二，頁48。
〔註16〕《朱子大全》卷五九，頁6〈答汪叔耕書〉。
〔註17〕《日抄》卷一，頁2。
〔註18〕〈黃東發學述〉，頁1。
〔註19〕《朱子大全》卷六三，頁33〈答余正甫書〉。
〔註20〕《朱子大全》卷一四，頁26〈乞修三禮箚子〉，《語類》卷一一三，總頁4419〈廖德明錄語〉。
〔註21〕《經義考》卷一四二，頁7引姚世昌說。

於史學之貢獻頗大。〔註22〕綱目雖僅至漢、晉間，〔註23〕而其條例則大抵已定。其寓筆誅之意，如：凡例云：「凡篡賊之臣書『死』」，故書「莽大夫楊雄死」。東發咸有取焉，其《古今紀要》論楊雄「劇秦美新，爲萬世羞。」又其按語云：「漢習委靡，……紛紛附莽者不可勝數，惟……楊雄自號儒者，而亦爲之，罪莫大於此。」〔註24〕

朱子《名臣言行錄·自序》：「予讀近代文集及記事之書，觀其所載國朝名臣言行之迹，多有補於世教。……於是掇取其要，聚爲此錄。」〔註25〕輔助教化之旨，爲東發撰述《日抄》之主要動機。東發於史，除致力於考究前賢之著述外，又自爲《古今紀要》十九卷。紀要主通鑑以蜀漢爲三國正統之初誼，而不採朱子無統之後說，因東發以爲漢獻帝嘗以衣帶密詔劉備誅曹操；事雖不果，而劉昭烈之立，實乃繼絕漢之社稷也。〔註26〕此爲東發與朱子立說之異者。

朱子崇道統，力闢釋、老之說；即於孟、荀，亦有微辭。其無間言者，唯孔子之說耳。〔註27〕東發學術亦歸宿於孔子，見佛、老之害，而擬集一書，暴而斥之（見年譜咸淳九年十二月下）。東發理學要旨，亦與朱子同，說詳第柒編理學。

四明之傳，自乾淳以來專尚陸學，狂慧充斥，至宋季，而東發始巍然以朱學變之。東發學說之緊要處，幾皆本諸朱子，至有欲備門牆而不可得之嘆。〔註28〕明末黃宗羲稱東發爲「四明朱門」，〔註29〕誠知言也。

宋代史學發達，著作甚豐，諸體詳備。東萊呂氏雖生於南渡之後，然得中原文獻之傳，史學著作頗多，可考者有《春秋左氏傳說》、《大事記》等八種。〔註30〕嘗云：「達於事變，則能得時措之宜。」〔註31〕東發贊其《大事記》

〔註22〕詳見王德毅〈朱熹五朝及三朝名臣言行錄的史料價值〉一文。
〔註23〕《朱子大全》卷三三，頁3〈答張敬夫書〉。
〔註24〕卷二，頁21〈後漢紀要〉。
〔註25〕《朱子大全》卷七五，頁22。
〔註26〕朱子初說見《語類》卷一〇五總頁4248，此錢賓四先生《朱子新學案》卷五以爲係淳熙五年以後不久語。其後說見《語類》同卷總頁4247，錢氏以爲錄於光宗紹熙元年至寧宗慶元五年間。東發說見《古今紀要》卷四，頁1〈三國紀要〉，又《日抄》卷四八，頁1～2〈讀三國志〉。
〔註27〕味《語類》卷一四〈大學綱領〉及卷一九〈語孟綱領〉等可知。
〔註28〕《日抄》卷九三，頁1〈台州郡齋求沈寺丞印四書啓〉。
〔註29〕《宋元學案》卷八六總頁1631〈東發學案王梓材案語〉引。
〔註30〕《左傳說》二十卷、《續說》十二卷、《博議》二十五卷，《大事記》二十五卷，

能詳於考究地理與名物制度。〔註32〕又嘗採其讀史綱目所說附入《古今紀要》
中。〔註33〕史學之外，東萊亦傾心理學。東發尊其能與朱子、南軒鼎足於世。
〔註34〕而其調和朱陸異同及與朱子編輯《近思錄》之功，尤為東發所推重，
以為道統所繫屬。〔註35〕至其《大事記》與〈讀詩記〉之訛誤處，東發亦時
加匡正。此見東發取精用宏，非務苟同也。

　　張栻，字敬夫，號南軒，於乾淳間為朱子、東萊講友，相互影響，確立北
宋理學之道統地位，論定二程與濂溪周子之淵源關係；與朱、呂、陸同為當時
世道所繫。東發嘗謂讀其書，「當觀其天性忠孝，以義理發為政事處」。〔註36〕
天性忠孝，以義理致用二語，亦東發平素心所存養者。

　　茲表列東發之師承統系於後：

第三節　家學與戚友之講論

　　東發家學，始振於其叔祖得一。得一好學卓立，無師自通。〔註37〕由老
氏返諸六經，授徒淑世。東發甫周晬，即為賦詩，期以遠大，東發終身誦之。
東發登第後，嘗感其所賜，云：「歲在丙辰，竊第奉常，皆公之賜，感極涕滂。」
〔註38〕

　　東發幼承庭訓，父一鶚耕讀傳家，常教讀朱子《論語集註》等書；東發
誦之行之，終身不輟，〔註39〕其好學深思，服膺朱子，蓋自幼已然矣。

　　　　《歷代制度詳說》十二卷，《東漢精華》十四卷，《隋書詳節》二十卷與《五
　　　　代史詳節》十卷等。
〔註31〕《呂東萊遺書》卷一五，頁2〈詩說拾遺〉。
〔註32〕《日抄》卷五四，頁1、頁13〈讀東萊大事記〉。
〔註33〕《日抄》卷四〇，頁8〈讀東萊先生文集〉。
〔註34〕同註33頁16〈讀勉齋先生文集〉。
〔註35〕同註34頁10〈讀東萊先生文集〉。
〔註36〕《日抄》卷三九，頁19。
〔註37〕《朱子大全》卷八四，頁24〈跋黃壺隱所藏師說〉。
〔註38〕《日抄》卷九五，頁1〈祭叔祖機察壺隱先生墓〉。
〔註39〕《日抄》卷二，頁1〈讀論語〉。

　　鄞人陳著（西元 1214～1297 年），號本堂。與東發同登寶祐四年進士第。賈似道竊國，著諷其門客曰：「寧不登朝，不爲此態！」遂外逐爲福安令，改知嵊縣。其後又屢忤賈相，抗節不屈，〔註 40〕與東發同。本堂見東發嫡孫正孫性情恬靜，苦學盡孝，因屈行輩與爲親家，〔註 41〕二人交誼益如金石。其學亦源於輔廣，屢稱述漢卿之說。擅詩文，有集九十五卷。於史，則有歷代統記之作。著亦明理學，排老莊，如：〈題盧竹溪主洞眞觀石後〉云：「道，天常也。常之外，安有道？外常以求道，妄而已。」〔註 42〕國變後，隱居四明山中，自號嵩溪遺耄，與東發仍相往來。而東發族弟翔鳳，字子羽，亦結著爲親家；三人反覆論道，娓娓不倦。〔註 43〕

　　奉化汪元春字景新（西元 1206～1266 年），先東發受學於王文貫，並及入余端臣之門。早年貧苦自立，博涉群書。及理宗淳祐元年進士第。涖官十六任，先後二十六年，皆以廉直聞。〔註 44〕寶祐四年主省試，獨褒東發卷，東發往謝，遂定交。每以出處大致相勉勵，嘗語東發曰：「爲人如流水，但務平；偶遇湍激，爲奇爲變，亦惟行其所自然。」〔註 45〕誠東發之諍友。其卒也，東發所作行狀，凡三千六百餘字，爲研究汪氏行誼最詳實之資料。〔註 46〕

　　孫子秀字元實（西元 1212～1266 年），餘姚人。與東發同學於王逐，博學篤行，立志於道，登紹定五年進士第。歷內、外官十六任，位至太常少卿，聲譽遠播。嘗興學校，立孔廟，修明教化；又奏講理學，剖判儒、佛異同，於道統之闡發，不遺餘力。子秀年長於東發，而每稱許東發之文，東發則師事之；二人交誼彌篤，相期乎歲寒。東發尉吳，子秀適任浙西提舉常平，凡東發所申請事宜，無不信受推行；〔註 47〕彼此同事共學，莫逆於心。子秀卒後，東發所撰行狀約六千五百字，於其行實述之極爲詳贍。

　　台州黃巖毛鼎新字新甫（西元 1205～1271 年），世以儒學聞於鄉里。理宗淳祐四年入太學，七年中進士。兼通文章與治道。先與東發同事於浙西常平司，

〔註 40〕　《宋史翼》卷二五，頁 16～77。
〔註 41〕　《本堂集》卷八二，頁 1〈答次女許黃氏啓〉。
〔註 42〕　《本堂集》卷四五，頁 8～9。
〔註 43〕　《本堂集》卷七五，頁 9 與前人（黃震）書，頁 10〈答黃東發書〉。
〔註 44〕　同註 7 引〈汪公行狀〉，頁 15～17。
〔註 45〕　同註 7 頁 17。
〔註 46〕　同註 7 頁 14～18。
〔註 47〕　詳見《日抄》卷九七，頁 60～14〈安撫顯謨少卿孫公行狀〉，卷九五，頁 4〈祭浙西孫安撫文〉。

度宗咸淳三年，又同入史館，明年，同應禮部試。二人官廨連甍居，情益親。在史館筆，削有法，因除校勘。其前曾分教興國軍及臨安府，務以義理淑世，爲東發所欽仰。〔註48〕

此外，與東發同事，又爲學侶者，尚有鄱陽張天瑞字若鳳與程壺溪（別號，佚其本名）。咸淳六年秋，東發與張天瑞在紹興府試院劇談一夕，見其講學必主於明理，論政必以澤民爲先，知其已有得於道，二人因定交。〔註49〕而程壺溪嘗與聯事於浙西提舉司，東發深知其爲義理之學，且能躬行踐履，以故，跋其《晝簾稿》，贊其有得於心，云：「文從字順，辭達理明，有平生從事於翰墨者所不及。」〔註50〕

東發嘗因陳著之介紹，而友餘姚吳應酉字子雲，陳著云：「余交國史黃公震東發爲深，嘗握手嘅嘆古道散、伐木詩廢，相友善如我輩幾希（稀）！公因及姚江吳應酉子雲從吾游久，一誠如初。」東發嘗與之「講明聖訓，以相切磋」。〔註51〕

又有劉文炳者，亦粹德之士也，爲東發學友。嘗博採諸書之及於孝者，萃爲《孝經解》一編，丐序於東發。東發稱其書「寧多而毋敢略，寧淺而無敢深。雖爲童子設，而關其終身也；雖爲家庭設，而關乎天下也。」〔註52〕東發主張孝爲百行之本（詳第肆編第一章），亦足以與養晦說相發明也。

〔註48〕《日抄》卷九七，頁6～7〈史館校勘奉議毛君墓誌銘〉。

〔註49〕《日抄》卷九○，頁4〈贈張帥幹事〉。

〔註50〕《日抄》卷九一，頁16〈跋壺溪程君晝簾稿後〉。

〔註51〕《本堂集》卷三七，頁8～9〈贈吳安仲序〉。

〔註52〕《日抄》卷九○，頁9〈劉養晦孝經解序〉。

第二章　與朱子學之關係

　　某一學派能否造成「氣候」，除其創始人本身之學說必須體大思精外，尚須有人與物兩方面之助力——承受者須能發揚光大，傳播工具應力求精良迅捷——，始克有濟。

　　朱子學術，體固大，思亦密，可謂集孔子以來學說之大成，〔註1〕其著述繁夥，徧及經子四部之學；〔註2〕重以生當活字版印刷術發明之後，故其學不久即傳揚於海內外，影響東方人思想至深且巨：在韓國，則李滉（號退溪）私淑之，光大其學；在中土，朱門秀傑百餘人中，以蔡元定、黃榦、輔廣與詹體仁等所傳，尤為久遠。其中輔廣三傳而得慈溪黃震，尤獲朱學神髓，成為四明朱門龍象。

一、東發何以成為四明朱門主要傳人

　　四明六縣，〔註3〕南宋時為浙東路慶元府所轄，境內有四明山著稱於世；東發籍隸慈溪，因嘗自題「四明」人。〔註4〕東發從同縣王文貫問學，文貫師事余端臣，端臣乃傳朱子高弟輔廣之說於四明者，故東發為考亭四傳弟子。

　　居四明而傳朱學者，尚有晚於東發之鄞人王應麟（西元 1223～1296 年），由

〔註1〕本錢穆說，見所著《朱子學提綱》。
〔註2〕《朱子大全集》有百二十卷，語類凡百四十卷，而專著則徧及四部，凡六十九種之多（據周予同《朱熹》一書所考）。
〔註3〕鄞、奉化、慈溪、定海、象山與昌國縣。
〔註4〕《日抄》卷八八，頁5〈撫州堰合樓記〉、四庫全書本《日抄》卷八七，頁17〈萬山樓記〉。

金華王埜承眞德秀之說，而上接朱子；然其學則未盡醇也，清全祖望論之云：

　　　予之微嫌於深寧者，正以其詞科習氣未盡〔註5〕耳。〔註6〕

謝山爲鄞人，此言乃客觀無偏之見也。且王氏之學多側重文獻考證，未得朱學之全也。

　　深寧傳同縣史蒙卿（西元 1247～1306 年）；蒙卿雖亦宗朱，而其師則嘗有不喜其說易之言，「以其嗜奇也」。然則，其說似未必盡同於朱也。〔註7〕

　　此外，鄞縣樓鑰（西元 1137～1213 年）亦私淑朱子，先東發，而長於詞章，得朱學之一端，有《攻媿集》一百二十卷。

　　餘人則皆爲陸學；其早於東發者，有所謂「明州四先生」，即奉化舒璘廣平、定海沈煥定川、慈溪楊簡慈湖與鄞縣袁燮絜齋。四先生各有門人，相從爲象山學，如：袁氏弟子陳塤（西元 1197～1241 年），即與東發同時者也。

　　由上所述，可知東發於朱學爲最純，是以全謝山云：

　　　四明之傳，宗朱氏者，東發爲最。……晦翁生平不喜浙學；而端平
　　　以後，閩中、江右諸弟子，支離、舛戾、固陋無不有之；其能中振
　　　之者，北山師弟（政華按：指何基──王柏；均金華人）爲一支，東發爲
　　　一支，皆浙產也。〔註8〕

東發最尊信朱子，能發揮其說之蘊奧，元人沈逵嘗概述東發之學術宗旨，云：

　　　〔東發〕讀《論語》而於孝弟忠信──文公所以教人者，蓋佩服終身
　　　焉。……科目利誘之弊，至趙宋而極，其以道學云者，又皆從事空
　　　言，而於躬行大業或未之能然；彼其立異矯俗，固爲賢聖之過，望
　　　而可知其非。百餘年間，未有以折衷，猶賴先生詳辨力詆，著之方
　　　冊，〔註9〕俾孔、孟、周、程、朱子正大之學燦然復明。〔註10〕

東發於朱學，既能闡發其義蘊，補正其缺失，復能調和其與他家之歧異，凡此皆爲考亭之功臣也。茲詳述之如下：

〔註 5〕王應麟曾曰：「今之事舉子業者，一切委棄，制度典故漫不省，非國家所望於
　　　　通儒。」於閉戶發憤，誓以博學宏辭科自見，假館閣書讀之；理宗寶祐四年
　　　　果中是科。
〔註 6〕《宋元學案》卷八五〈深寧學案全氏敍錄〉。
〔註 7〕同上卷八七〈靜清學案全氏敍錄〉。
〔註 8〕同註 6 卷八六〈東發學案敍錄〉。
〔註 9〕詳參本書第陸編黃震之諸子學，論知行、闢佛禪之說，又：第柒編黃震之理
　　　　學。
〔註 10〕《元刊本黃氏日抄》沈氏序文。

二、闡揚朱子學之蘊奧

朱學以經爲本，欲求經史中義理，用諸事功，嘗云：

> 夫用力於文詞，不若窮經觀史，以求義理，而措諸事業之爲實也。
> 〔註11〕

此說爲東發所宗尙，《日抄》首列讀經三十卷，即其重經之明證；其〈讀孝經〉
且云：

> 孝爲百行之本，孔門發明孝之爲義，自是萬世學者所當拳拳服膺；
> 他皆文義之細，而不容不考。〔註12〕

由此可知東發已得朱學之大本矣！

東發學術，一以孔子爲依歸。宋以前人講論、注解《論語》者，無慮數
十百家，而以朱子爲最善。東發嘗謂可由朱說直造乎聖人堂奧，云：「孔子之
道，中行而已。……天生晦庵，……使學者用功平實，以合乎孔子之中行。」
〔註13〕東發又詳述朱子用心《論語》，有功聖學，云：

> 至晦庵爲集註，復祖詁訓，先明字義，使本文坦然易知，而後擇先
> 儒議論之精者附之，以發明其旨要。諸說不同，恐疑誤後學者，又
> 爲《或問》以辨之。〔註14〕

凡所言皆事實，絲毫無溢美之處。東發更引其本師王文貫之語，云：「晦庵讀
盡古今〔《論語》〕註解，自音而訓，自訓而義，自一字而一句，自一句而一章，
以至言外之意，透徹無礙，瑩然在心如琉璃然，方敢下筆；一字未透，即云
未詳。」（同註14）對朱注之推崇至矣。其闡發朱註之義蘊反不甚見於《日抄》
中，東發云：

> 間記《集註》、《或問》偶合參考，及他說不同者一二，以求長者之
> 教，餘則盡在《集註》矣。（同註14）

不僅於《論語》，東發讀朱註《孟子》、《學·庸》、《孝經》、《詩》、《易》與《儀
禮》等，亦皆採取補正其說之法，以贊歎推仰之方式揭其蘊奧。

《日抄·讀孟子》云：

〔註11〕《朱子大全集》卷五九，頁6〈答汪叔耕書〉。
〔註12〕《黃氏日抄》卷一，頁2。
〔註13〕《日抄》卷九一，頁12〈題李縣尉所作〉。
〔註14〕《日抄》卷二，頁1〈讀論語〉序。

晦庵集註已各發其旨趣之歸，辭意瞭然，熟誦足矣！〔註15〕

其〈讀中庸〉，云：

> 晦庵以命世特出之才，任萬世道統之寄，平生用力盡在四書；四書
> 歸萃於中庸，其該貫精備，何可當也！〔註16〕

〈讀大學〉，東發斟酌朱子或問（七條）與語錄（二條）之可取者，附入《日抄》中，云：

> 詳說將以反約也：由或問而反之章句，由章句而反之正文，此晦庵
> 之本心也。〔註17〕

此外，東發又盛贊朱子《孝經刊誤》於文義之訓解能「疏別瞭然」，如：《孝經‧聖治章》引孔子曰：「天地之性，人爲貴。人之行莫大於孝，孝莫大於嚴父，嚴父莫大於配天；則周公其人也。」刊誤云：

> 嚴父配天，本因論武王、周公之事而贊美其孝之詞，非謂凡爲孝者
> 皆欲如此也；又況孝之所以爲大者，本自有親切處，而非此之謂乎！
> 若必如此而後爲孝，則是使爲人臣、子者，皆有矜將之心，而反陷
> 於大不孝矣！……非所以爲天下之通訓，讀者詳之，不以文害意焉，
> 可也。〔註18〕

東發贊歎朱子此說之義極精。（同註12）

其論晦翁《詩經集傳》云：

> 若其發理之精到，措辭之簡潔，讀之使人瞭然。〔註19〕

至於論朱子易學，東發推尊其能紹武伊川而集諸儒之大成，云：

> 至晦庵先生作《易本義》，作《易啓蒙》，乃兼二說，窮極古始，謂
> 易本爲占筮而作，謂康節先天圖得易之原，謂伊川言理甚備，於象
> 數猶有闕。……其義精辭覈，多足以發伊川之所未及；易至晦庵，
> 信乎其復舊而明且備也！〔註20〕

而東發於《儀禮》無註，則係因以爲世無有加於朱子主修、及門編纂之《儀禮經傳通解》之作，故也。

〔註15〕見《日抄》卷三，頁1。
〔註16〕《日抄》卷二五，頁1〈讀禮記〉。
〔註17〕見卷二八，頁21〈讀禮記‧大學〉。
〔註18〕《朱子大全集》卷六六，頁4。
〔註19〕《日抄》卷四，頁1〈讀毛詩〉序。
〔註20〕《日抄》卷六，頁1〈讀周易〉序。

三、補正朱說之闕失

上節曾提及東發於朱學多能補其缺而正其偏，斯爲朱門之功臣；否則，彼云亦云，拾人牙慧，未能出藍勝藍，則豈有足道者哉？

茲先舉其大者言，朱子多辨證經書之眞僞，東發則繼而用功於子書眞假之辨別，此固東發補其不足也；至朱子於《春秋》、《禮記》無註，東發取而詳註之，此亦彌其缺也。朱子於三國，初主蜀爲正統，後又以爲無統，東發則以爲當以蜀漢爲正統，而非無統（詳下）；此正其失也。

東發勤誦朱子書，並及古今典籍，而予以匡謬補苴，必求所安而後止。茲就諸書各舉一例以明之：

《論語・衛靈公篇》載子曰：「有教無類」。馬融註：「言人在見教，無有種類。」皇侃本之，其集解義疏云：「人乃有貴賤，同宜資教，不可以其種類庶鄙而不教之也；教之則善，本無類也。」朱子則以理學說之，云：

> 人性皆善，而其類有善惡之殊者，氣習之染也。故君子有教，則人
> 皆可以復於善，而不當復論其類之惡矣！

朱子蓋本其理氣二元之論，與本然之性（純善）、氣質之性（有善有惡）之旨，以釋此章；謂類指「氣類」，專主教導惡人以變化其氣類爲說。東發以爲其說似求之過多，因主皇疏倫類之說，云：

> 恐夫子與進互童、孟子來者不拒之意，皆在其中也。〔註21〕

考東發此說，實切合孔子「自行束脩以上，吾未嘗無誨焉」（〈述而篇〉）之意，故足糾正朱子之失矣！

《朱子讀書法》〔註22〕一書中，論及讀孟之法，皆係就閱讀態度、次序與思考等原則性問題言之。東發則就孟子文理，掌握孟子學說之特色，而具體述說其讀法。並用歸類法，彰顯經旨，如：《日抄・讀萬章上篇》前九章，云：

> 此篇言舜之孝親（按：見首四章），以及舜、禹之有天下（五、六章），以
> 及伊尹之相湯（六、七章），以及孔子之進退（八章），而終與辯百里奚

〔註21〕《日抄》卷二，頁12～13〈讀論語〉。
〔註22〕朱子開示後學讀書之法，散見於其語錄、文集中。其門人輔廣曾加編輯，度宗咸淳中，鄱陽張洪、齊熙又因而補訂之，顏曰「朱子讀書法」，凡上下二卷。原板毀於宋季兵燹，元至順中，趙之維重刊之，釐爲四卷，即今四庫全書本所收者。

之自鬻（九章）：皆發明聖賢之心迹，以釋世俗之疑義。〔註23〕

東發歸納、連貫各章爲一氣，孟子旨義益顯，啓示後學甚大；此可補朱子之不足。

朱子於詩經小序痛加砭斥，曾撰《詩序辨說》之書。東發則並述說詩本文派及去序言詩派之見解。而論詩序之存廢，則雖摘大小序之偏者，終主小序不可盡廢說，云：

夫詩非序莫知其所自作；去之千載之下，欲一旦盡去自昔相傳之說，

別求其說於茫冥之中，誠亦難事。（同註14）

此東發折衷擁序與廢序派，而可補正朱說之達見也。〔註24〕

初，朱子《通鑑綱目》以蜀漢爲正統，〔註25〕而後又以爲無統。〔註26〕東發嘗撰《古今紀要》，並於《日抄·讀三國志》卷中，皆力主蜀漢正統之說，謂：漢獻帝嘗以衣帶密詔劉備誅曹操（見〈蜀志先生傳〉），事雖不果，而劉昭列之立實乃繼絕漢之社稷。〔註27〕此糾正朱子之謬也。

朱子辨子部僞書雖頗精到，然僅及《孔叢子》、《管子》與《子華子》等數部耳。〔註28〕而東發所辨則多達五十四部，其說之確切可從者凡二十種；〔註29〕是可補朱子之缺者矣！

東發宗朱而不爲朱所囿，古今人交譽之，沈起元序清刊本《日抄》，云：

黃子固專宗朱子者，乃……于朱子之說詩、說易，〔註30〕苟有未安，

必詳其得失，惟聖道之歸，不爲苟同，斯誠紫陽之功臣矣！

今人錢穆亦云：

蓋東發之學專崇朱子，其學博，即承朱子之教而來；然於朱子成說

亦時有糾正，不娓娓姝姝務墨守，……乃正見其善學也。〔註31〕

〔註23〕《日抄》卷三，頁5。

〔註24〕詳參本書第肆編第二章詩經學。

〔註25〕詳見《朱子語類》卷一○五總頁4248。此錢賓四先生《朱子新學案》卷五以爲係光宗淳熙五年以後不久語。

〔註26〕見同註25總頁4247。此錢氏以爲錄於光宗紹熙五年至寧宗慶元五年間語。

〔註27〕《古今紀要》卷四，頁1〈三國紀要〉，又:《日抄》卷四八，頁1～2〈讀三國志〉。

〔註28〕參閱《朱熹辨僞書語》一書，頁104～118。

〔註29〕詳參第陸編第一章辨僞書。

〔註30〕參第肆編第二章易學。

〔註31〕〈黃東發學述〉一文，頁1。

四、調和朱子與他家之異同

　　呂東萊嘗云：「事未易明，理未易察。」古今學術多方，如無確鑿佐證，一時實不可妄下斷語；當此之際，惟有兩存之，以俟異日。東發治學，宗朱而不囿於朱，必博稽詳考，以求其是，故多調和之論。如：《孝經》今古文之爭，由漢歷唐至宋，垂千百年。司馬光專主古文，爲作「指解」，而以今文本爲僞。南渡後，朱子又就古文《孝經》作爲刊誤，於是今古文之爭又起。東發出，乃爲調和之論，略謂今、古文二本文字雖不一，然無關經旨；二本分章不同，亦不乖文義。〔註32〕東發所以如此者，係鑒於學者多措意於今、古文之爭，於《孝經》大旨反置而不顧，因力加調和，使世人歸乎行孝，息口辯也。故《日抄・讀孝經》結語云：

　　　　孝經一耳，古文、今文特所傳微有不同。〔註33〕

　　上述東發並敍朱子去詩小序與擁序派，其精神與論《孝經》同；而《日抄・讀毛詩》一卷，凡徵引當時書坊所編《詩傳折衷》一書六條，〔註34〕由所引書名，即可知其亦調和之論也。

　　學者爲便於講說《大學》，自二程起，頗有析分章節，甚而改易次第，變亂舊章者，朱子《大學章句》即屬之。然亦不乏宗古本者，與改本說相始終，如：錢時《融堂四書管見》、黎立武《大學本旨》等是。二派愈演愈烈，幾乎與今、古文之爭相埒，故折衷之論以出，而由東發肇其端。《日抄・讀禮記》并列古本與朱子章句，云：

　　　　先錄記禮（按：即指《禮記》）本文，以存古昔，然後抄章句於其後，

　　　　以便誦習。〔註35〕

　　至篇中釋格物部分，朱子以爲古本亡佚，因爲之補傳凡百二十六字。朱子稍後即有主格致傳不亡者，如：董槐、王柏與東發是。〔註36〕東發務爲調和，故於所錄朱子章句第五章釋格致之義下，并出補傳與董槐之說。

　　考東發調和之主張，并非一味袛作調人，而係尋求眞理所必需者；是以後世從之者夥，如：陳澧《東塾讀書記》詳朱子《孝經刊誤》之失，寓有調和今古文之跡象。至折衷大學古本與改本者，如：明人喬中和《古大學注》、

〔註32〕詳見第肆編第一章孝經學。
〔註33〕同註12頁1。
〔註34〕同註24頁142～149。
〔註35〕同註17，頁1〈讀大學〉序。
〔註36〕詳參拙文〈大學中庸之作者與章次考辨〉。

清人王又樸《大學原本讀法》、胡泉《大學古本薈參》等，蓋受東發之影響者也。

結　語

　　明‧黃宗羲《宋元學案》原稿，列鄞人史蒙卿為「四明朱門學案一」、黃東發為「四明朱門學案二」；然史氏之治學有違朱子謹嚴之精神，已如上述；其他四明學者亦僅得朱學之一偏。而東發學朱似朱，為一具體而微之朱夫子，故謂東發為四明朱門龍象；東發與朱子之密切關係，由此可以不言而喻矣。

第三章 著 述

東發學問淵博，著述豐富，《日抄》為其主要著作。此外，復有《古今紀要》、《紀要逸編》，並《戊辰修史傳》與佚文等，皆富有極高之學術價值。

一、黃氏日抄

《日抄》為東發平日徧讀群書，隨手箚記，而斷以己意；並其創作，纂集而成之書。茲依元以來刊本，臚列其要目於後：

（一）讀經凡三十卷；讀傳一卷

> 卷一讀孝經
>
> 卷二讀論語
>
> 卷三讀孟子
>
> 卷四讀毛詩（《古名儒毛詩解》收錄，稱《讀詩一得》一卷）
>
> 卷五讀尚書
>
> 卷六讀易
>
> 卷七至卷十三讀春秋，計七卷。（《經義考》稱《春秋集傳》）
>
> 卷十四至卷二十九讀禮記，計十六卷。（《經義考》稱《禮記集傳》）
>
> 卷三十讀周禮
>
> 卷三十一讀春秋三傳

清初季振宜書目嘗云：

　　　　黃氏經日抄三十卷宋板〔註1〕

按：季氏所謂「宋板」，實爲元末或明初人修補宋刻而成。其末八卷爲後
　　人所影抄配備（詳下）；鈔補者取成數，所補祇至第三十卷，而不及第
　　三十一卷讀春秋三傳。

（二）讀孔氏書一卷

　　　　卷三十二讀孔子家語、讀孔叢子、讀闕里譜系

按：東發生平最服膺孔子，因將與孔氏有關之書，別立一卷，予以討論。

（三）讀本朝諸儒理學書凡十三卷

　　　　卷三十三讀周敦頤、二程與張載重要著述
　　　　卷三十四至卷三十八讀朱子文集、語類
　　　　卷三十九讀張栻文集、語錄
　　　　卷四十讀呂祖謙、黃榦文集
　　　　卷四十一讀楊時、謝良佐與尹焞文集
　　　　卷四十二讀張九成與二陸（九齡、九淵）文集
　　　　卷四十三讀延平李先生師弟子答問及延平語錄
　　　　卷四十四讀司馬光、劉安世文集
　　　　卷四十五讀石介、胡瑗文集

按：東發遠尊六經，近崇宋儒，故次讀宋儒書於讀經之後，讀史之前。

（四）讀史凡九卷

　　　　卷四十六至卷五十讀前四史、南北史、唐書、五代史與朱子本朝
　　　　　名臣言行錄等。
　　　　卷五十一至卷五十四讀雜史四卷（含蘇轍《古史》、《逸周書》與《國語》
　　　　　等，計九種）

（五）讀諸子四卷

　　　　卷五十五至卷五十八讀儒、道、法、名家諸子書並緯書，凡四十
　　　　　九種

（六）讀文集，凡十卷

　　　　卷五十九至卷六十八讀唐、宋諸大家文集，依次爲：韓愈、柳宗

〔註1〕見《季滄葦書目》，頁48。

元、歐陽修、蘇軾、曾鞏、王安石、黃庭堅、汪藻、范成大
與葉適等。

（七）東發文集，凡二十六卷

卷六十九至卷九十七，依次爲奏箚一卷，申明八卷，公移三卷，
講義與策問各一卷，書二卷，記三卷，又：序、題跋、啓、祝文，
行狀、祭文與墓誌銘等各一卷（按：其中卷八一、八九、九二，闕）

《黃氏日抄》內容可大別爲以上七類，存九十四卷。而原刻則有百卷，
元人沈達序《元刊本日抄》，云：

（東發）公暇所閱經史之書，隨手考訂；並奏箚、申請（按：即上述之
「申明」）、勸誡等作，凡百卷，名之之曰《日抄》，梓行于世。〔註2〕
據此，是《日抄》原有「勸誡」一門，而今諸本並無之，蓋久佚矣。

百卷《日抄》之刊刻年代，史無明文，不可確考；然，據《日抄》諸篇
著成時代之下限，則已至恭帝德祐元年（詳下），時東發年已六十有三矣。沈
序既言東發曾自刊其《日抄》，則刊時必在其晚年無疑也。

茲將各本《日抄》錄之於後：

（一）題宋刊本，實爲元末或明初人所修補者

東發生於寧宗嘉定六年（西元 1213 年）。今所傳《日抄》刊本，有於目錄
第四葉，僞鋟木記曰「紹定二年菊月積德堂校正刊」者（見附圖一）。臺灣國立
中央圖書館藏有首三十卷（實二十二卷，註3）。前北平圖書館所藏，又有五卷，
其存頁如下：

卷二十九，頁 4 至頁 29 上半，讀禮記

卷三十首 14 頁，讀周禮

卷七十五，頁 13 至頁 25 申明六；係記東發知撫州時諸申請事宜

卷七十六首 9 頁，申明七；記知撫州兼江西提舉任內事宜

卷七十七首 3 頁，申明八；記任浙東提舉內申請文字

上述二處所藏之本，係同一版本而分置者（詳下）。每半頁十行，小字雙
行，行二十字。板匡高二〇・三公分，寬一三・七公分。胡蝶裝。白口，雙

〔註2〕元刊本，明刊本與清汪氏刊本《黃氏日抄》均附有沈序。
〔註3〕卷二十三至卷三十，凡八卷，爲覆刊者或後人所影鈔配補；又卷七與卷十一
之首 3 頁，亦爲後人所修補。

魚尾：上記數字，下具刻工姓名。頁數記於下魚尾之下，其上有小圓圈。左
闌外有書耳，記篇目。墨色尚佳。宋諱玄、貞、徵、桓及惇等字缺筆。卷七
與卷十一之前三頁，又卷二十三至三十凡八卷，爲後人影鈔配補。〔註4〕書
中鈐明、清藏書家之印記，有「玉蘭堂」（明·文徵明）、「古吳王氏」（王寵）、
「汲古閣」（毛晉）、「季滄葦藏書印」、「士禮居藏」（黃丕烈）與「石銘祕笈」
（張鈞衡）等。

　　清人張鈞衡《適園藏書志》卷六曾述此本之留傳，云：
　　　　在明爲文徵明、王雅宜（寵字）。我朝則果親王及黃蕘圃遞藏也。
張氏及子乃熊《莚圃善本書目》卷一，均以爲此本即紹定二年（西元1229年）
所刻，《中央圖書館善本書目》及《宋本圖錄》亦沿其說。

　　實則，紹定二年東發僅十七歲，仍家居承庭訓，未從師學，衡諸常理，
其不能爲百卷之《日抄》甚明。其木記顯係書估所僞，其證如下：

　　一、由文中所具著作時代，證其必刻於紹定二年之後

　　（一）文中載有其先師之說。考東發於理宗端平三年（西元1236年），年
二十四，始從王文貫受學。《日抄》中屢引王氏說，而皆曰「先師」。如〈讀
論語〉有一處，〔註5〕而〈讀春秋〉竟達十四處之多。〔註6〕考王氏卒於淳祐
元年（西元1241年）左右。〔註7〕因此，可以斷定《日抄》必刻於端平三年之
後，且更晚至淳祐元年之後也。

　　（二）文中所記年月，有晚至度宗咸淳四年者。〈讀毛詩〉中，曾述及端平
元年（西元1234年）游學姚江；又〈讀孟子〉中，載咸淳三年（西元1267年）升
有若從祀事；〔註8〕並皆在紹定二年之後。此外，〈讀毛詩·小雅小宛篇〉云：
　　　　愚戊辰（咸淳四年，西元1268年）考試省闈。〔註9〕

〔註4〕張鈞衡《適園藏書志》與張乃熊《莚圃善本書目》均云爲元人所僞。未確，
　　　詳後。

〔註5〕卷二，頁6〈讀論語·學而篇〉因不失其親章云：「先師王宗諭貫道嘗講此章
　　　云：（下略）。」

〔註6〕文繁，茲僅列其卷、頁數：卷七，頁11、34。卷九，頁9、10、77。卷十頁
　　　19。卷一一，頁49、50。卷一二，頁37、38。卷一三，頁25、33、40、41。

〔註7〕《日抄》卷九六，頁18〈知興化軍宮講宗博汪公行狀〉謂「公既達，宗諭亦
　　　下世。」按：汪元春淳祐元年進士及第。

〔註8〕卷三，頁4〈讀孟子·滕文公上〉有若似聖人章云：「（度宗）咸淳三年升從祀
　　　以補十哲，眾議必有若也。」

〔註9〕見卷四，頁24。

是《日抄》必刻於咸淳四年之後。

　　（三）文中記有年邁之語。如：〈集錄先儒解春秋語〉，云：「使子孫考焉，非敢為他人發也」。〔註10〕此乃為年邁之語甚明。而〈讀禮記〉中又有「欲老眼便於觀省」之語。〔註11〕〈讀論語〉更云：

　　　今年踰六十，遺忘是懼。官所竊暇，復讀而間記（朱子）集註、或問。

〔註12〕

是亦可證此書必刻於東發年六十之後，明矣。

　　二、由今存五卷本日抄所載著成時代，證其必刻於東發年六十三之後

　　今存五卷本《日抄》，原與本文所指存首三十卷本者為同一版本，除二本之字體、板式、行款與紙張、墨色等相同，可資證明外，又就其刻工姓名，亦可推證。若吳老、任奎、金鼎等人，均互見於二本中，〔註13〕是也。兩本殆一書而分置者。其中記有東發於浙東提舉任內諸申請事宜。考東發於恭帝德祐元年（西元1275年）三月十七日赴浙東任，時年已六十三矣。〔註14〕而元刊本以下各本《日抄》，其著成時代之下限，亦晚至斯時。〔註15〕是原刊本《日抄》必刻於東發年六十三之後矣。

　　三、由偽補之頁考察，並及有關證據，斷其為後人所為

　　宋刊本精良，素為學林所稱道，歷來書賈亦皆視為拱璧。然時移世異，存者益少，明以後致有書佔作偽，以充舊刻之情事，此本即其一例。茲先辨其目錄第四頁之偽：

　　此本他頁字均為歐陽體，獨此頁字體風格不似。此其一。茲附他頁於後（詳附圖三），以資比較。

〔註10〕　詳卷七，頁1〈讀春秋〉，原佚，此係影鈔配。
〔註11〕　卷十四，頁1〈讀禮記〉。
〔註12〕　卷二，頁2〈讀論語〉序。
〔註13〕　五卷本《黃氏日抄》（此簡稱「甲本」）今藏故宮博物院圖書處。其卷二九，頁15刻工吳老，亦見於首三十卷本（此簡稱「乙本」）之卷十頁60；又甲本同卷，頁27刻工任奎，亦見於乙本卷七，頁11、36、44。甲本卷七七，頁1刻工金鼎，則亦見於乙本卷二，頁3至5、11、16、17、24，又卷四，頁5、17、37、40、43、45至47、51、52、55及卷六，頁1等處。
〔註14〕　見卷七七，頁2〈申省寬鹽課狀〉。
〔註15〕　據清刊本《日抄》，可考者有七處，即卷八十頁12〈還外扛雇募錢〉；卷八二，頁4〈餘姚縣學講義〉；卷八八，頁19〈寶慶院新建觀音殿記〉、〈漊浦廟記〉；卷九十頁10〈書贈薛留耕〉；卷九四，頁11〈慶元府先聖殿〉（祝文）及卷九七，頁16〈朱縣尉墓誌銘〉等。

此頁計刻四十五字，取與他卷頁比較，錯字、異字甚多。如：

「慈」字：他處多作「慈」。此頁則艸作「〢」，不作「艹」。

「黃」字：他處多作「黃」。此頁所作乃一俗訛字。

「類」字：他處皆作「類」。獨此頁二處（含板心）所作爲一錯字。

「終」：他處字大。獨此頁字小而偏右。

僅由此頁末行「慈溪黃氏日抄分類目錄終」十一字計之，即有上述四項歧異之處。此外，尚有可疑者。如：

板心下魚尾之外，他卷頁均刻以一小圓圈「○」；獨此頁作小方匡「囗」。

又木記中之「德」字，字異於他處。按：此頁當同前三頁，均爲刻工任奎所刊。〔註16〕任奎爲任應奎之略稱。考《日抄》卷七頁四十三亦爲任應奎所刊，而該頁有「德」字，〔註17〕並不缺刻一筆。是知此頁殆非原刊本面目，而係出於後人之手。考明刊本《日抄》，其木記中德字有作「德」（「心」上缺「一」筆）者。〔註18〕然則，此頁之刻，其出於明人歟？此其二。

此頁木記稱「紹定二年菊月積德堂校正刊」。言紹定二年，驗諸東發生平殊不符；而「德」字缺刻一筆，又非出於原刻工之手：既如上述。且「校正刊」三字，亦似後人所爲之成份較大。是就木記而言，其爲後人所僞者，亦明矣。此其三。

然其究爲何時所僞？其與卷七第二、三頁紙質相同，殆與後八卷鈔補之時代近似。張氏父子以後八卷爲元人所補，茲有兩疑點：

（一）卷二十三、二十五與二十七之首頁首行下，均鈐有「汲古閣」朱文方印（參附圖二）。然考黃丕烈校刊之《汲古閣珍藏祕本書目》，〔註19〕不載此書。若張鈞衡所云黃丕烈曾收藏此書爲可信，則彼當知汲古閣亦曾藏有此書。而實則不然，是張氏之說可疑。

〔註16〕　《日抄》目錄首頁具刻工任奎，細審次頁（覘「春」字形可知）、第3頁皆與其字體相同，以證原刊本《日抄》第4頁當亦爲任奎所刊。

〔註17〕　原文爲「（鄭突）前年因魯敗宋，『德』魯益深。」

〔註18〕　明正德年間龔氏明實堂刊本，於元沈遠序之後，鈐有木記曰「正德己卯孟秋書林龔氏重梨」，而該本卷二二，頁34亦鈐有木記曰「正德戊寅孟冬龔氏明實堂新梨」。兩德字均缺刻一筆。

〔註19〕　見士禮居黃氏叢書。書原爲汲古閣主人毛晉之子毛扆所編。

　　（二）此本末頁（卷三十頁二十四）第二行，有朱筆書云「五月十四日校畢」，其中鈐有一朱文小方印曰「黃丕烈印」（詳附圖二）。張乃熊遂以爲黃氏曾校此書。然今所見有關黃氏諸藏書目錄及題識，〔註20〕竝皆不載，當無校勘此書之可能。且校文字體與黃氏手筆不類，〔註21〕亦可疑也。是又爲張鈞衡謂黃氏曾收藏此本之一反證。張氏蓋未精考也。

　　清季振宜既著錄此本於其書目中，可知後八卷之鈔補，其時代可晚至清初（季振宜之前）矣。目錄第四頁疑依仿明刊本或清刊本，誤認爲眞宗時另一黃震（字伯起）之書，而加以雕補者。〔註22〕疑爲元末至明代中葉（文徵明之前）以前人，得宋二十二卷之殘板而加以修補者也。

　　綜上所述，知此本約係明初人修補舊刻而成，修補者或後人（清季振宜以前），爲之影鈔配補後八卷等處，以足讀經三十卷之數。其後（張鈞衡之前），又有人僞刻目錄第四頁，以附會更早之刊行年代者也。

　　元末或明初人所修補宋刻之本，爲今所見《日抄》最早版本，故在校勘《日抄》文字方面，實較元刊本爲善，甚可寶貴。

　　四庫簡明目錄「《黃氏日抄》九十五卷。原本九十七卷，今佚其二卷」之下，清邵懿辰標注云：

　　　　大興劉子重有舊刻大字本，多所佚二卷。〔註23〕

按：劉子重爲元人。〔註24〕疑邵氏所謂大字本，係本節所述元末或明初人覆刊宋版之本，以其字體較明、清諸刊本爲大，非別有宋刻大字本也。至邵氏所謂「多所佚二卷」者，邵章續錄邵氏標注以爲係第八〔註25〕十九卷與卷九十二；而莫友芝則以爲係卷八十一與卷八十九。〔註26〕孰是孰非？以諸人所謂宋刻大字本不傳；今傳元末明初人修補之宋本，闕此三卷，故已不得考矣。所可考者，此三卷，元刊本已佚失矣。

〔註20〕　《士禮居藏書題跋記》（潘祖蔭刻）、《記續》、《再續記》（繆荃孫刻）《菦圃藏書題識》（王大隆輯）、補錄（李文裿補）。

〔註21〕　取與黃氏手書《百宋一廛賦並注》等處字體比較可知。

〔註22〕　目錄末行元刊本無「終」字，至明刊本與清刊本始有之，且與此本同以小字偏右而刻。宋代另一黃震，字伯起，眞宗時建州浦城人，《宋史》卷三○三有傳。

〔註23〕　見頁397子部儒家類，世界書局邵章續錄本。

〔註24〕　本近人楊立誠說，見所撰《四庫目略》，頁18「《黃氏日鈔》九十五卷」下。

〔註25〕　原作「一」，疑誤。

〔註26〕　見《邵亭知見傳本書目》卷七，頁7。

（二）元刊本

百卷《日抄》遭宋元之際兵燹而不全，沈遠序元刊本云：

> （日抄）中值兵燹，（東發）諸孫禮之懼祖訓之失墜，購求搜緝，補刻
> 僅完。

沈序作於順帝至元三年，則元刊本《日抄》之刊行，亦當於斯時。此本存九十四卷，有目無文者三卷。除字體、刻工、紙張與墨色外，餘如行款、板式、標註與諱字等，均與上述元末或明初人修補之宋本相近似（見附圖四），蓋有意依仍宋版舊式也。此為清代以來常見之元刊本，臺灣國立中央圖書館有藏。

此外，又有二元人刊本：據清人瞿鏞《鐵琴銅劍樓宋金元書影》，其本每半頁十二行，行二十二字。〔註 27〕清陸心源又謂有每半頁二十六行，行二十四字之本者，〔註 28〕以無書影，世亦不傳，其詳不得考矣。

（三）明正德重刊本

明武宗正德年間，建陽龔氏明實書堂重刊《黃氏日抄》九十四卷，附刊《古今紀要》十九卷，亦題曰「黃氏日抄」。書中鈐有牌記多處，知係正德十三年始刊，於次年竣工。〔註 29〕此本每半頁十四行，行二十六字。臺灣國立中央圖書館與臺灣中山博物院均有藏。〔註 30〕

（四）清　本

清人所傳《黃氏日抄》有二本：一為汪氏刊本，一為四庫全書本。前者承前代明實堂刊本之舊，亦附刊《古今紀要》；後者為抄本。

甲、汪氏附刊《古今紀要本》

乾隆三十二年八月沈起元序汪佩鍔珠樹堂校刊本《黃氏日抄》，云：

> 余讀《黃氏日抄》，而歎黃氏之學深矣。……其遺書百卷，刻于至元
> 三年沈氏（按：應作「黃氏」，即黃禮之），年遠板失，原本多舛訛，讀

〔註 27〕　見書影子部八。

〔註 28〕　《儀顧堂續跋》卷九，頁 7〈元刊黃氏日鈔跋〉。

〔註 29〕　卷二二，頁 34，卷七五，頁 13，又：《古今紀要》卷四，頁 20 等處，鈐正德戊寅（十三年）木記。而卷首沈遠序後，則鈐曰正德己卯。是此本為十三年始刊，而於次年竣事也。

〔註 30〕　中山博物院所藏，序目及首六卷為後人影鈔配補。該院又有一部原北平圖書館所藏者亦不全，僅存卷五，卷十五，卷十六，卷十八，卷十九，卷二十一至卷二十五，卷三十九至卷四十三，卷六十五至卷六十九，卷八十八，卷九十，卷九十三至卷九十六，都凡二十七卷；諸卷中亦頗有殘缺。

　　者告之。新安君岱光（按：佩鍔字）廣購諸本，校讎二載，重付剞劂；
　　索序于余。

汪氏雖廣求諸本，加以校刊；然取其刊本與明刊本比勘，若行款、板式等，
悉依龔氏規模；故楊守敬謂此本實就明本重翻，並云：

　　汪氏自云從元刊本出者（按：語出沈起元序，非出自汪氏），誣也。〔註31〕

　　茲取他本以校此本，此本雖有誤字，然亦有校正古本者，如：卷七十五，
頁13起，元末或明初人修補宋本及四庫全書本（詳下）均有下列三篇申明文字：

　　一、申提刑司乞免黃勇死罪狀。

　　二、申提刑司平反王定冤獄狀。

　　三、申安撫乞撥白蓮堂田產充和糶莊。

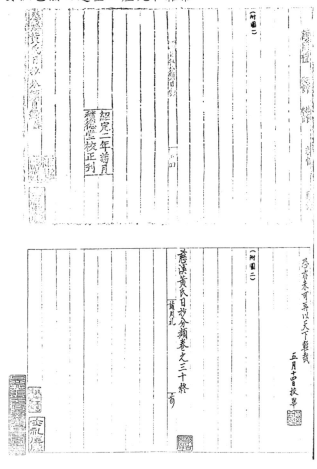

〔註31〕　見所撰《日本訪書志》卷七，頁32。

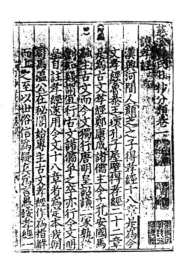

考《日抄》卷七十五係載東發知撫州任內諸申明文字。此三文則為任浙西提舉司帳管時所撰，當依此本，移入卷七十一之下。

又：此本卷八十四第十八葉上半倒數第六行「年」字以下，至同頁下半倒數第四行「重」字止，元刊本誤在下文〈答鍾運使書〉內。當依此本校正。

此本，國立臺灣大學文學院聯合圖書室及國立中央研究院傅斯年圖書館等處，均有收藏。

乙、四庫全書本

汪氏刻本確非良本，故十年後，四庫館臣又據前代傳本加以校訂，重新

繕寫，於乾隆四十五年十月奏上。其本每半頁 8 行，行二十一字，亦存有九十四卷，唯無目錄，不便省察。中山博物院藏有文淵閣本，臺灣商務印書館四庫珍本二集嘗影縮之，頗廣留傳。

此本精審有過於汪本；然亦有汪本不誤，而此本反有誤字者。故欲讀《日抄》，除應備查諸刊本外，亦應尋檢所引原書，運用校讎知識與識力也。

二、古今紀要及其逸編

《古今紀要》十九卷，爲東發又一重要著述。其書略仿司馬光《稽古錄》、呂祖謙《大事記》及唐、宋人會要之例，〔註32〕起自三皇，訖於北宋哲宗，摘記史事人物，間附論斷，故元人鄭眞贊之爲「續通鑑」。〔註33〕季振宜自謂藏有宋本，其書目云：

　　黃氏史日抄十九卷宋板

此所謂宋本，疑與上述《黃氏日抄》同爲元末或明初人修補宋刻而成。其本今已不傳。

臺灣國立中央圖書館與中山博物院所藏元人刊本，均不全。〔註34〕其本每半頁十行，小字雙行，行二十字；左闌外有耳題，記朝代及帝王。爲元刊《黃氏日抄》同時之刻本，故刻工、板式、行款等悉同。其明刊本，中央圖書館所藏爲龔氏《黃氏日抄》本。至清刊本，臺大所藏爲汪氏刊《黃氏日抄》附刻本。藏於中山博物院者，則爲四庫全書校正本；商務印書館四庫珍本三集有影縮本。

《古今紀要》有《逸編》一卷，記南宋理、度二朝事。清鮑氏知不足齋叢書第二十一集、民國初葉張壽鏞《四明叢書》第一集、商務印書館叢書集成與新興書局筆記小說大觀第八輯等，皆刊有此卷。

三、戊辰修史傳

《戊辰修史傳》一卷，或稱《戊辰史稿》（清人全祖望說）；記度宗咸淳四年戊辰，東發任史館校勘，與修寧、理二朝國史實錄時，所成眞德秀、洪咨夔、

〔註32〕　本清彭元瑞說，見《天祿琳瑯書目》續目卷四，頁24。
〔註33〕　見《古今紀要·逸編序》。
〔註34〕　中央圖書館藏本卷一首26頁及末二卷係抄配，書中間有黑口補版，約明初所補。中山博物院所藏爲胡蝶裝，存首四卷及末三卷，凡七卷耳；又一部存卷五至卷十，卷十五至卷十九，凡十一卷，有明人修補，係北平圖書館舊藏。

李心傳、徐元杰、杜範與袁甫等六人之事蹟。立論嚴正，不稍寬假，近代史學家漸加重視。其傳本罕見，全祖望見之，有跋著於其《鮚埼亭集》。〔註35〕張壽鏞得盧文弨抱經樓藏本，錄入《四明叢書》第一集中，遂廣傳於世。

四、佚　文

東發之佚文可考者有三篇，〈醒吟先生傳〉與〈本堂記〉今不存，存者為〈與曹東墟（省元）求文元公行實手柬〉一文。〈醒吟先生傳〉，東發親家陳著謂係東發六十七歲所作自傳，〔註36〕而今傳各本《日抄》俱不載，是其佚已久。〈本堂記〉，係東發為陳著建堂所作記文，見陳氏《本堂集》卷七十六〈答黃東發提舉送本堂記書〉。此文，諸本《日抄》亦皆不錄。茲將佚存之〈與曹東墟（省元）求文元公行實手柬〉一文，錄之於後：（按：文中間有不明者，蓋傳抄之誤）

> 頃者幸獲侍會，彼此俱冗，尚欠款曲。所恃奪魁者即鼓篋橋門，行有朝夕承教之便耳。慈湖先生行狀或銘誌，千萬加意搜訪，以授去人。令姪四六哥位必有之，萬一書告以鄉曲先賢為念，囑其早早見付，幸甚！〔註37〕

〔註35〕　見外編卷三一，頁7。
〔註36〕　《本堂集》卷九〇，頁1〈挽黃提舉（震）〉。
〔註37〕　《慈谿縣志》卷一五，頁2。

第肆編　黃震之經學（一）

第一章　孝經學與論孟學

　　東發經學，首重《孝經》，故《日抄・讀孝經》一卷置於全書之前，〈讀論語〉次之，〈讀孟子〉又次之。此種安排，蓋有所本，考《漢書・藝文志》將《論語》、《孝經》並列於六藝之中（《論語》居《孝經》前）。至唐而有首列《孝經》者。〔註1〕宋興，《孝經》列前，《論語》居後，殆成習慣，如：司馬溫公是；〔註2〕朱子尤常并稱《孝經》、論、孟，如：〈甲寅擬上封事〉，云：「臣所讀者，不過《孝經》、語、孟、六經之書。」〔註3〕東發之意即繼此也。

一、孝經學

（一）日抄首列〈讀孝經〉之用意

　　《孝經》云：「夫孝，德之本也，教之所由生也。」以孝爲一切道德教化之根本。百行以孝爲先之觀念，蓋自此而深植於中國人心田，源遠流長。東發之重視《孝經》，即繼承此種傳統而來。彼復深察人性，盱衡當時世道習俗，以爲欲振人心，崇世教，非由行孝入手不可，因於所撰《日抄》中首列〈讀孝經〉，蓋有意令讀經者先讀此經也。〔註4〕度宗咸淳十年九月二十日，東發序其友劉文炳所撰《孝經解》，云：

〔註1〕見《隋書・經籍志》，又：《文獻通考》卷四一載唐代科舉考試，學子必先通《孝經》、《論語》二經，進而通餘經。
〔註2〕如：《溫國文正公集》卷四一總頁329〈再乞資蔭人試經義箚子〉。
〔註3〕《朱子大全》卷一二，頁10。
〔註4〕陳澧《東塾讀書記》卷一，頁2孝經，已先言之。

> 人生而知愛其親，是良心莫先於孝也。親親而後能仁民，仁民而後
> 能愛物，是百行莫先於孝也。〔註5〕

此言孝心產生之由來。文中所謂「良心」即仁義之心也。〔註6〕《孝經》係言
孝之專書，深入而有系統，其文辭又平淺易誦，允爲教孝之寶典，故東發又
云：

> 孩提之童即授之以《孝經》之書，是講學莫先於孝也。孝無一日而
> 可忘，則《孝經》亦豈容一日忘？（同註6）

孝之重要性如此，以故東發平素言必稱孝悌，咸淳七年冬至在撫州學宮
講解《論語》「弟子入則孝」章，即反覆此意，有云：

> 此章教人爲學以躬行爲本，躬行以孝弟爲先。……造化流行，賦于
> 萬物，是謂之性，而人得其至粹。善性發見，始於事親，是謂之孝，
> 而推之爲百行。是孝也者，其體源於造化流行之粹，其用達爲天下
> 國家之仁，本末一貫，皆此物也。〔註7〕

又於咸淳九年二月，東發添刊《孝經》於撫州刊本六經後（見年譜），使《孝經》
益廣留傳。乃時人唯事高虛瑣屑，棄孝道不行，摒《孝經》不讀，東發極論
之，云：

> 今之世，諸子百家訓釋演說者汗牛充棟，甚至淫詞曼曲亦然。獨《孝
> 經》自司馬公指解，朱文公刊誤之外，未有繼焉，何哉？非新之求
> 而舊之忘歟？句讀之習而義理之弗考歟？借之爲啓蒙之筌蹄，未嘗
> 體之爲躬行之根柢歟？（同註6）

據朱氏《經義考》（卷二二四至卷二二六）所載溫公、朱子之外，宋人論述《孝
經》者不論存佚，又有五十五家，可謂夥矣；然，東發猶有微辭，可見時人
務虛不實，喜新厭舊之習尚矣。東發之重《孝經》，倡孝道，實爲當時虛學之
針砭也，其低徊嘅嘆論時人不重《孝經》之弊，至云：

> 嗚呼！年至慮易，境變心移，齠齔之所呀啞而習讀，祖父之所保抱而
> 教誨，棄若土梗，漫不復省，於孝其親之書如此，於其親爲何如？尚
> 何望其孝悌興〔註8〕行，而民用和睦，如吾聖人之云耶？！（同註5）

〔註5〕《日抄》卷九○，頁9〈劉養晦孝經解序〉。
〔註6〕見《孟子・告子上篇》「其所以放其良心者」句下朱子集註。
〔註7〕《日抄》卷八二，頁1〈撫州辛未冬至講義〉。
〔註8〕興字原作「與」，此據四庫本《日抄》。

因此，東發乃極力研究《孝經》，倡行孝道，《日抄·讀孝經》一卷之大旨歸
宿行孝，云：

> 孝爲百行之本；孔門發明孝之爲義，自是萬世學者所當拳拳服膺，
> 他皆文義之細。〔註9〕

（二）今、古文本平議

　　東發雖謂學者重在行孝，餘皆爲細事，然歷來治《孝經》者多陷於今、
古文之爭。以學術研究立場而言，實不得不再加考察；於行孝之目的言，亦
需調和今、古文，使人由談孝而歸乎行孝，故東發次即論《孝經》之今、古
文問題。

　　《日抄》首述今、古文本《孝經》之來歷，云：

> 漢興，河間人顏芝之子得《孝經》十八章，是爲《今文孝經》。魯恭
> 王壞孔子屋壁，得《孝經》二十二章，是爲《古文孝經》。

東發謂魯恭王之得《古文孝經》，係本《漢書·魯恭王傳》（見卷五十三〈景十三王
傳〉）及〈藝文志〉所說。許沖上父愼《說文解字》表，謂爲昭帝時魯國三老所
獻，蓋自是方獻之朝廷也。顏師古注《漢志》「《孝經·古孔氏》一篇」，云：「劉
向云：庶人章分爲二也，曾子敢問章爲三，又多一章，凡二十二章。」東發述
顏芝得今文本則出《隋志》，《隋志》云：「孔子……作《孝經》，……遭秦焚書，
爲河間人顏芝所藏。漢初，芝子貞出之，凡十八章。」考《漢志》著錄今文《孝
經》家數，僅有長孫氏、江氏、后氏與翼氏四家，未嘗及於顏氏。《隋志》於世
愈後，而所知反愈詳，不無可疑。古文本除增多今文本四章外，又有異文，顏
師古引《桓譚新論》曰：「古《孝經》千八百七十二字，〔註10〕今異者四百餘字。」

　　《隋志》云：

> 又有《古文孝經》，……至劉向典校經籍，以顏本比古文，除其繁惑，
> 以十八章爲定。

此說若屬實，則此乃今、古文本之一大調和，故其後今文獨盛（說見《隋志》），
而古文亦不盡廢。至唐玄宗開元七年，敕議古、今文，劉知幾謂宜行古文，

〔註9〕《日抄》卷一，頁1。本章下引《日抄》均同此，故不另加注。

〔註10〕明·黃道周《孝經集傳》謂一千七百七十三字，清人阮葵生《茶餘客話》卷
　　　一〇引鄭耕老說，作一千九百三字，《四庫提要》引宋錢時說，謂一千八百七
　　　字：諸說互不相同。

司馬貞等爭之，卒亦行今文。玄宗所註，即用今文本也。

　　逮宋司馬光又專主古文，爲作指解，而以今文爲僞，其序云：

> 世科斗之書廢絕已久。又始皇三十四年始下焚書之令，距漢興纔七年耳，孔氏孫豈容悉無知者，必待恭王然後迺出？蓋始藏之時，去聖未遠，其書最眞；與夫他國之人轉相傳授，歷世疏遠者，誠不侔矣。且《孝經》與《尚書》俱出壁中，今人皆知《尚書》之眞，而疑《孝經》之僞，是何異信膾之可啗，而疑炙之不可食也？……雖其中異同不多，然要爲得正。〔註11〕

溫公之說有三要點：其一、謂因科斗書久廢，而當珍視古文本，以爲得正。按：此非達理之言。其二、謂漢興距秦焚書才七年，故《古文孝經》不必待恭王而後出。實則，至惠帝四年始除挾書律，時已去秦焚書二十餘年矣。其三、則謂時人以《古文尚書》（五十八篇本）爲眞，反疑《古文孝經》爲僞。實則，傳本《尚書》中有僞者二十五篇，經宋以來學者考證，已成定讞。是溫公之說，頗難成立。南渡後，朱子又就《古文孝經》，作爲刊誤，於是今、古之爭又起。東發出，乃爲調和之論。

　　考今、古文本之異，除章數、文字二者外，章節之次第，自第十三章起，亦有異同，即：

今文孝經（據《十三經注疏》本）	古文孝經（據鮑氏知不足齋叢書本）
廣至德章第十三	第十六章
廣揚名章第十四	第十八章
諫諍章第十五	第二十章
感應章第十六	第十七章
事君章第十七	第二十一章
喪親章第十八	第二十二章

此點，東發未曾論及。東發調和說之要旨，謂二者於文字固有增減、分章或多或寡，而「於大義固無不同」也。

一、二本文字不一，無關經旨

　　上引桓譚謂古文異於今本者四百餘字，東發舉首章爲例，云：

> 今文云：仲尼居，曾子侍。

〔註11〕同註2，卷六四總頁479～480。

　　古文則云：仲尼閒居，曾子侍坐。（字上加「‧」符號，表示所增之字；下
　　仿此）

　　今文云：子曰：先王有至德要道。

　　古文則云：子曰：參，先王有至德要道。

此屬古文本字多，今文本字少者。反之，亦有，云：

　　今文云：夫孝，德之本也，教之所由生也。

　　古文則云：夫孝，德之本，教之所由生。

除東發所舉三條之外，尚有二十七處，茲分類敍述於下：

　　（一）古文本有，而今文本無者（所標章次依古文本）

　　四章：然後能保其祿位，而守其宗廟。

　　五章：子曰：資於事父以事母。

　　六章：子曰：因天之道。

　　七章：子曰：故自天子以下至於庶人。

　　十章：聖人之德，其無以加於孝乎！……各以其職來助祭。

　　十一章：子曰：父子之道，天性也。

　　十二章：子曰：不愛其親。

　　十三章：五者備矣，然後能事其親。此三者不除。

　　十七章：孝弟之至，通於神明。

　　二十章：子曰：參，是何言與！是何言與！言之不通也。

　　二十二章：教民無以死傷生也。

按：合上東發所舉首章三字，古文本計多二十七字。其中有待討論者，僅五
處「子曰」字及「言之不通也」一句。後者與《論語》所載孔子言語氣象殊
不類，諸本亦有無此五字者。〔註12〕前者則「子曰」二字之有無，皆無關宏
旨也。

　　乙、今文本有，而古文本無者（章次依今文本）

　　二章：蓋天下之孝也。

　　三章：長守貴也。……長守富也。……蓋諸侯之孝也。

〔註12〕 范祖禹《古文孝經指解》說、朱申《晦庵先生所定古文孝經句解》（並見《通志
　　　　堂經解》），有此五字；而董鼎《孝經大義》，所據爲朱子刊誤本，知不足齋叢
　　　　書本得之日本刊本，則無之。

　　四章：蓋卿大夫之孝也。

　　五章：蓋士之孝也。

　　七章：天之經也，地之義也，民之行也。

　　九章：父子之道，天性也，君臣之義也。……不在於善而皆在於凶德。……
　　　　　故能成其德教而行其政令。

　　十章：子曰：孝子之事親也。

　　十三章：所以敬天下之爲人父者也。……爲人兄者也。……爲人君者也。

　　十四章：君子之事親。

　　十五章：敢問子從父之令，可謂孝乎？

　　十七章：子曰：「君子之事上也。」……故上下能相親也。

　　十八章：孝子之喪親也。……此哀戚之情也。……此聖人之政也。……
　　　　　示民有終也。

合東發所舉首章二「也」字，今文本計增多二十八字。其中絕大部分爲語助
詞「也」字；其餘增「而」字、「之」字等，於語氣較暢，於語義則無不同也。

丙、今、古文本字異者

　　今古文孝經，除各句字數有多寡不同者，復有用字之互異，此類凡有六
十九處之多。本節所述，係除去古今字、同義語與假借字等（若古文本「亡」字，
今文本作「無」；古文「辟」字，今文作「避」；古文「親生毓之」，今文作「親生之膝下」；
古文「誼」字，今文作「義」等），並除去重複。得二本字異者凡十一條。茲以古
文本經文爲主（有「」號字）而列今文本異字於其下，並加比較說明。

　　一章：以「訓」天下。今文「訓」字作「順」。按：訓通順，見《廣雅》
　　　　　釋詁一，及《史記‧五帝本紀》「能明馴德」司馬貞索隱引徐廣說。

　　又：聿修「其」德。今文作「厥」。按：其、厥二字通用，《爾雅》釋言：
　　　　　「厥，其也。」《尚書‧堯典》「厥民析」，僞孔傳說同。

　　五章：資於事父，以事母，「其」愛同。今文作「而」。按：二本語氣微
　　　　　別，其義則一。

　　又：以「弟」事長則順。今文作「敬」。按：作「敬」字爲是。

　　六章：「因天之時」，「就地之利」，謹身節用，以養父母。今文作「用天
　　　　　之道，分地之利」。按：兩組動詞：因與用，就與分，辭氣微別，
　　　　　而加於「地之利」、天道與天時之上，則其義無殊。唐玄宗御注：

「春生，夏長，秋收，冬藏：此天之道也。」是「天之道」即指天之時也。

十二章：以訓則「昏」。今文作「逆」。按：昏、逆二字爲同類語，與「訓」（順）字義相反。

又：不「宅」於善，而皆在於凶德；雖得「志」，君子「弗從」也。今文「宅」作「在」，「志」作「之」，「弗從」作「不貴」。按：宅訓居，故書屢見。「居」字有「在」意，下文即有「在」字。

十三章：孝之事親「乎」。今文作「也」。按：乎、也二字，辭氣雖不同，而全句之義則無殊。

十五章：「安民」治民，莫善於禮。今文作「安上」。

十七章：天地明察，「鬼神」章矣。……宗廟致敬，鬼神著矣。孝弟之至，通於神明；光於四海，「亡所不暨」。今文「鬼神」作「神明」、「暨」作「通」。

二十二章：孝子之喪親也，哭不「偯」。今文依作「偯」。按：依爲悠之借字，《說文解字》云：「悠，痛聲也。」《經典釋文》謂：偯，俗誤作哀。偯爲依之訛，阮元〈校勘記〉引臧鏞堂云：「說文無偯字。哀從口，依聲；依，從人，衣聲。依、偯聲、形皆近，故誤。」

由上所述，知今、古文本或字異而義同，或語彙異而義同，然於經文之大旨，都無影響。故東發云：

若以今文爲偽，而必以古文爲眞，恐未必然。

二、二本分章不同，不乖文義

今文本十八章，古文本多出四章，東發述其要，云：

今文三才章，「其政不嚴而治」與「先王見教之可化民」，通爲一章，古文則分爲二章。今文聖治章第九，「其所因者，本也」與「父子之道，天性」，通爲一章，古文亦分爲二章：「不愛其親而愛他人者，……」，古文又分爲一章。章句之分合，率不過如此，於大義亦無不同。古文又云：「（子曰：）閨門之内，具禮矣乎！嚴父嚴兄，妻子臣妾猶百姓徒役也。」此二十二字，今文全無之，而古文自爲一章：與前之分章者三，共增爲二十二。所異又不過如此，非今文與

古文各爲一書也。

茲表列二本分章之異者如下：

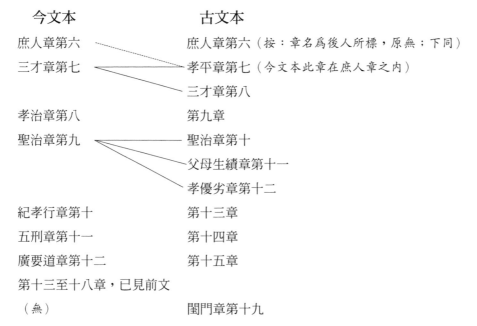

今文本	古文本
庶人章第六	庶人章第六（按：章名爲後人所標，原無；下同）
三才章第七	孝平章第七（今文本此章在庶人章之內）
	三才章第八
孝治章第八	第九章
聖治章第九	聖治章第十
	父母生績章第十一
	孝優劣章第十二
紀孝行章第十	第十三章
五刑章第十一	第十四章
廣要道章第十二	第十五章
第十三至十八章，已見前文	
（無）	閨門章第十九

東發謂章句之分合於大義實無不同，其說是也。古文本增多閨門章，則當爲今、古文本之分判處。《漢志》僅謂《孝經》古孔氏二十二章，不具章名，自亦不見此章之文。其文始見於《經典釋文》；釋文蓋據劉炫所校定者言之也。〔註13〕《隋志》謂「長孫氏有閨門一章」，實則《漢志》著錄今文四家十八章，「經文皆同」，《隋志》所言，絕無左驗。唐玄宗開元七年四月七日，司馬貞議斥章中「妻子臣妾猶百姓徒役也」一句，云：「是比妻子於徒役；文句凡鄙，不合經典。」，〔註14〕清人簡朝亮更斥其僞，云：「此僞者之淆禮制也。《大戴禮・本命篇》云：『女日及乎閨門之內』，此《禮〔記〕・內則》所謂『女子居內也』；其所謂『男子居外』者，豈不在閨門之外邪？今僞者淆之矣。」〔註15〕

東發僅謂其異於今文，而不論及眞僞。其所以如是者，係鑒於學者多措意於今、古文之爭，於《孝經》大旨，反置而不顧，因力加調和，使世人歸乎行孝，息口說也，故其結語曰：

〔註13〕 本清・雷學淇《介菴經說》卷一○，頁2孝經，「閨門章」條說。
〔註14〕 《唐會要》卷七七總頁1409。
〔註15〕 《孝經集注述疏・附讀書答問》，頁3〈孝經古文僞孔傳條〉，此意又見所撰《論語集注・述疏子路篇・子適衛章》。

《孝經》一耳；古文、今文特所傳微有不同。

宋代孝經學頗爲發達，其尤著者：眞宗時邢昺據唐玄宗御注本作正義。仁宗朝司馬溫公主古文，作爲指解一卷，范祖禹爲之說。朱子就《古文孝經》刪除二百二十三字，且合前六章爲一，稱爲經，其下分爲傳十四章；與其改易分合學、庸之法同。其後，理宗時有新安朱申爲之句解，今收入《通志堂經解》中；惟其書雖題曰「晦庵先生所定古文孝經句解」，而實非一依朱子之本者，《四庫提要》謂其書註釋極淺陋，以今文章次標列，字句又多不從朱子，亦殊糅雜無緒云。〔註 16〕其他學者或主今文，或主古文，蓋未有如東發爲之調和者。

至清之末葉，陳澧《東塾讀書記》既列《孝經》於書前，又引鄭玄謂《孝經》爲道之根源、六藝之總會，特表彰孝之大義，可以直接東發；其詳朱子刊誤之失，亦有調和今、古文之跡象。至雷學淇謂：「余謂：……《孝經》（今古文）可以不辨，因增多者止（閨門）一章，於齊家治國之道，尚有裨益。其餘止文辭之詳略，章句之異同，於實義無所增損也。」〔註 17〕此說固有意調和今、古文，而謂閨門章有益世道，則見仁見智之不同耳。

二、論語學

東發學術，一以孔子爲依歸，嘗謂可由朱子直造乎聖人堂奧，云：

孔子之道，中行而已。……天生晦庵，又……使學者用工（功）平實，以合乎孔子之中行。余自幼至老所學者，此而已。〔註 18〕

《論語》爲研究孔子學說之寶典，東發備加推崇，《日抄・讀論語》開卷即謂：

聖人言語簡易，而義理涵蓄無窮。凡人自通文義以上讀之，無不犁然有當於心者；讀之愈久，則其味愈深，程子所謂有不知手舞足蹈。〔註 19〕

《論語》言簡而義深，以其言簡，故義理無窮，東發所謂「聖人之道，泛應曲當，無非此理。」（頁 7）以其義深，故能「立大中至正之極，明日用常行之道，

〔註 16〕卷三二，頁 18～19；參《宋元學案補遺》卷四九，頁 183。
〔註 17〕同註 13，頁 1〈古今文〉條。
〔註 18〕《日抄》卷九一，頁 12〈題李縣尉所作〉。
〔註 19〕《日抄》卷二，頁 1。按：下引《日抄・讀論語文》，但註頁數。

爲天下萬世之師。」〔註20〕以故，東發研究孔學，躬行實踐，以終其身。

（一）補正朱子集註

自漢迄宋，注疏《論語》者無慮數十百家；然漢、唐人多重章句訓詁，入宋而伊洛諸儒出，始刻意講明義理，發其蘊奧。宋代禪學興盛，伊洛門人後學即陰爲所移，增衍新說，「不特意味反淺，而失之遠者或有矣」（詳下）。幸賴朱子爲之補偏救弊，而集其大成。東發述朱子有功於《論語》之學，云：

> 至晦庵爲集註，復祖詁訓，先明字義，使本文坦然易知；而後擇先
> 儒議論之精者附之，以發其指要。諸說不同，恐疑誤後學者，又爲
> 或問以辨之。（頁1）

東發蒙庭訓，自幼即讀此書。年二十二入王文貫之門，見其師日所議論者亦不出朱子之說解，王氏嘗謂：「晦庵讀盡古今注解，自音而訓，自訓而義，自一字而一句，自一句而一章，以至言外之意，透徹無礙，瑩然在心，如琉璃然，方敢下筆；一字未透，即云未詳。」（頁1引）東發聞此，益信受誦讀，獲益日多，學因以大進。

東發於從政之餘，勤讀朱子書，並及古今注釋，而予以匡謬補苴，必求所安而後止。年踰六十，成〈讀論語〉一卷，著墨雖不多，而其有功於朱門與儒學者已多矣。

一、異於朱註者

《論語・學而篇》云：

> 子曰：父在，觀其志；父歿，觀其行。三年無改於父之道，可謂孝
> 矣。

東發則云：

> 夫人子於其父之道誰不體之？而持久爲難；父在之時，隱於志者，
> 三年無改；父歿之後，見於行者，三年無改其道，則其拳拳於親而
> 不敢違，始爲可知耳。三年者，概言其久，似與顏子「三月不違仁」
> 語脈相近。（頁3）

東發之說，不爲無見。蓋古人言三，往往爲虛數，多非實指。此意，清人汪中《述學》釋三九上篇嘗論之；其下篇且論及此章，云：

〔註20〕《日抄》卷八二，頁4〈餘姚縣學講義〉。

　　　　三年者，言其久也。何以不改也？爲其爲道也；若其非道，雖朝沒

　　　　（歿）而夕改可也。

按：汪氏以三年爲狀其久之說，頗確當。然則，此章意謂不論父之存、歿，

如能久遵其道，始可謂孝也。

　　　《論語》又云：

　　　　子貢曰：「我不欲人之加諸我也，吾亦欲無加諸人。」子曰：「賜也，

　　　　非爾所及也。」（〈公冶長篇〉）

唐寫本《論語》鄭玄注。於「諸人」下云：「『諸』之言『於』；加於我者，謂

加非義之事也。」（何氏《集解》引孔安國說同）其說，毛師子水先生以爲係增字

解經，〔註21〕不可從。至朱子引程頤云：

　　　　我不欲人之加諸我，吾亦欲無加諸人，仁也。施諸己而不願，亦勿

　　　　施於人，恕也。恕，或能勉之，仁則非子貢所及。〔註22〕

按：依程子說，則仁、恕不易分別，朱子特別說明云：「無者，自然而然；勿

者，禁止之謂：此所以爲仁、恕之別。」毛師以爲依程、朱，則經文「也」

字似須改作「者」字，方合語法。且程、朱均以「仁」字總罩全章之意；東

發以爲其於本文，「似不曾解」，因純就經文上下之意，解云：

　　　　理雖一定，而人情不齊，在己者可勉，在人者不可強；我欲無加諸人，

　　　　可能也；欲人之無加諸我，不可必也。故以爲非爾所及耳。（頁7）

是以爲孔子所謂「非爾所及」者，乃指子貢若欲強人若己，實不可得之意也。

故東發又云：

　　　　夫子言『己所不欲，勿施於人』，盡其在己而已；大學言：所惡於上，

　　　　毋以使下，以至左、右，前、後皆然，亦盡其在己而已。必欲強人

　　　　之我若，而彼此皆平，則豈可得哉？

東發此說亦與程、朱不同也。

　　　《論語・衛靈公篇》云：

　　　　子曰：有教無類。

馬融以「類」爲「種類」，云：「言人在見教，無有種類。」《皇侃集解義疏》

云：「人乃有貴、賤，同宜資教，不可以其種類庶鄙，而不教之也；教之則善，

本無類也。」按：皇疏兼及教者與受教者言之，即將「教」字作平聲（其意爲

〔註21〕見《論語今註今譯》，下引同。

〔註22〕《程氏經說》卷六，頁5〈論語說〉。

教人）與去聲（受教）也。朱子則以理學說之，云：

> 人性皆善，而其類有善惡之殊者，氣習之染也。故君子有教，則人
> 皆可以復於善，而不當復論其類之惡矣。

朱子蓋本其理氣二元之論，與本然之性（純善）、氣質之性（有善有惡）之旨，以釋此章；謂「氣」指氣類，專主教導惡人以變化其氣習爲說。東發以爲其說似求之太多，而主皇疏倫類之說，云：

> 恐夫子與進互童、孟子來者不拒之意，皆在其中也。（頁12～13）

考東發此說實切合孔子「自行束脩以上，吾未嘗無誨焉」（〈述而篇〉）之意，故足糾正朱子說矣。

二、補朱註之所略

《論語・學而篇》云：

> 有子曰：其爲人也孝弟而好犯上者，鮮矣；不好犯上而好作亂者，
> 未之有也。君子務本；本立而道生。孝弟也者，其爲仁〔註23〕之本
> 與！

《朱子集註》：

> 言君子凡事專用力於根本，根本既立，則其道自生。若上文所謂孝
> 弟乃是爲仁之本，學者務此，則仁道自此而生也。

此註固好，而朱子〈或問上篇〉謂：「有子以孝弟爲爲仁之本，蓋以爲是皆吾心之所固有，吾事之所必然，但其理有本末之殊，而爲之有先後之序，必此本先立，而後其末乃有自而生耳；非謂本欲爲彼，而姑先借此以爲之地也。……若孝弟者，則固仁之發而最親者，如木之根、水之源，豈可謂根近木而非木，源近水而非水哉！」〔註24〕按：上引末段係朱子糾正程子謂「性中只有仁義禮智四者，幾曾有孝弟來」（詳下）之失。東發以爲朱子此語「婉而切」。因謂：「似當收置集註，使學者知孝即仁之事，仁即性之有，可也。」（頁2）東發說甚是，明王夫之說之，尤能及於其微，云：「吾身爲天地民物之本；而此心又爲吾身之本；此心之因於性者，又爲萬念之本。務其本而本

〔註23〕仁字，自《後漢書・延篤傳》、徐堅《初學記》人事部、陳善捫蝨新話等，作「人」字以來，學者多有從之者。毛師以爲其上有「道」字，似以作「仁」較妥。陳舜政《論語異文集釋》，頁4，據日本刊足利本、正和本、正平本及《群書治要》引，均作「其仁之本與」；而仁、人二字古又每音同相通。故以爲此章原作：「其爲人也……其人之本與！」說亦可通。朱子作「仁」，姑從之。

〔註24〕卷一，頁7、頁8；朱子遺書本，下同。

既立矣，果以無歉於性者成乎德行矣，則所以推而行之者，漸而廣焉，因類而達焉，凡爲君子之道，皆自此而生矣，則孝弟是已。」〔註25〕

又：《論語・公冶長篇》云：

> 子曰：道不行，乘桴浮於海。

程子云：浮海居夷，譏天下無賢君也。」（同註22）按：此蓋本皇疏。皇侃云：「孔子聖道不行於世，故或欲居九夷、或欲乘桴泛海，故云『道不行，乘桴浮於海』也。」邢昺疏云：「（夫人）但歎（當作「嘆」）世無道耳，非實即欲浮海也。」（蘇轍《論語拾遺》同）朱註本程說，且云浮海爲假設之言。其《或問》則謂程子譏無賢君者，實未盡善，並修正集註「假設」之言云：

> 夫子之言，正爲憂則違之，不得已而去耳；豈憤世過中之謂哉？又：謂聖人豈終乘桴浮海者，亦未然也。……使夫子而甚不獲已焉，則其浮而去也，豈終爲虛言哉？但度其未至，所以雖有此嘆而卒不行也。〔註26〕

朱子門人輔廣本之，云：「聖人欲浮于海，豈有憤世長往之意哉？其憂時憫道之心，蓋有不能自已者。」孔子憂思遠而形諸言，經文祇七字，而其意本明白。東發因謂當從朱子《或問》（頁7）。

〈子罕篇〉云：

> 子曰：吾有知乎哉？無知也！有鄙夫問於我，空空如也；我叩其兩端而竭焉。

空空如，意即空空然。空空二字，皇疏：「無識也」；鄭玄注本或作「悾悾」；意同誠懇（〈泰伯篇〉有「悾悾而不信」之語）。空空然謂何人？孔安國云：「有鄙夫來問於我，其意空空然。」皇疏、邢疏本之。朱子註此章，但云：

> 孔子謙言己無知識，但其告人，雖於至愚，不敢不盡耳。

至《或問》則明謂：

> 空空，蓋指鄙夫而言。〔註27〕

東發謂《或問》此語「合入集註」（頁10），使後學一目了然。

　　綜上所述，東發多以朱子《或問》補其《集註》所未備，乃有功於考亭者也。

〔註25〕《四書訓義》卷五，頁3。
〔註26〕卷五，頁4～5。
〔註27〕卷九，頁3。

（二）批評宋儒過求之弊

　　漢唐與宋人治學態度，有顯然之異，大抵前者著重章句訓詁，後者多以義理解說。夫以義理說經，則易流於好議論、逞己意，而忽視古注疏；循至求之過高、過深、過多，增衍新說，離經義遂遠。東發治學態度客觀，方法謹嚴，以故，於漢、唐人之拘拘於訓詁，固嘗非之；〔註28〕而於宋人過求之弊，亦隨處指陳，即於朱子亦不稍寬假焉。

　　《論語・學而篇》有子孝弟章，程頤謂：

> 孝弟，順德也。……德有本，本立則其道充大。孝弟於其家，而後仁愛及於物，所謂親親而仁民也。故為仁以孝弟為本，論性則仁為孝弟之本。〔註29〕

又謂：

> 問：孝弟為仁之本，此是由孝弟可以至仁否？曰：非也。謂行仁自孝弟始，蓋孝弟是仁之一事，謂之行仁之本則可，謂之是仁之本則不可。蓋仁是性（一作本）也，孝弟是用也；性中只有仁義禮智四者，幾曾有孝弟來？〔註30〕

東發則頗不以為然。前述東發引朱子《或問》之說，謂其說婉切，可補《集註》，使人知「孝即仁之事，仁即性之有」矣；茲復論程氏之失，云：

> 性中「曷嘗」（按：二字本朱註引，程子原作「幾曾」）有孝弟之語，後覺乍見，亦或以為疑。蓋實則父子之道，天性；而其說微覺求多於本文之外也。……因嘗思理一而已，聖賢發明，則愈久愈備，……孔子說仁，又多與智對，至孟子方說仁義禮智四者，而理益大備。程子謂曷嘗有孝弟，蓋以孟子之說釋有子之說爾。要之，有子時未有四者之說，亦未專主於說性；孝弟為仁之本，理脈固自渾融；且孟子雖分仁義禮智為四端，他日又嘗謂「仁之實，事親是也」。聖賢立論，惟理是務，亦未嘗拘一端；其言仁義，亦未嘗不根於孝弟。（頁2）

程子之言，朱子《或問》糾之，係就理而言；東發據孟子，以學術發展之脈

〔註28〕如《日抄》卷九一，頁12縣李縣尉所作（缺），謂漢唐人解詩「溺於訓詁，於斯為下」。卷八五，頁1〈回董瑞州書〉，謂漢唐之春秋學者「溺於卑陋」，蓋指彼之襃貶凡例說也。又：卷二，頁1〈讀論語〉序，謂：「漢唐諸儒不過訓詁，以釋文義；而未嘗敢贊之辭。」

〔註29〕《程氏經說》卷六，頁1。

〔註30〕《程氏遺書》卷一八，頁1。

絡立論，考據與義理並濟，程子過求之弊，至此為之廓清矣。

《論語》同篇曾子曰三省章，載曾子省身慎行之事，朱註引尹焞曰：「曾子守約，故動必求諸身。」東發贊其所引甚好，並云：「語意已足矣」（頁2）。其下朱子復引謝良佐說，云：

> 諸子之學皆出於聖人。其後愈遠而愈失其眞，獨曾子之學專用心於內，故傳之無弊，觀於子思、孟子可見矣！

明‧趙悳《論語箋義》謂：謝說大意本韓愈〈送王秀才序〉。姑不論九流是否皆出於孔子，而曾子用心於內之說，則為上蔡借儒證禪之說也，輔廣即嘗論之，云：

> 其所謂用心於內者，亦非息心絕念，屏棄外事之謂；但當常存是心，不可放失。〔註31〕

東發復嚴詞斥之，云：

> 竊意用心於內者，無形；動求諸身，躬行也；其所指之一虛一實已不同。蓋心所以具萬理而應萬事，正其心者，正欲施之治國平天下。孔門未有專用心於內之說也；用心於內，近世禪學之說耳。
>
> （頁2）

其後，陸九淵承上蔡之說而變本加厲，東發斥象山之學，云：

> 後有象山，因謂曾子之學是裏面出來，其學不傳；諸子是外面入去，今傳於世。皆外入之學，非孔子之眞。遂於《論語》之外，自稱得不傳之學。凡（此）皆源於蔡氏之說也。（頁2）

此種求之過深之誤，朱子亦嘗知之，同篇弟子入孝出弟章，朱子《或問》錄蘇軾之說，云：

> 今之教人者，……引之極高、示之極深，未嘗養之於學、游之於藝也。……少而習之，長而行之，務以誕相勝也；風俗之壞，必自此始矣。

朱子謂此說「有以正近世好高躐等之失，則尤讀者所宜詳味也。」〔註32〕至東發則謂宋儒所以好高務深之故，除受禪風之影響外，彼視聖人若神，亦其一因也；其讀〈為政篇〉孔子十五志學章，云：

> 程子謂孔子自言進德之序如此。此語盡之矣。諸儒議論疊出，皆因

〔註31〕宋‧趙順孫《論語纂疏》卷一，頁10引。
〔註32〕卷一，頁15。

　　待聖人過高，謂聖人不待學故也。然聖人亦與人同耳。（頁4）
聖人與人同，非於人之外，別有一種人曰聖人者。此為東發對孔子之深切體
認，亦其論語學之主要基礎。

　　〈學而篇〉又云：

　　　　有子曰：禮之用，和為貴。先王之道斯為美；小大由之，有所不行。
　　　　知和而和，不以禮節之，亦不可行也。

本章「禮之用」二句乃全章之旨要。以下三句贊「和」之美，而又言「和」
亦有極限，故六至八句戒人勿持「和」太過，馬融云：「人知禮貴和，而每事
從和，不以禮為節，亦不可行。」（《何晏集解》引）東發本之，亦云：

　　　　本章之義，不過禮以和為貴，和又當以禮節之耳。（頁3）

乃程頤、范祖禹等蓋據《禮記·樂記》「禮勝則離，樂勝則流」之語，而增一
「樂」字以解本章，朱註亦引之，云：

　　　　程子曰：禮勝則離，故禮之用，和為貴。先王之道以斯為美，而小
　　　　大由之。樂勝則流，故有所不行者，知和而和，不以禮節之，亦不
　　　　可行。

是程子以四、五兩句分屬禮、樂。范氏云：

　　　　凡禮之體主於敬，而其用則以和為貴；敬者，禮之所以立也，和者，
　　　　樂之所由生也。

按：經文只言禮，不言樂，朱子固知之。然於《語錄》又有「樂中之禮」之
說，云：

　　　　和，固不可便指為樂；是禮中之樂，如天子八佾，諸侯六，大夫四，
　　　　士二，此是樂之有節處，樂中之禮也，便見禮樂不相離。

輔廣及其弟子熊禾均從之，力主禮、樂無二本之說。〔註33〕至東發則盡掃此
增字求多之風氣，云：

　　　　禮樂雖相關；但恐於本文有添。

舉此一例，已可概見東發解經態度之嚴正矣！

　　〈里仁篇〉云：

　　　　子曰：……仁者安仁，智者利仁。

此章言仁者與智者行仁道方式之異，觀《禮記·表記》「仁者安仁，知者利仁，
畏罪者強仁」之言可知。與此相類似之文例，有《大戴禮·曾子立事篇》云：

───────────────
〔註33〕見元·胡炳文《四書通》引。

「仁者樂道，智者利道。」漢・包咸注仁者安仁，云：「惟性仁者，自然體之，故謂安仁。」（《何氏集解》引）知者利仁，何晏引王肅〔註34〕曰：「知仁爲美，故利而行之。」說本平易。至宋而儒者求之過高，如：朱註引謝良佐《論語解》（今佚），云：

> 仁者必無內外、遠近、精粗之間，非有所存而自不亡，非有所守而自不亂。……知者，謂之有所見則可，謂之有所得則未可，……未能無意也。安仁則一，利仁則二。

東發力斥其說，云：

> 竊疑此佛氏心學之說；若夫子本旨，不過仁者安仁，與仁爲一耳。又（謝氏）謂知者未能無意。竊疑此亦佛氏絕意念之說；若夫子本意，不過謂知者知仁之爲美，慕而行之耳。……人決（絕）不能無心，心決不能無意；心是活物，凡動處皆是意，特意有美惡耳；雖仁者安仁，此心亦何嘗不流行哉？！於吾夫子「七十而從心所欲，不踰矩」可知矣。（頁6）

宋人鮮有不儒釋相參，借儒談禪者。東發之論，固有振起儒學傳統之功，而以經說經，具近代科學研究精神，尤難能可貴也。

不僅此也，同篇吾道一以貫章，宋儒亦有求高之弊。考道字，金文作 （散氏盤）、（曾伯簠）等形，所從「行」旁，即路字之意，《詩經》卷耳「寘彼周行」、鹿鳴「示我周行」等可證。孟子亦云：「夫道，如大路然。」《說文解字》直訓爲「人所行道也。」《論語》所稱道字，亦皆與路有關。惟其字引伸之而有理法、律則之義，即一般所謂道理，或單稱曰理也。東發說之，最爲平實。其說云：

> 夫道，即日用常行之理。不謂之理而謂之道者：道者，大路之稱，即其所易見，形其所難見，使知人之未有不由於理，亦猶人之未有不由於路，故謂理爲道。〔註35〕

而釋、道二氏所主張之道，與道之本義大悖，東發謂其「創以恍惚窈冥爲道，若以道爲別有一物超出天地之外，使人謝絕生理，離形去智，終其身以求之而終無得焉。」（同註35）。蓋篤論也。

〔註34〕　《何氏集解》所引王氏有王卿、王吉與王肅三家，清・梁廷枏輯《論語古解》卷二，頁7謂即王肅。姑從之。
〔註35〕　《日抄》，頁55頁17〈讀抱朴子〉。

　　本章，曾子謂孔子之道可以忠、恕貫通之。程頤釋忠、恕二字，云：「盡己之謂忠，推己之謂恕。忠，體也。恕，用也。」又云：「忠者，天道；恕者，人道。忠者，無妄；恕者，所以行乎忠也。」〔註36〕自是眾儒解此多入於天人體用之辨，於經旨反闇昧不得解；甚者，借儒談禪，以今律古。〔註37〕東發力闢之，云：

　　　聖人之道，泛應曲當，無非此理，故曰一以貫之。忠以盡己，恕以
　　　及人，則此道之所以泛應曲當，而能一以貫之者也。異端借「一貫」
　　　之字，以證「不二」之說。近或推之愈高，謂道本自一，不必言貫。……
　　　諸儒疑一貫之道大，而忠恕不足以當之，至有天人體用等辨。恐亦
　　　不若平心只味本文也。（頁7）

「平心只味本文」，此言何等直捷，何等痛快！非深於經學，出入於其堂奧者，不能發也。

　　〈公冶長篇〉云：

　　　子貢曰：夫子之文章，可得而聞也；夫子之言性與天道，不可得而
　　　聞也。

漢、晉人注解均依經文謂子貢不聞孔子之言性與天道，至唐·李翱始一反之，云：「天命之謂性，是天人相與一也。天亦有性，春仁、夏禮、秋義、冬智是也。人之率性，五常之道是也。蓋門人只知仲尼文章，而少克知仲尼之性與天道合也。非子貢之深蘊，其知天人之性乎！」〔註38〕其說天亦有性，以今日視之，頗為怪誕。其謂子貢得知夫子言性與天道之微言，則程、朱本之，程子謂此章，云：

　　　子貢聞夫子之至論，而歎美之言也。〔註39〕

朱註採程說，並云：

　　　性與天道，則夫子罕言之，而學者有不得聞者。蓋聖人教不躐等，
　　　子貢至是始得聞之而歎其美也。

朱子雖置疑詞，而其影響則頗大，諸儒從其說者致多求於本文之外。東發因論之，云：

〔註36〕《程氏經說》卷六，頁4。
〔註37〕其詳可見真德秀編《論語集編》、趙順孫編《論語纂疏》等，此不具引。
〔註38〕見《論語筆解》卷上頁12。
〔註39〕《程氏經說》卷六，頁5。

子貢明言「不可得而聞」，諸儒反謂其得聞而歎美。豈本朝專言性與
天性，故自主其說如此耶？！要之，子貢之言，正今日學者所當退
而自省也。（頁7）

按：《漢書・眭弘傳》贊引，句末「也」字下作「已矣」，《史記・孔子世家》引
作「也已」，皇疏本作「也已矣」；而《論語》中「也已矣」之文屢見，則今本
「也」字下脫「已矣」二字，極有可能。清・錢曾《讀書敏求記》云：「蓋子貢
寓嗟嘆於不可得聞中，故以「已矣」傳言外之旨，二字似不可脫。」〔註40〕此
可補東發之說。且《論語》言性僅有「性相近也，習相遠也」之語，言天道則
謂「天何言哉！」

　　是知東發雖為理學家，而不為當時儒者求高之頹風所拘。上引結語即勉
人務實學，毋流於談天說性也。惜其後習程、朱之學者，多仍而不改。直至
晚明・顧亭林始復力主《論語》不言性與天命，〔註41〕即本東發之說也。

　　〈先進篇〉侍坐章「吾與點也」一節，王充《論衡・明雩篇》以浴乎沂
為涉乎沂，云：「說論之家以為浴者，浴沂水中也；風，乾身也。周之四月，
正歲二月也；尚寒，安得浴而乾乎身？由此言之，涉水不浴，雩祭審矣！孔
子曰：吾與點也。善點之言，欲以雩祭調和陰陽；故與之也。」按：浴、涉
二字，形、音、義皆不相涉；且雩祭與子路等三人所說政事同類，曾點自不
能謂「異乎三子者之撰」（毛師子水說）。皇疏：「言我志與點同也」其說得之。

　　皇疏復言孔子許曾點之故，云：「當時道消世亂，馳競者眾，故諸弟子皆
以仕進為心，唯點獨識時變，故與之也。」毛師則謂孔子以教育為終身事業，
聞曾點之志同，故深與之，並舉漢唐扶頌「四遠童冠，摳衣授業；五六六七，
化導若神」，狀教育樂趣之言為據。此皆正論也。至程子云：

　　　　孔子與點，蓋與聖人之志同，便是堯舜氣象也。

東發評語曰：「微過於形容」。以故，程門弟子若上蔡變本加厲，謂子路、冉
子志在出任，一心在「作用」上，「便被他曾點將冷眼看；他只管獨對春風吟
詠，肚裏渾沒些能解，豈不快活！」〔註42〕東發斥其說云：

　　　　但欲推之使高，而不知陷於談禪；是蓋學於程子而失之者也。（頁11）

東發又云：

〔註40〕　本陳舜政《論語異文集釋》說。
〔註41〕　詳見《日知錄》卷七總頁153～154〈四夫子之言性與天道〉條。
〔註42〕　《上蔡語錄》卷上頁12。

夫子以行道救世爲心。……後世談虛好高之習勝，……單摭「與點」
數語而張皇之，遺落世事，指爲道妙。

東發因指出此章本旨，云：

三子皆言爲國之事，皆答問之正也。曾皙，孔門之狂〔註43〕者也，
無意於世者也，故自言其瀟灑之趣，此非答問之正也。夫子以行道
救世爲心，而時不我予，方與二三子私相講明於寂寞之濱，乃忽聞
曾皙浴沂詠而歸之言，若有得於浮海居夷之云者，故不覺喟然而嘆，
蓋其意之所感者深矣！所與雖點，而所以嘆者，豈惟與點哉？繼答
曾皙之問，則力道三子之美。夫子豈以忘世自樂爲賢，獨與點而不
與三子者哉！

東發言至此，復咎程子形容之過；謂曾點之自適不得與堯舜之適人同日而語，
云：

老安少懷之志，天覆地載之心也，適人之適者也。浴沂詠歸之樂，
吟風弄月之趣也，自適其適者也。曾皙固未得與堯舜比，豈得與夫
子比？而形容之過如此，亦合於其分量而審之矣！

觀東發說此章，可知其獨得聖人之心矣。

由上述，知東發所糾過求之弊者，以程子、上蔡等爲最多，偶亦及朱子；
然大抵朱註冠絕前儒，時人或棄之，或尊之而不當，未有如東發之公允者，
東發云：

近世鬭晦庵字義者，固不屑事此；其尊而慕之者，又爭欲以注解名
家，浩浩長篇，多自爲之辭，於經漸相遠；甚者，或鑿爲新奇，反
欲求勝。（頁1）

此可見東發當時之學風矣。

（三）黃氏註解之創見

《日抄·讀論語》僅一卷，其所註解，僅「間記（朱子）集註、或問偶合參
考，及他說不同者一二，以求長者之教；餘則盡在集註矣。」（頁1）非每章每句
下注，如其〈讀春秋〉、〈禮記〉者然。篇中雖祇有四十五條，而於《論語》字
義之註釋、義旨之發揮，乃特多獨到之見。上文曾論及者，本節不復贅。

〔註43〕狂字原作「往」，此據四庫全書本《日抄》校改。

〈爲政篇〉云：

> 哀公問曰：何爲則民服？孔子對曰：舉直錯諸枉，則民服；舉枉錯
> 諸直，則民不服。

集解引包咸曰：「錯，置也。舉正直之人用之，廢置邪枉之人，則民服其上。」
是錯字讀爲「措」（《經典釋文》謂鄭玄本作「措」），作捨置解；並以「舉直」、「錯
諸枉」爲句。朱子本之，並謂：「諸，眾也。」

　　東發不以爲然，云：

> 或疑「諸」者，助詞，即「之於」二字之連聲。錯，置也；如賈誼
> 「置諸安處則安」之類。錯置者，猶舉而加之也。舉直者而置之於
> 枉者之上，是君子在位，小人在野，此民所以服。或舉枉者而置之
> 於直者之上，是小人得志，君子失位，此民所以不服。庶幾此章兩
> 下相形之意方明。（頁5）

按：孔子答樊遲知人之說曰：「舉直錯諸枉，能使枉者直」，而子夏即答以舜
湯舉伊、皋，不仁者遠。即是此意。前人釋「諸」字，有釋「之」者（如《太
平御覽》百二十七引鄭注《論語》是），實未若東發釋「之於」二字合聲之說爲貼
切。「之於」與「之乎」義同。如：

> 〈雍也篇〉：「山川其舍諸？」（之乎）
>
> 《左傳·哀公元年》：「虞思於是，妻之以二姚，而邑諸綸。」《史記·
> 　吳世家》引作「之於」。
>
> 《國語·齊語》：「輕過而移諸甲兵」，《管子·小匡篇》作「之於」。
>
> 《禮記·檀弓篇》：「吾惡乎哭諸？」（之乎）

諸字爲「之於（乎）」之合音，晚明、清初聲韻之學大盛以來，殆爲普通常識，
宋、元以前人多罕知之，而東發識之，可謂難得。

　　〈雍也篇〉云：

> 子曰：人之生也，直；罔之生也，幸而免。

《論衡·幸偶篇》引，無「而免」二字，全章乃一上、下對文形式。包咸注
末句曰：「誣罔正直之道，而亦生者，是幸而免。」此說以「之」字指「直」，
改「也」字爲「者」，並增「而亦」二字。程顥、朱子並從之。按：直字，韓
愈謂當爲「德（古書德作惪）」字之誤。李翱云：「包謂誣枉正直，則罪無赦，
何幸免哉！」按：世雖有不正直而能倖免以壽終者，然究非正常現象。東發

蓋亦有見於舊說之未安，而釋此章，云：

> 愚意「罔」對「人」而言，蓋罔（惘）罔然不知所以為人者也。「幸
> 而免」對「生也直」而言，蓋僥倖苟免不能直者也。人之生也，直
> 而已；罔之生也，不能直，幸免而已。幸而免者，低回委曲，苟全
> 其生者也。（頁8）

東發以狀詞「罔」作名詞「惘者」用，於古雖未必有據，而就上下對文及文
義覘之，似較舊注為佳。

〈憲問篇〉云：

> 子曰：管仲相桓公，霸諸侯，一匡天下。

霸字，《經典釋文》不注音義。朱子云：霸與伯同，長也。霸諸侯，意指為諸
侯之長。東發從之，而益加闡發，云：

> 愚意天下之主謂之王，諸侯之長謂之伯：此指其定位而名也。以德
> 方興，而為天下所歸，則王（平聲）聲轉為王（去聲）；王政不綱，而
> 諸侯之長自整齊其諸侯，則伯聲轉而為「霸」：皆有為之稱也。正音
> 為靜字，轉聲為動字。「」（頁12）

按：霸字，《說文解字》云：「月始生魄然也。」《尚書‧康誥》、〈顧命〉等篇
有「哉生魄」之語，係用其本義。段玉裁注說文，以為後世「魄」行而「霸」
廢；俗用為王「霸」字，實「伯」字之假借也。蓋伯字轉聲而借為王「霸」
字也，東發之說當得之。

〈陽貨篇〉云：

> 佛肸召，子欲往，……（子曰：）吾豈匏瓜也哉？焉能繫而不食？

古註（鄭注、何晏集解、皇疏、邢疏、朱註等）以為匏瓜即瓠瓜，可以為荼蔬者。
皇疏引別說云：「匏瓜，星名也。言人有才智，宜佐時理務，為人所用；豈得
如匏瓜係天，而不可食邪？」宋時亦有人主此說，《日抄》引之，云：

> 黃勉齋宰臨川，刊臨川人應抑之天文圖，有匏瓜星，其下註云：《論
> 語》「吾豈匏瓜也哉，焉能繫而不食？」正指星而言。蓋星有匏瓜之
> 名，徒繫於天而不可食，正與「維南有箕，不可簸揚；維北有斗，
> 不可挹酒漿」同義。……未知然否。（頁14）

按：此說是也。除東發所舉《詩經‧大東》箕、斗之旁證外，《漢書‧天文志》
有云：「杵臼四星在危南，匏瓜有青黑星守之。」阮瑀〈止慾賦〉：「傷匏瓜之
無偶，怨織女之獨勤。」曹植〈洛神賦〉：「歎匏瓜之無匹兮，詠牽牛之獨處。」

《宋史・天文志》云：「匏瓜五星，在離珠北」。元人黃公紹編《古今韻會》
云：「匏，匏瓜，星名，在河鼓東。」皆其證也。東發爲謹愼起見，著「未知
然否」之語；而以「星有匏瓜之名，徒繫於天而不可食」之文，詮釋經義，
較舊說貼切暢順，則無疑也。

　　東發論語學補正朱子註解，批評時儒過求之弊，兼顧義理與考據；蓋以
爲考據精則義理可明，知之愈深則行之益篤。故《日抄・讀論語》之旨在勉
後學躬行實踐，與〈讀孝經〉之勸行孝道者同也。

三、孟子學

　　《黃氏日抄・讀論語》與〈讀孟子〉各一卷，而前者之份量倍於後者，
其故有二：東發特重孔子之說，一也。其於《孟子》書較少訓詁考據，卷中
多注重其匡時救世之用心與方法，二也。

（一）論孟子之擔當

　　孟子約生於東周安王（西元前 385 年）前後，卒於顯王廿四年（西元前 313
年）以後。〔註44〕時值戰國末期，諸侯以攻伐爲賢，致爭亂頻仍，孟子深惡其
風，斥其罪不容於死，謂「善戰者服上刑」（《離婁上篇》第十五章）。孟子他處
又以「民賊」、「殃民」、「糜爛其民」等語，痛陳戰亂之害。蓋自春秋之世，
諸國已呈分立局面，時啓爭端，至戰國而益著；重以人欲橫流，詐僞層見。
故東發喟然嘆曰：

　　　　自戰國風俗一變。〔註45〕

孟子生乎其間，以拯時局、救人心爲己任。東發〈讀孟子〉即著眼於此，而
加以發揚。

一、立性論教化人心

　　張載謂心統性情，〔註46〕乃源於古昔而加以統合之者。孔子罕言性，僅
有「性相近也，習相遠也」一語。至孟子始昌言性論；東發謂古代言性莫善
於孟子。（頁6）孟子以爲人性本善，仁、義、禮、智四者，各爲性之一端，自

〔註44〕據屈師翼鵬先生《古籍導讀》，頁 116～119 所考。
〔註45〕《日抄》卷三，頁 6〈讀孟子〉。按：下引《日抄》，但註頁數，不具卷數。
〔註46〕《張子全書》卷十四，頁 2〈性理拾遺〉。

吾人之內心發而爲惻隱、羞惡、辭讓與是非之情。東發論其所以主此說之故，
云：

> 性者，此理素具於此心，人得之於天以生者也。自一陰一陽之謂道，
> 而繼之者善，于以賦予萬物。人爲萬物之靈，其性所自來固無有不善；
> 而既屬於人，則不能以盡同，故夫子一言以蔽之曰性相近也。至孟子
> 當人欲橫流之時，特推其所本然者以曉當世，故專以性善爲說。……
> 故他日言二之中、四之下，性之反之，先覺後覺，人品亦各各不同。……
> 孟子言忍性，是性不能皆善，而忍亦習之義也。〔註47〕

孟子高標性善之論，爲天下後世人心開拓一理想境域，使人類得以漸進於善。

孟子復謂善性發爲情，此情可以救世，故云「人人皆有不忍人之心」（即
仁愛惻隱之心），「以不忍人之心，行不忍人之政，天下可運之掌上。」（〈公孫丑
上〉六章）行仁政爲孟子崇高之政治主張（詳見下節）。蓋此種淳然而善之良心，
最易爲物欲所梏亡，故東發謂《孟子·告子上篇》因有一暴十寒之喻，以勉
人專心致志；同篇孟子復「究詰於舍生取義本心之眞，反覆乎宮室妻妾外誘
之惑；辯析乎養其小體、大體之孰重孰輕（十四章）。」凡此，東發謂其無非欲
人實踐履行，以全其在我者（頁6）。故若欲使人保此而不失，孟子乃教人由於
自得，云：

> 君子深造之以道，欲其自得之也。自得之則居之安，居之安則資之
> 深，資之深則取之左右逢其源。（〈離婁下〉十四章）

凡所事事，若功深力到，自然而得；求道亦然，人自進於道，其所持守亦必
合於道。

東發謂《孟子離婁下篇》載齊人乞於墦間，以饜酒食之故事，於「警士
大夫求富貴，掩其苟求之迹，而反敢以富貴驕人者，最爲切至。」（頁4）其說
是也，清焦循《孟子正義》亦謂此章「著以爲戒恥之甚焉」。蓋恥爲立人之大
節，不恥則無所不爲，故孔子之論士曰「行己有恥」，孟子亦曰：「恥之於人
大矣，爲機變之巧者，無所用恥焉。」（〈盡心上〉七章）齊人爲機變之巧者也。

東發又謂〈萬章下篇〉（三至六章），孟獻子交友友其德，與人交際以恭爲
心；仕非爲貧，以至士不託於諸侯等，「皆士之所以自守者」（頁6）。孟子畢生
汲汲於道德之重整，與夫人心之匡正，《日抄》偶一勾勒，其深心即現。

東發所以致力於此者，亦鑒於宋末士風不振、人心之陷溺，有甚於孟子

〔註47〕《日抄》卷二，頁13～14〈讀論語〉陽貨篇·性相近章。

時者，嘗於戊辰輪對，指出國之至可憂者爲士大夫之無恥；其歷官州縣，備
見官吏虐毒小民，以取利祿，每爲之心酸淚隨，出死力更革之，冀望士風清
華，宦俗一變。此蓋有得於孟子之教也。

二、倡仁政善誘時君

孟子王政之主張，爲中國政治思想之不朽貢獻，亦爲世界政治思潮之指
標，是以孫文亦力贊不置。王政以仁愛爲基點，孟子深信其足以匡時救亂。《日
抄》爲述〈離婁上篇〉（一至十章）反覆於仁政之說，云：

一章言爲政必因先王之道；而先王之道，仁政也。

二章言爲君盡君道，爲臣盡臣道，而在仁與不仁也。

荀子嘗謂有治人，無治法。孟子則主張有治人，又有治法；所謂治人即以仁存
心，而竭心思耳力，以繼述先王之道之人也。有治法，則指行仁政也。《孟子》
他篇曾斥冉求爲季氏宰，無能改於季氏之行，反爲之聚斂（〈離婁下〉十四章），
以爲民賊（〈告子下〉九章）。東發謂孟子此說「警戒世變，極爲痛快。」（頁8）

《日抄》又云：

三章言三代之得天下，失天下，而其得失在仁、不仁之分也。

以上三章，固緊扣「仁」道立論，以下二章亦然。

四章言天下之本在身。

五章言德教之行先巨室。

修身自治，在以仁居心，孟子云：「君子所以異於人者，以其存心也。君子以
仁存心，以禮存心。仁者愛人，有禮者敬人。」（〈離婁下〉二十八章）仁、禮如
此，他德可以類推。先生即能以仁存心者也。如堯、舜是，故孟子欲人法之，
云：「堯舜之道，不以仁政，不能平治天下。」（〈離婁上〉一章）孟子鼓吹上古
治世，發揚仁德學說，以垂訓後世。東發又云：

六章言諸侯恥受命於大國；惟好仁，則無敵於天下。

七章言不仁者樂其所以亡。

八章言桀紂驅民歸於仁君。

九章嘆自棄自暴者之可哀也。

東發總結此九章，云：

《孟子》此篇反覆救世之說，無一不歸於仁。

至於其第十章，《日抄》云：

十章言親其親，長其長，而天下平。發明仁之足以救世，至此而徑
易昭白極矣。（以上頁 3）

親親長長，亦仁之本也。孟子王政之說簡徑，其效在乎行與不行耳。孟子周
遊齊、梁、滕、宋間，即欲求王道之實行，其棲棲遑遑之情狀，殆與孔子相
似。

孟子於時君多所誘掖，東發贊之，云：

孟子教齊宣王、梁惠王以王道，又皆歸之耕桑、孝弟之實。其方法
無非因其機〔註48〕而誘進之。（頁 1）

戰國之時，人君獨以廣土眾民，以自奉其身為樂；而民則力窮財盡，苦不聊
生。孟子切於救民，故因齊、梁王之所好，而開導其善心。〔註 49〕其誘進之
法見於〈梁惠王下篇〉，東發歸納之，云：

齊宣王好世俗之樂，廣四十里之圃，毀明堂，好貨好色，皆非也；
而孟子不之非，惟一切因機而利導之，使無不與民同之，以歸於行
王之道焉。（頁 1）

按：此與〈盡心上篇〉第三十章謂五霸若久假而不歸，惡知其非有之說，并
可見孟子權衡時勢，相機救世之深心也。

至於滕文公，孟子惟以正對，不因權宜，東發申說其故，云：

滕，小國，惴惴自保；而其君又賢。故教以太王治岐之政（〈梁惠王
下〉十四、十五章），而不及湯武救民之事。（頁 1，頁 2）

此可見孟子之能識時務，而善於誘導矣。至其明王道、黜霸功，以道統為己
任，垂訓萬世，厥功尤偉，東發至有「嗚呼盛矣」之歎（頁 7）；固其宜也。

三、以天下道統為己任

東發窮究孟子思想，能探其底蘊。孟子平生擔當道統大任，切於世事，
每流露於頷頤間，如云：

昔者禹抑洪水而天下平。周公兼夷狄，驅猛獸，而百姓寧。孔子成
春秋而亂臣賊子懼。……我亦欲正人心，息邪說，距詖行，放淫辭，
以承三聖者。（〈滕文公下〉九章）

孟子何以推崇大禹、周、孔三聖，而思以繼之乎？據孟子所述，禹有二大卓
絕之事：其一，以疏導之法治水，抱人溺己溺之精神，三過家門而不入，卒

〔註48〕機字，除四庫本《日抄》外，他本均作「譏」，茲從四庫本。
〔註49〕略本朱註〈梁惠王下〉一章引范祖禹說。

能平治洪水，使生民安居（詳見〈滕文公上〉四章、下九章，〈離婁下〉二十九章，又：
〈萬章上〉六章）。其二，惡旨酒而好善言，聞善言則拜。（〈公孫丑上〉八章、〈離
婁下〉二十章）是禹於修己、治世皆卓有功蹟也。孟子又述周公之德業，有相
武王治天下、驅猛獸（〈公孫丑下〉九章，〈滕文公上〉四章、下八章），而天下寧。
至於孔子，則謂為「聖之時」、「集大成」與「自生民以來未有」者（〈萬章下〉
一章、〈公孫丑上〉二章），推崇備至。

除此三聖外，孟子又言必稱堯、舜（〈滕文公上〉一章語）。堯舉舜、禪讓，
世傳為美談。舜發畎畝之中，孝事父母，終其身而慕之，友愛其弟，卒能化
之；又善與人同，樂取於人以為善。以故堯授命敷治天下，俗美風淳，卒將
帝位讓賢。（以上俱見〈萬章上〉一章，〈滕文公上〉四章，〈盡心上〉十六章與〈告子
下〉二章等處）故孟子常勉人為堯舜。

孟子又於商湯、文、武等亦加推重，嘗云：

> 湯執中，立賢無方。文王視民如傷，望道而未之見。武王不泄邇，
> 不忘遠。（〈離婁下〉二十章）

合前所述，孟子由堯舜以至周孔，歷舉群聖之業績，而「企焉自任」（東發語，
見頁4），孟子云：

> 君子之澤，五世而斬。……予未得為孔子徒也，予私淑諸人也。（〈離
> 婁下〉二十二章）

朱子註云：「其辭雖謙，然其所以自任之重，亦有不得而辭者矣！」是以東發
謂上引〈離婁下篇〉諸文，與前引〈滕文公下篇〉承三聖之意相近，「特更端
而言之耳」（頁4），其說得之。孟子私淑孔子，繼承往聖，以道統之傳為己任，
以平治天下為職志，其意於下引二章尤為明顯：

> 五百年必有王者興，其間必有名世者。由周而來，七百有餘歲矣，
> 以其數則過矣。以其時考之則可矣。夫天未欲平治天下也；如欲平
> 治天下，當今之世，舍我其誰也？（〈公孫丑下〉十三章）

此語已極顯明，又云：

> ……由孔子而來至於今百有餘歲，去聖人之世若此其未遠也；近聖
> 人之居，若此其甚也。然而無有乎爾，則亦無有乎爾！

是孟子衡諸時勢，自信道在兩肩，故有捨我其誰之歎。其憂世之誠，思治之
切如此。朱子為闡其說，云：

> 此言……乃所以自見其有不得辭者，而又以見夫天理民彝不可泯滅。

百世之下，必將有神會而心得之者耳。故於篇終歷敘群聖之統，而終
之以此，所以明其傳之有在，而又以俟後聖於無窮也。其旨深哉！

昔人恒謂韓愈首倡道統之說，觀乎此，知韓氏實承孟子之意。東發云：

孟子平生衛道之切，自任之勇，皆由此來。韓昌黎得此而作〈原道〉，
程伊川明此而作明道序。（頁7）

斯言信矣。

（二）訂補朱子集註

《日抄・讀孟子》亦大抵繼武考亭，與其〈讀論語〉同，故其中補正朱
註者六條，皆有功於朱門。孟子曰：

為政不難，不得罪於巨室。（巨室之所慕，一國慕之，一國之所慕，天下
慕之。故沛然德教溢乎四海。）（〈離婁上〉六章）

趙岐注云：「巨室，大家也，謂卿大夫之家，人所則效者。言不難者，但不使
巨室罪之，則善也。」朱註云：「得罪，謂身不正而取怨怒也。」宋・陳埴從
之，並云孟子之意非欲人曲法以奉之也。〔註50〕按：朱、陳二家說雖是而不
詳，故世猶有誤解者，東發詳釋之，云：

古者卿大夫皆世其官，所與共社稷者，故曰巨室。人君當以至公率
先之；否則，卿大夫世家皆以為不可矣。故曰為政不得罪於巨室。（頁
3〜4）

東發又辨俗以兼并之豪為巨室、以屈法縱惡為不得罪之謬，云：

蓋後世惟見兼并之豪為巨室，無復見卿大夫之世家也；惟見豪民謗
訴、驅逐長史之為罪，而無復見士大夫執古誼、爭時政之事也。（頁4）

流俗之說，染有時代色彩，固非考究古學者所應用。此條可以補朱註之不足。

〈離婁下〉十九章云：

孟子曰：人之異於禽獸者幾希！庶民去之，君子存之。舜明於庶物，
察於人倫；由仁義行，非行仁義也。

「舜明於庶物，察於人倫」二句，趙注云：「倫，序。察，識也。舜明庶物之
情，識人事之序。」舊題孫奭疏謂舜雖居深山與鹿豕遊，然「能明於庶物之
誰知，而存乎異於禽獸之心；詳察人倫之類，而由仁義之道而行之矣。」按：

〔註50〕趙順孫《孟子纂疏》引。

孫疏不可從，故朱子僅略本趙注，而說之云：「物，事物也。明，則有以識其理也。……察，則有以盡其理之詳也。」又云：「父子有親，君臣有義，夫婦有別，長幼有序，朋友有信：此人之大倫也。」（〈滕文公上〉三章註）東發謂朱說甚當，因復就上、下文勢而發其奧，云：

> 上文云「人之所以異於禽獸者幾希，……」而繼以舜言之。……人物皆天之賦，「明於庶物」，則知自異於物矣；應上文人異禽獸幾希之言也。人皆爲物之靈，「察於人倫」，則又知自異於眾人矣；應上文「庶民去之，君子存之」之言也。既明庶物，又察於人倫，此其所以能「由仁義行」也。（頁5）

東發此一發揮，使經義及文氣更加彰明順暢矣。

〈滕文公上〉三章載文公問爲國，孟子答以三代設爲庠、序、學校以教之，以明人倫。並云：「人倫明於上，小民親於下：有王者起，必來取法，是爲王者師也。詩云：周雖舊邦，其命維新。文王之謂也。子力行之，亦以新子之國。」文中「爲王者師」一語，趙注、孫疏皆以爲指三代之君；而朱子反是，以爲滕國行仁政，雖未必能興王業，然可爲王者師。與朱子同時之張栻《孟子說》（卷三）又從古註，以爲三代風化之美，能爲後王師法，且云：「蓋三代之治，實萬世王者之師也。」東發由文義與氣勢兩面察之，以爲「有王者起」以下三句當屬上，指三代而言，謂三代學校所行人倫教化，可爲後人取資；並非指滕文公言（頁2）。按：舊注及南軒、東發說是也，蓋下文引大雅文王之詩，而接以「子力行之」以下，「子」字以下爲孟子更端勉文公之語也。

孟子又云：

> 人之易其言也，無責耳矣！（〈離婁上〉二十二章）

趙注云：「人之輕易其言，不得失言之咎責也。一說，人之輕易不肯諫正君者，以其不在言責之位者也。」按：或說添「不肯」，並以「言責」釋責字，均屬增文解經。其前一說則爲朱子所本，朱註云：「人之所以輕易其言者，以其未遭失言之責故耳。」此以「未遭」釋無字，以「失言之責」釋責字。其義雖佳，而於本文亦有增添，故東發不以爲然，說之云：

> 或疑「無責」，只是不足責之意，所以甚鄙而警之也。「耳矣」云者，輕收之語辭。（頁4）

味東發之意，蓋謂若輕易出言，不假思索，其人必淺，似亦不須加以責求（說文訓責曰求）已矣。朱子於「耳矣」二字無釋；按：耳矣猶言「已矣」，〈梁惠

王上〉三章有「寡人之於國也，盡心焉耳矣。」《禮記‧檀弓篇》：「勿之有悔耳矣。」又：祭統：「夫銘者壹稱，而上下皆得焉耳矣。」王引之《經傳釋詞》云：「耳矣猶言已矣。已與矣皆詞之終，而連言之，則曰已矣；《論語》『始可與言詩已矣』是也。耳與矣亦皆詞之終，而連言之，則曰耳矣。……耳與已聲相近；或言已矣，或言耳矣，其義一也。」（卷七「耳」字下）東發謂「耳矣」為輕收之辭與王氏謂為詞之終，二說相符。

〈離婁下〉二章載子產聽鄭國之政，以其乘輿濟人於溱洧。孟子曰：

> 惠而不知為政；歲十一月徒杠成，十二月輿梁成，民未病涉也。君
> 子平其政，行辟人可也，焉得人人而濟之？

子產為春秋時賢相，孔子嘗贊其養民也惠（《論語‧公冶長篇》）。孟子譏其不知為政。趙注云：「以為子產有惠民之心，而不知為政；當以時修橋梁，民何由病苦涉水乎？」孫疏謂責子產不知行其不忍人之政。此皆張皇孟子之說，以為實有其事者。

朱註本之，云：「惠，謂私小利。」此與其註《論語》惠字曰「愛利」者相較，已含鄙薄成份；復於《或問》引其師之言，曰：「（子產）於橋梁（樑）之修蓋有餘力；而惠之及人亦大於乘輿之濟者矣。……然暴其小惠，以悅於人。……孟子慮夫後之為政者或又悅而效之，則其流必將有廢公道以市私恩，違正理而干虛譽者，故極言而深譏之。」元初陳天祥《四書集註辨疑》正朱說之失，云：「經中無該『私恩小利』之文；惠，止當解為恩惠，孔子稱子產『其養民也惠』，有養民之實惠也。」此說甚是，孟子雖譏子產不知政，然仍承認其濟人之惠。是惠字非「私恩小利」之謂，乃「愛利」之稱也。

東發說之，云：

> 子產君子人也，未必暴私惠以悅於人。其濟處亦未必真有深淵須橋
> 梁之地；其時，亦未必冬寒之時。而相國之乘輿，又豈有常出於外，
> 捐以濟人之理？（頁4）

東發就《論語》、《左傳》諸書所載子產言行，並本乎常情，而推斷子產以輿濟民之事，蓋一偶發事件，東發推測其狀，云：

> 或者子產乘輿偶出，乘輿已濟，而小民有涉水者，因就以其乘輿濟
> 之。小民感悅，世傳為美談。孟子因而廣之，言此不過一時之惠，
> 自有歲時常行之政耳。（頁4～5）

按：此雖推測之辭，實較合情理。元人袁俊翁《四書疑節》亦謂孔子概論子

產終身之大節，孟子專論其一事之小節。〔註51〕孟子天資超逸，博辯無礙，而時失眞，前人嘗論其言史事、地理之異，〔註52〕其言論亦頗有率爾發之者，東發復論之，云：

> 若夫徒杠成，輿梁成，恐亦農隙歲一修之；若謂他時無之，而此時
> 始成，又豈政也哉！凡此類皆不當以文害辭。（頁5）

東發剖辨昭晰，故能度越朱子之註解。陳天祥亦云：「詳此一事，亦是偶見涉者之難，不忍捨去，故以乘輿濟之。其本心出於誠，非有矯情飾詐，故爲私恩小利之意也。（孟子曰）『惠而不知爲政』者，言雖惠矣，而不知其爲政之大體也。不知爲政，蓋亦指此一事而言，非通謂子產不知爲政也。」明・劉宗周亦申此意，〔註53〕皆是也。

《孟子・盡心上》二十六章云：

> 楊子取爲我，拔一毛而利天下，不爲也。墨子兼愛，摩頂放踵，利
> 天下爲之。子莫執中。執中爲近之；執中無權，猶執一也。所謂執
> 一者，爲其賊道也，舉一而廢百也。

經文「舉一而廢百」，朱註云：「爲我害仁，兼愛害義，執中者害於時中：皆舉一而廢百也。」朱子斥執中爲舉一廢百，甚合孟子之意；至并爲我、兼愛而言之，則有商討之餘地。故東發云：

> 愚按：文勢似止言子莫執中。（頁7）

陳天祥復申此說，云：「經文中『所惡執一者』以下，皆重言子莫執中之病，文理甚明。……爲我、兼愛二事，無預於此。」詳味孟子本意，蓋以爲楊、墨之行頗爲極端，人易識其弊；而子莫執中，人易爲所惑，因歷陳執中之非也。

（三）黃氏讀《孟子》之法

古儒多能開示後學讀書之法，然多爲零縑片羽，至朱子而有較細密之方法，見於其語錄、文集中，其門人輔廣曾加編輯；度宗咸淳中，鄱陽張洪、齊熙又因而補訂之，以輔氏原本爲上卷，而以所續增者列爲下卷，分門隸屬，頗便省覽，顏曰《朱子讀書法》。〔註54〕原板燬於宋季兵燹，元至順中，趙之

〔註51〕卷十一，頁21～22。
〔註52〕如：崔述《孟子事實錄》二卷是。
〔註53〕詳見黃宗羲《孟子師說》卷下頁23～24〈子產聽鄭國之政章〉。
〔註54〕《朱子讀書法》前附咸淳丙寅張、齊二氏序。

維重刊釐爲四卷，即今四庫全書本所收者也。書中朱子常論及讀孟子之法，而皆就閱讀之態度、次序、思考等原則性問題言之。具體述說讀孟之法者，當首推東發。上節頗引東發就孟子文理，而糾正朱註之說。此外，東發亦能掌握孟子學說之特色；並用歸類之法，彰顯經旨；又其論孟子章節之分合，亦頗有見地。茲分述於後：

《日抄・讀公孫丑上篇》云：

> 前二篇（按：指〈梁惠王上、下篇〉）載游說齊梁之說。此篇因公孫丑預設當路於齊（見一、二章）動心否乎之問，遂明不動心以及知言養氣之說；繼以王霸之說（三章）；繼以仁、不仁之說（四章）；又繼以不忍之心，而發明四端之說（六章）：凡〔此〕皆多前聖所未發，有益萬世者。（頁2）

知言、養氣與四端之說，乃孟子在思想史上之偉大創發，東發特別標榜，乃善讀《孟子》者也。

至東發〈讀萬章上篇〉前九章，云：

> 此篇言舜之孝親（首四章），以及舜、禹之有天下（五、六章），以及伊尹之相湯（六、七章），以及孔子之進退（八章），而終於辯百里奚之自鬻（九章）；皆發明聖賢之心迹，以釋世俗之疑義。（頁5）

東發歸納、連貫各章爲一氣，孟子之旨意愈顯，啓示後學甚大。

東發論〈盡心上篇〉四、五兩章實可合而爲一。四章：「孟子曰：萬物皆備於我矣，反身而誠，樂莫大焉。強恕而行，求仁莫近焉。」而五章云：「孟子曰：行之而不著焉，習矣而不察焉，終身由之而不知其道者，眾也。」東發謂五章似承上章而言，以爲孟子本意是：「反身而誠」，上也；「強恕而行」，次也；行不著、習不察，由之而不知者，眾也。（頁6）孟子所謂眾，即指一般無知識之小民，宋・熊禾撰《標題四書》亦謂此二章連貫，而直指眾者爲下等人，云：

> 此章與上章通，言有此三等人，反身而誠，上也。強恕而行，次也。
>
> 此章實承上章，蓋下等人也。〔註55〕

按：東發、熊禾等所以有此說，蓋本朱子《孟子或問》。《或問》云：「反身而誠，蓋知之已至，而自然循理，所以樂。強恕而行，是知之未至，且恁把捉，勉強做去，少閒到純熟處便是仁。」又謂六章云：「方行之際，則明其當然之理，是行之而著；既行之後，則識其所以然，是習矣而察。」知之已至、未

〔註55〕見元・胡炳文《孟子通》卷一三，頁5引。

知與明察等語同類，均與求知有關；二氏說蓋受此啟發而來。是六章首「孟子曰」三字，乃後人所加。東發之說雖未有古本之證據，然於理似有可能，於學者之通讀《孟子》，亦有裨益也。

第二章　詩經學、尚書學與易學

一、詩經學

（一）論歷代詩學之派別

詩之起源甚早，詩之編集亦在孔子之前；左傳襄公二十九年（時孔子甫八齡），載季札在魯觀樂，已見有十五國風（曹風在鄶風之後）。至孔子復加董理，而成儒家之定本。〔註1〕先秦文獻若《論語》、《孟子》諸書中，皆有說詩之文，雖未必盡合詩之本旨，〔註2〕而詩學賴以興，詩之功用亦因是而廣被。既經秦火，漢興而有三家詩與毛氏傳；以詩為五經之一。詩學遂極一時之盛。永嘉亂後，三家之說漸微；至唐五經正義頒行，毛詩遂定於一尊，宋代僅存毛詩一家。東發分漢、唐以來之詩學為「說詩本文」與「去序言詩」二派，其說如下：

一、說詩本文派

毛傳簡奧，其義賴鄭箋、孔疏而明，東發云：

> 毛詩注釋簡古。鄭氏雖以禮說詩，於人情或不通，及多改字之弊，然亦多有足裨毛詩之未及者。至孔氏疏義出，而二家之義遂明。〔註3〕

〔註1〕本屈師翼鵬先生說，見所撰《詩經釋義》諸論四《詩經》之編集。
〔註2〕詳見屈師翼鵬先生〈先秦說詩的風尚和漢儒以詩教說詩的迂曲〉一文。
〔註3〕《日抄》卷四，頁1〈讀毛詩〉。按：下引《日抄》僅具頁數。

按：唐人說詩者不敢議毛、鄭，至宋而新義日增，〔註4〕仁宗時周堯卿（西元995～1045年）已揭其得失。《宋史》載其說，云：「其學詩以孔子所謂『詩三百，一言以蔽之，曰詩無邪』，孟子所謂『說詩者以意逆志，是爲得之』，考經指歸，而見毛、鄭之得失，曰：毛之傳欲簡，或寡於義理，非一言以蔽之也；鄭之箋欲詳，或遠於性情，非以意逆志也。是可以無去取乎？」〔註5〕其後不久，歐陽修撰《本義》所改正者百餘篇；嘗論毛、鄭云：「毛、鄭二學，其說熾辭辯，固已廣博；然不合於經旨，亦不爲少，或失於疏略，或失於謬妄。」〔註6〕南宋初林光朝（西元1114～1178年）直指鄭玄以禮說詩之失，至謂「難與論言外之旨」。〔註7〕東發論鄭箋，即繼此說也。

改字詁經爲鄭學通病，〔註8〕例如：小雅采薇「四牡騤騤，……小人所腓」之「腓」字，鄭謂當作「芘」。清·陳喬樅釋其說謂「此蓋從古文，以音近而假借之；芘，庇蔭也。」〔註9〕鄭說雖在申毛傳「辟（意謂避而不乘）」字之意，而難辭東發「改字乃鄭氏箋詩之大弊」（頁20）之批評。至清而陳喬樅有四卷《毛詩鄭箋改字說》，其說雖未盡當，而鄭氏改字之失，始廣爲學林所引爲鑑戒。

鄭箋以禮說詩，不合人情者，如召南采蘋詠祭祀有「誰其尸之？有齊季女」之句，鄭箋：「祭禮，〔註10〕主婦設羹。教成之祭，更使季女者成其婦禮也。」此本《禮記·昏義》爲說也，昏義云：「古者，婦人先嫁三月，祖廟未毀，教于公宮；祖廟既毀，教于宗室。教以婦德、婦容、婦功。教成之祭，牲用魚……」然按之《儀禮·少牢饋食禮》，薦祭品者爲主婦，非少女。鄭氏似亦知之，因曲爲之辭，謂主婦設羹，而使季女成婦禮云云，實乖情實也。

漢唐傳疏於詩學雖有存古說之功；然自宋人觀之，則往往致疑。理宗朝林希逸至謂「六經皆厄於傳疏」；於詩尤甚，（同註7）蓋宋人多重詩之大義，而視訓詁章句爲小道也。東發歷舉宋人發明詩本文者，云：

> 本朝伊川與歐、蘇諸公，又爲發其理趣，詩益煥然矣。（頁1）

此謂北宋詩學家數。程氏有《詩解》一卷，歐陽修有《本義》十六卷，蘇轍

〔註4〕《四庫提要》卷一五，頁12〈經部詩類一〉。

〔註5〕《宋史》卷四三二〈周堯卿傳〉。

〔註6〕《歐陽修全集·居士外集》卷一○，總頁432〈詩解統序〉。

〔註7〕林希逸序嚴粲《詩緝》引。

〔註8〕茲舉毛詩箋之外一例以證之，如：注《禮記·檀弓篇》孔子合葬父母「其慎也」云云，鄭氏改慎字爲「引」字。

〔註9〕見《毛詩鄭箋改字說》二，頁4～5。

〔註10〕禮字，原作「事」字，此從阮元所校改。

亦有《集傳》，今并存。三人皆能辨毛、鄭之得失，而自有創發者也。

南渡後，詩學略盛於前代，東發云：

> 南渡後，李迂仲（按：樗號）集諸家爲之辯而去之。南軒、東萊止集
> 諸家可取者，視李氏爲徑；而東萊之詩記獨行。岷隱（溪號）戴氏遂
> 爲續詩記。建昌段氏又用詩記之法爲集解；華谷嚴氏又用其法爲《詩
> 緝》；諸家之要者多在焉。（頁1）

李樗學於呂本中。〔註11〕其《毛詩詳解》，博取諸家，訓釋名物、文義，影響
呂氏從孫祖謙頗大。東萊宗詩序、毛、鄭說，留傳頗廣。足與之相埒者，厥
有朱子《集傳》。朱傳發理精到，措辭簡淨，爲說詩本文派之翹楚；然爲其去
序之論所掩，故東發入彼（詳下）不入此。戴氏謂呂氏於字訓章句已悉，而篇
意或有未貫，乃作《續記》以補之。實則，戴不甚主小序，立說不盡守《詩
記》也。至段昌武與嚴粲，亦博綜諸家，古注多賴以保存；而亦頗出己意。
凡上述諸家，《日抄・讀毛詩》均曾參稽，以定從違。

二、去序言詩派

詩序援引故實，分立美、刺，以寓風教之旨；然詩意多爲序說所掩。鄭箋、
孔疏又爲之疏通證明，後儒多從之，牢不易破。唐人僅成伯璵《指說》，多以己
意說經，不專依傍毛、鄭，然世鮮重之者。至宋，而學風丕變，不復墨守舊義，
《四庫提要》謂此由歐陽修啓之（同註4）。流風所及，如劉敞《七經小傳》、王
安石《新義》，均批駁毛、鄭；甚極，則至於攻擊詩序，而欲刪黜之。

考蘇轍僅依詩序首句說詩，〔註12〕及南渡初，學者則并首句而廢之。排
之最力者，厥有三家，東發云：

> 雪山王公質、夾漈鄭公樵，始皆去序而言詩，與諸家之說不同。晦
> 庵先生因鄭公之說，盡去美刺，探求古始。其說頗驚俗，雖東萊不
> 能無疑焉。（頁1）

鄭樵《詩辨妄》六卷久佚，近人顧頡剛由當時人周孚（紹興十八年進士）《非詩
辨妄》、舊題鄭樵《六經奧論》及諸家散引，輯錄若干條，略存其梗概耳。王
質《詩總聞》所刪，與朱子不盡合。東發嘗云：〔註13〕

> 王氏去序言詩，多無歸宿。（頁16）

〔註11〕《宋元學案》卷三六〈紫微學案〉。
〔註12〕《潁濱詩集傳》卷一，頁4～5。
〔註13〕《四庫提要》已先言之，見卷一五，頁18「詩總聞」下。

按：《四庫提要》論《詩總聞》云：「其冥思研索，務造幽深，穿鑿者固多，懸解者亦復不少。故雖不可訓，而終不可廢焉。」（同註 13）朱子《詩集傳》既去序之託言美、刺與比附史事者，而直探詩本義。後又併序為一編，逐一加以駁斥，可謂集反序派之大成。其與友人東萊為首之存序派，形成對壘。東發生於其後，折衷二派，歸乎平實，而有詩序不可盡廢之論出焉。

（二）論詩序存廢

一、小序之偏者

朱子《詩序辨說》嘗謂召南羔羊序有衍文、周南麟之趾序辭繁。〔註14〕其於召南摽有梅序「召南之國，被文王之化，男女得以及時也」之末句，亦覺「未安」；〔註15〕而未見有直指其文不辭者。東發出，始明指小序之偏者。如：〈鄭風·緇衣〉序云：

> 緇衣，美武公也。父子並為周司徒，善於其職，國人宜之，故美其德，以明有國善善之功焉。

「善善」一語，黃櫄《詩解》謂為父子相繼，積善有素之意。朱子曰：「武公有善，而天下善之。」〔註16〕二說不同。東發指其不辭，云：

> 序謂「明……善善之功」，本不成文；二說亦就其文而意之爾。（頁 10）

按：依一般文法習慣，除描寫事物之狀詞外，疊字之上字恒作動詞，其下字為名詞。「善善」、「善善之功」，不知其義究何指，東發駁之是也。

〈小雅·無將大車〉序云：

> 大夫悔將小人也。

將，扶進也；此意古書頗有之。《荀子》、韓詩亦主悔與小人相處之義。實則，三章皆與行役有關，戴溪云：「非悔將小人也；意未嘗及小人。力微而挽重，徒以塵自障而無益于行，猶憂思心勞而無益于事也。」朱傳亦謂此為「行役勞苦而憂思者之作」。二家蓋得之。東發以將字為動詞（率領也），並謂：

> 序言悔將小人，本不成文；蓋世有「將」三軍之說矣，安有將小人者哉？況詩亦初無悔用小人之意。合以上二說詳之。（頁 25）

按：東發斥序「悔將小人」為不辭之說雖可商，然詩之本義非如序所言者，

〔註14〕見頁 7。
〔註15〕同註 14，頁 8。
〔註16〕《日抄》，頁 10 引，此說不見於《詩集傳》、《詩序辨說》。

則無疑也。

　　又：〈小雅‧楚茨〉序云：

　　　　刺幽王也。政煩賦重，田萊多荒，飢饉降喪，民卒流亡，祭祀不饗，

　　　　故君子思古焉。

諸家多從之。呂東萊云：「楚茨極言祭祀所以事神受福之節，致詳至備。」是
以此爲詠祭祀之詩。東發從之，謂此與信南山等篇，始終皆稱美豐登祭祀之
盛，「無一毫幾微不滿之意」（頁25）。清人范家相《詩瀋》亦云：「刺幽之詩，
自節南山以下莫不悲憤疾苦，何此十篇（按：指楚茨以下十篇）樂易和平如此？」
〔註17〕說并是也。

　　〈鄭風‧溱洧〉有「維士與女，伊其相謔；贈之以芍藥」之語，賦男女
遊樂之風情，詩序却指爲刺亂，云：

　　　　兵革不息，男女相棄，淫風大行，莫之能救焉。

又：〈鄘風‧桑中〉詠男女相悅，有云：「期我乎桑中；要我乎上宮，送我乎
淇之上矣。」《禮記‧樂記》、《毛傳》、《鄭箋》均以此爲亡國之音。詩序謂刺
衛公室男女之奔也。呂氏《讀詩記》謂詩三百五篇皆雅樂，此二篇自亦是雅
樂。是呂氏不分風、雅，朱子駁其非，云：「雅、鄭二字，雅恐便是大、小雅，
鄭恐便是鄭風；不應概以風爲雅。」〔註18〕又謂二詩皆淫奔者所自作。〔註19〕
東發從朱駁呂，云：

　　　　其指桑中、溱洧爲鄭、衛之音，則其辭曉然；諸儒安得回護而謂之

　　　　雅音？（頁1）

東發本《史記‧孔子世家》而謂國風惟二南用之於燕饗，編入雅樂，自餘列
國變風未嘗被之樂也（頁7）；故有是說。姑不論詩之入樂與否，此二詩乃詠兒
女之情，絕非詩序所云也。

　　東發嘗謂治詩當以朱傳爲主（頁1），故《日抄》中論詩序之失，多本朱子
而益加闡發。除上述數例以外，又有下列諸條。〈鄭風‧狡童〉詩序云：

　　　　刺忽也；不能與賢人圖事，權臣擅命也。

忽即後之昭公。考《左傳‧隱公八年》：忽如陳逆婦媯，則是已娶正室矣，故桓
公六年與十一年二度辭婚。王質云：「鄭忽言行蓋亦近賢，不可以成敗論人，所

_____

〔註17〕卷一三，頁10。

〔註18〕《朱子大全》卷三四，頁24〈答呂伯恭書〉。

〔註19〕《詩序辨說》，頁14～15，又頁24。

謂『狡童』，當有他人當之，非謂忽也。」朱子謂此詩爲男女戲謔之辭，〔註20〕又云：忽之辭昏，未爲不正。有〈女同車〉、〈山有扶蘇〉、〈蘀兮〉、〈狡童〉四詩，皆非刺忽。（頁11引）按：此乃女斥男相愛不終之詩，朱子戲謔之說近之。朱子更辨〈詩序〉說鄭風多誤，云：

> 大抵序者之於鄭詩，凡不得其說者，則舉而歸之於忽。文義一失，
> 而其害於義理有不可勝言者。（同註20）

其說甚是。故東發贊其與王氏之說，爲「不惑於繼序講詩〔註21〕之說者也」（頁11）。

　　〈小雅・甫田〉、〈大田〉諸篇，〈詩序〉均謂刺幽王。朱子不以爲然，辨〈甫田〉序云：「此序專以『自古有年』一句生說；而不察其下文『今適南畝』以下，亦未嘗不有年也。」又辨〈大田〉序云：「此序專以『寡婦之利』一句生說。」〔註22〕〈詩序〉截詩一二句取義，朱子洞察其非；東發然之，云：

> 若謂甫田、大田諸篇，皆非刺詩：自今讀之，皆藹然治世之音。（頁1）

〈大雅・行葦〉有「曾孫維主，酒醴維醹，酌以大斗，以祈黃耇。」〈詩序〉云：

> 行葦，忠厚也：周室忠厚，仁及草木，故能內睦九族，外尊事黃耇，
> 養老乞言，以成其福祿焉。

序蓋以「養老乞言」釋詩之「以祈黃耇」。實非是。朱傳疑此詩爲祭畢而燕父兄耆老也。因辨序之失，云：「此詩章句本甚分明；但以說者不知比興之體、音韻之節，……而碎讀之，逐句自生意義。……但見『勿見行葦』，便謂仁及草木；但見『戚戚兄弟』，便謂親睦九族；……但見『以祈黃耇』，便謂乞言。……隨文生義，無復倫理。諸序之中，此失尤甚。」〔註23〕朱子以前諸儒解詩，固多從〈詩序〉；朱子之後，其俗未改，東發因嘆曰：

> 俗見傳染，難回如此！（頁31）

東發辨詩序之謬，有一條足補朱子之未備。魯頌、駉〈詩序〉云：

> 頌僖公也：僖公能遵伯禽之法，儉以足用，寬以愛民，務農種穀，

〔註20〕同註19，頁22。
〔註21〕詩字，詩本《日抄》均作「師」，疑當作「詩」字。
〔註22〕同註19，頁39。
〔註23〕同註19，頁44。

牧于坰野。魯人尊之，於是季孫行父請命于周，而史克作是頌。

〈詩序〉言之鑿鑿，朱子辨云：「此序事實皆無可考」。東發詳考其事之無稽，云：

> 行父，文公六年如陳、如晉，至襄公五年卒，其見於經者凡五十四年，使行父壽踰七十，計其在文公時，年方弱冠。僖公者，文公之父也；行父安得迨事僖公而爲之請命于周？若史克又後行父十年，方見於經，恐亦未必迨事僖公也。（頁35）

此辨季孫行父、史克不與魯僖公同時。此其一。東發又謂：

> 魯頌，非商、周郊廟之頌也。（頁35）

按：魯頌四篇皆頌美時君之詩，〈詩序〉雖可從；而〈駉〉與〈有駜〉之風格，則似風而不似頌，東發說是也。且季札觀樂時，僅謂周頌，而無魯、商之分，知魯頌蓋本非頌詩，其所以爲頌者，鄭玄以爲乃孔子所編入。東發亦云：

> 臣子祈其君，而後世序詩者加「頌」之名，以代列國之所謂美耳。
> （頁35）

其說新穎可喜。此其二。合此二說，東發因斥序，云：

> 此詩作於誰而請之也？謂作於僖公，僖公不應自頌其美；謂作於臣子，臣子不應專達於朝。然則，序詩者之言，特未可知也。（頁35）

東發長於春秋，又深思明辨，故能度越朱子而明此序之誤也。

二、小序不可盡廢說

小序雖有穿鑿附會，顛倒美刺之說，而亦不可盡廢。朱傳等書嘗採其可取者，如：〈唐風・綢繆〉之首章云：「綢繆束薪，三星在天，今夕何夕？見此良人。子兮子兮，如此良人何！」序云：

> 刺晉亂也；國亂則昏姻不得其時焉。

張載、朱子、呂東萊皆從之。朱傳：「國亂民貧，男女有失其時。而後得遂其婚姻之禮者，詩人……既又自謂曰：子兮子兮，其將奈此良人何哉！喜之甚，而自慶之詞也。」東發亦從之（頁12）。按：尋繹詩句，此說實是，清人魏源《詩古微》亦云：「此蓋亂世憂昏姻之難常聚。」是皆以小序可從也。

東發說明小序之不可廢，云：

> 夫詩非序莫知其所自作，去之千載之下，欲一旦盡去自昔相傳之說，別求其說於茫冥之中，誠亦難事。（頁1）

〈詩序〉究爲何人所撰，雖諸說紛紛，至今莫之能定，然大抵爲漢人作品，

去古猶未遠，所說亦偶有得之者。故吾人若盡去序不觀，唯求詩義，則將如海裏撈針，茫無頭緒；馴至事倍功淺，易於穿鑿。此蓋蘇轍《集傳》不得不存其首句，亦東發調協存序與去序二派之用心所在也。

三、大序之疑點

　　唐初陸德明引舊說謂〈詩序〉自「關雎，后妃之德也」至「用之邦國焉」為小序；自「風，風也」，訖篇末為大序。此所謂大、小序原為一篇之書，皆關雎之序；由釋關雎一詩之義，因論及三百篇大旨，如：詩何以作與詩之作用、六義、變風、變雅及四始等問題，末復言關雎。次序頗為錯亂。朱子撰《辨說》，為易置其次，以「詩者，志之所之也」至「是謂四始，詩之至也」為大序。而別取其首、末言關雎者，以為關雎之序，謂之小序。東發論朱子此舉之是非，云：

> 於義正矣；而非復古人之本文。（頁2）

東發以為古昔之說不可廢，故不妄改舊文，意在並存新、舊，使學者自行判斷。故於大學，即先錄古本，繼附以朱子改本；於〈詩序〉亦主嚴粲《詩緝》之法，云：

> 嚴華谷依本文，而逐章各疏其所以然。讀者且合從嚴氏。（頁2）

東發生於南宋晚葉疑古甚而變古風氣大盛之時，而有此種正確、開明之見解，洵屬難得！

　　東發論大序之內容有二失。序云：

> 至于王道衰，禮義廢，政教失，國異政，家殊俗，而變風、變雅作矣。國史明乎得失之迹，傷人倫之廢，哀刑政之苛，吟詠性情，以風其上，達於事變，而懷其舊俗者也。

是謂詩作於國史。東發謂國史掌書不掌詩（頁2）。不煩密論細考，而其失已判矣。

　　又：大序云：

> 樂得淑女，以配君子；憂在進賢，不淫其色。哀窈窕、思賢才，而無傷善之心焉。

是以「淫」指色而言，「傷」指善而言。東發斥其說不合孔子意，《論語·八佾篇》云：「關雎，樂而不淫，哀而不傷。」東發引朱子註此章，云：

> 淫者，樂之過。傷者，哀之過。

是依孔子之意，明詩人得性情之正，不淫亦不傷；〈詩序〉謂「不淫其色」，謂「無傷善之心」者，誤矣（頁2）。因引朱子之論，云：

序者乃析哀樂、淫傷各爲一事，而不相須，則已失其旨矣。至以傷

爲傷善之心，則又大失而全無文理也。〔註24〕

（三）黃氏解詩之態度與方法

一、態　度

《日抄・讀毛詩》一卷，凡百七十六條，綜採《毛傳》以來之說，而折衷於朱子，意在補朱註也；然又云：

學者當以晦庵詩傳爲主，至其改易古說，間有於意未能遽曉者，則

以諸家參之，庶乎得之矣。（頁1）

因此，東發於卷中亦頗採時人之說，并方俗遺義，務求其是。上節述東發不盡廢〈詩序〉，已見其論點之客觀矣；此述其於朱子說之取捨，又見其學之有本源，而不爲門戶之見所拘。蓋有師承始可入學術堂奧；不主一家，乃得博雅之資也。

東發具有此種正確而客觀之治詩態度，於誇張、不合情理之說，見即評斥。誇張之說，如：詩小序盡以美、刺括三百篇之旨；東發非之也。東發反對說詩之不合情理者，如：〈齊風・東方之日〉乃情歌之屬，詩中言男女約會，有「東方之日兮」、「東方之月兮」之句。毛、鄭及呂氏諸家以日比人君，以月比人臣；東發謂詩中無此意。且詩又言晝來（首章）夜去（次章），與君臣無關。戴溪因謂：「男女相奔，不夙則莫。日出，早也；月出，莫也。」東發贊此說「爲近事情」（頁11）而從之。

東發治學持闕疑之態度。〈秦風・駟鐵〉末章云：

遊於北園，四馬既閑。輶車鸞鑣，載獫歇驕。

《毛傳》以「歇驕」爲田犬之短喙者。王質疑二字不從犬，非犬類。戴溪謂「載獫歇驕」句，意爲田犬休息。嚴粲直謂田犬無短喙者，因釋此章，云：

田事已畢，遊于北園，……載田犬之獫，歇其驕逸：謂休其足力也。

東發歷述古註及王、戴、嚴氏之說，云：「未知然否」（頁14），不之臆斷焉。

二、方　法

《詩經》，爲人人童而習之之書，而其義頗難盡明。清人皮錫瑞嘗列其故有八，因論及古注古說取捨之難。〔註25〕斯言信然。東發曾論採擇舊說之法，

〔註24〕同註19，頁4，又：朱鑒編《詩傳遺說》卷四，頁3周謨所錄，亦有此條。

〔註25〕《經學通論》第二冊《詩經》，頁1

立其標準曰平易，曰能照顧文勢。前者，如：〈魏風・碩鼠〉，〈詩序〉謂刺重
斂也；固是。而又謂：「國人刺其君重斂，蠶食於民，……貪而畏人，若大鼠
也。」以大鼠喻魏君，則求之過深矣。嚴粲以大鼠喻聚斂之臣，已覺平易；
東發謂朱子說尤為平易，朱子以碩鼠喻暴政，云：

> 民困於貪殘之政，〔註26〕故託言大鼠害己而去之也。（《詩集傳》）

是也。

後者，如〈大雅・大明〉首章云：

> 明明在下，赫赫在上。……

《毛傳》：「文王之德明明於下，故赫赫然著見於天。」東發以為非是，云：

> 此詩至中間方說文王爾。（頁29）

因以為嚴粲之說得之，嚴氏云：「首章專述天命喪殷之事也，故首二句泛言天
人之理：明明在下，君之善惡不可掩也；赫赫在上，天之予奪為甚嚴也。……
天人相與之際，甚可畏也。」是《詩緝》能照顧詩之前後文勢也。又：〈大雅・
假樂〉，毛鄭皆分四章，章六句。至戴溪與嚴粲則分四句為一章，東發贊其分
法，謂於「文義甚明」（頁31）。按：其說是也，蓋「保右命之，自天申之；干
祿百福，子孫千億。」之後二句所以釋前二句也。而「受福無疆，四方之綱；
之綱之紀，燕及朋友。」舊說強分為二，則上下不連貫；且下二句與其下言
百辟卿士者不屬也。

至注解有於上下經不協者，東發斥之，如：〈衛風・竹竿〉云：

> 淇水滺滺，檜楫松舟；駕言出遊，以寫我憂。

「駕」字，眾說皆以為泛舟，由上文而知；獨《詩緝》以為駕車，東發斥嚴
氏之說與上下不協（頁8）。是也。

解詩有二難，即字義有古今之異，制度風俗亦然。以今律古，不明其本，
皆非詁詩之道。東發解詩頗能致力於古今異同之辨。如：〈小雅〉有魚麗之詩，
後世有魚麗之陣，魚入其中，無得而脫。東發謂其義乃取此詩「魚麗于罶」
之典，以名行陣者，謂：罶者，曲薄；以曲薄為笱，承魚梁之空；非謂古
即有五陣，每陣各有五人之魚麗陣也。（頁21）此謂古無而今有之制。又如：〈斯
干〉「載弄之瓦」，《毛傳》：「瓦，紡塼也。」清陳奐疏云：「紡即絲。紡塼所
以持絲，以瓦為之。」東發云：

> 今所見紡無用磚（塼）者，而瓦亦與磚為二物。嘗見湖州風俗，婦人

〔註26〕同註19，頁26。

皆以麻線爲業，人各一瓦護膝，而索麻線於其上，歲久瓦率成坎。

古亦豈（按：豈，意爲或殆）有此事，而詩人因指之歟！（頁24）

東發借後代織麻以瓦護膝，以推測古時蓋有其事；惟古以治絲，此以治麻耳。按：說文：「瓦，土器已燒之總名。」馬瑞辰《毛詩傳箋通釋》引《說苑・雜言篇》及廣韻「䖀」字下云：「一曰：䖀，紡甎。」，證斯干之瓦即以陶土所製紡縳，用以撚線者。此與東發所說相近似。

〈南有嘉魚〉之詩，《毛傳》以嘉爲地名，所產魚曰嘉魚。東發從王質說，謂漢中沔南產魚味甚美，後世好事者「遂名其魚曰嘉魚，……又名其縣爲嘉魚縣。」（頁22）又：〈商頌・那〉，乃祀成湯者。詩中有「湯孫」之語，諸家皆以爲指時王之主祭者，亦即宋襄公。是也。唯戴溪以爲指商之先王，蓋謂主祭時王不應自誇曰「於赫湯孫，穆穆厥聲」也。東發斥其說，云：

然下文云：「湯孫之將」，則先王〔豈〕自奉祭神耶？樂以悅神，故曰：「於赫湯孫，穆穆厥聲」，以侈言其樂美。……以悅神，非自誇。〔註27〕武王〔祀〕山川〔也〕，自稱「有道曾孫」；古人初無後世之嫌，直以契合神心而已。（頁35～36）

此說確當不可移易。

至古今字義之異，東發舉〈衛風・芄蘭〉「能不我甲」一語爲例。甲，韓詩、《毛傳》作「狎」，呂東萊云：「但能不我親狎；妄自尊大而已。」東發從之。唯程、朱等則以甲爲君長，不釋爲親狎。東發謂彼等諱言狎者，以狎爲不美之稱也。因釋其疑，云：

此非褻狎之狎，乃親狎之狎，正謂惠公驕傲而言，不當以文害辭。

（頁8）

按：此依《詩序》謂刺惠公，雖未詳是否，而釋狎字則甚是。東發〈讀論語〉「子罕言利」章，亦對世人以「利」爲不美字一事，解疑釋惑，謂合於義之利，仍有可取，不可因噎廢食而諱言之。〔註28〕其說與此相類。

（四）詩經問題論辨

一、論華黍六詩本無其辭

〈小雅・南陔〉、〈白華〉、〈華黍〉（鹿鳴之什）與〈由庚〉、〈崇丘〉、〈由儀〉

〔註27〕有〔〕號之豈、之、也字，原漏刻，茲據明本《日抄》補。
〔註28〕《日抄》卷二，頁10。

（南有嘉魚之什）等六首詩，自漢以來即無其辭。《毛傳》謂其「有其義而亡其辭」，〈詩序〉、鄭箋、孔疏因之。至宋，而有本有其辭與本無其辭二說。茲略述如次：

（一）本有其辭說

呂東萊引張氏曰：「人或言亡詩六篇，古無其詩；既無其詩，安得有此篇？必是〔本〕有其辭；所以亡者，良由施之於笙，非若歌之可習。」〔註29〕又云：「國語叔孫穆子聘晉，伶簫詠歌鹿鳴之三。鹿鳴三篇既可與簫相和而歌，則南陔以下，豈不可與笙相和而歌乎？」〔註30〕此外，嚴粲亦云：「樂以人聲為主，人聲即歌之詩也。若本無其辭，則無由有其義矣。序本因其辭以知其義；後亡其辭，則惟有序所言之義存耳。」〔註31〕

綜合諸說，其論據謂本有其辭，方能知其義；否則，若《毛傳》、〈詩序〉等言其義者，皆為杜撰矣。

（二）本無其辭說

劉敞據《儀禮·鄉飲酒禮》、〈燕禮〉等，以為笙詩有歌無辭，黃櫄《集解》從之。王質又引唐樂為例，謂其上柱、鳳雛、平調、清調、瑟調、平折與命嘯七曲，皆有聲無辭。〔註32〕朱子云：「南陔以下，今無以考其名篇之義；然曰笙、曰樂、曰奏，而不言『歌』，則有聲而無辭，明矣。」〔註33〕此說大抵據《儀禮》謂六詩為笙詩，而笙詩則本無辭也。

東發主本無其辭之說，其駁東萊引《國語》用簫歌鹿鳴，與《儀禮》以笙歌六詩者不同，不可相互比類，云：

> 《國語》言歌，則鹿鳴三篇有辭之可歌也。《儀禮》不言歌，則南陔
> 六詩，無辭之可歌也。此不足疑也。（頁21，下同。）

復謂「亡」字古即「無」字，非亡佚之亡，云：

> 古者，「亡」即「無」字，如：夷狄之有君，不如諸夏之亡。是亡即
> 無字也。亡其辭之說出於毛公，毛公，漢人，漢世以亡為無。王雪
> 山云：西漢亡一人之獄。是也。

〔註29〕見卷八，頁1。
〔註30〕同註29，卷一八，頁2。
〔註31〕《詩緝》卷一七，頁42。
〔註32〕見《毛詩集解》卷二○，頁22，《詩總聞》卷一○，頁4。
〔註33〕同註19，頁34。

此說甚是。其駁嚴粲有辭方有義，辭亡義存之說，云：

> 古之樂章，今之琴譜類也。琴譜有操、辭具存者，鹿鳴之詩之歌也；
> 有徒存其譜，而無辭曲之可歌者，如：長清、短清與長側、短側之
> 類；雖無其辭，未嘗無其義也。此亦不足疑也。

按：鄭注〈燕禮〉「笙入，立於縣中。奏南陔、白華、華黍。」句云：「以笙播
此三篇之詩」。又注〈鄉飲酒禮〉云：「笙，吹笙者也；以笙吹此詩以爲樂也。
今亡，其義未聞。」又注同篇「乃間歌魚麗、笙由庚；歌南有嘉魚，笙崇丘；
歌南山有台，笙由儀」句，云：「間，代也；謂一歌則一吹。」鄭氏既謂之播，
謂之吹、又曰「今亡」，是謂此六詩蓋有樂而無辭也。〔註34〕夏炘以爲鄭注〈燕
禮‧鹿鳴〉、〈四牡〉等十二詩皆用序義，獨於笙詩曰「其義未聞」，「蓋深以六
笙詩之序爲不然也。」〔註35〕說似可從。《毛傳》、〈詩序〉等既謂「亡其辭」，
而又能言其義，不知何所本。後世今文家謂六笙詩乃劉歆僞託，洪邁以爲樂工
所歌，姚際恒則謂「作序者所妄入」，〔註36〕皮錫瑞從洪邁說，以爲漢初以前人
僅云詩三百五篇，無謂三百十一篇者，是不數六笙詩也。〔註37〕說雖有可商，
而皆意謂六詩本無其辭也。

二、論周公無避居東都事

〈豳風‧七月〉，詠豳地風土人情。〈詩序〉云：「陳王業也；周公遭變，
故陳后稷先公之所由，致王業之艱難也。」鄭玄釋「周公遭變」一語，謂指
「管蔡流言，辟居東都」。此蓋據《尚書‧金縢》也。〈金縢〉謂武王崩，「管
叔及其群弟流言於國，曰：（周）公將不利於孺子（按：指成王）。周公乃告二公，
曰：我之不辟，我無以告我先王。周公居東二年，則罪人斯得。于後，公乃
爲詩以貽王，名之曰鴟鴞。」按：鄭玄釋「辟」字爲避，故有此說。〈金縢〉
爲春秋末戰國初以來人述古之作。〔註38〕《僞孔傳》謂居東指東征，東發以
爲是也（頁18）。經文惟言居東，不知居在何處，王肅云：「東，洛邑也。」（《孔
氏正義》引）按：孔穎達《尚書正義》尚據〈金縢〉經文申說，其《毛詩正義》
則反對鄭箋，云：「周公避居東都，史傳更無其事。……鄭讀（〈金縢〉）辟爲避，

〔註34〕洪邁《容齋續筆》卷一五總頁145〈南陔六詩〉條已略言之。其云六詩無辭不
可歌，故以笙吹之也。
〔註35〕《讀詩筍記》卷一，頁17。
〔註36〕《詩經通論‧儀禮‧六笙詩節》。
〔註37〕《經學通論》第二冊詩，論南陔六詩與金奏三夏不在三百五篇之內。
〔註38〕屈師《詩經釋義‧豳風‧鴟鴞》解題。

故為此說；案鴟鴞之傳，言寧亡二子，則毛無避居之義，故毛讀辟為辟。」
東發本《毛傳》、孔氏《毛詩正義》，駁斥鄭氏、王氏說，云：

> 註傳無避去之事，而此時周家亦未有東都。（頁16）

按：說文「辟，治也。周書曰：『我之不辟』。」「辟」若為「辟」之借字，則
周公無避居事，此為一輔證。又：東山詩有「自我不見，于今三年」之句，〈詩
序〉謂周公東征三年，鄭箋本之，云：「成王既得金縢之書，親迎周公，周公
歸，攝政。三監及淮夷叛，周公乃東伐之，三年而後歸耳。」是以為公避流
言二年，又東征三年也。東發不以為然，云：

> 書云：「周公居東二年，則罪人斯得，未見有歸後再出東征之次第；
> 若居東是避流言，則「罪人斯得」，亦不當即繼於「居東二年」之
> 下。……不知鄭氏何據而有此說。〔註39〕

又云：

> 居東二年，而罪人斯得，是即東征之役也。若止避地，何云：「罪人
> 斯得」耶？必如鄭說，居東避地者二年，其往來已及三年，既歸而
> 後，三監叛，既叛而後出東征，又復三年，如此則周公攝政七年之
> 間，無非奔走道塗之日，更於何時輔成王致太平，而制禮作樂耶？
>
> （頁18～19）

附錄一：《詩傳折衷》志疑

歷來學者皆知朱子有《詩經集傳》，排擊詩小序；其書成於朱子六十歲之
前，吳必大錄朱子年五十九、六十時語，云：

> 某向作詩解文字，初用小序，至解不行處，亦曲為之說；後來覺得
> 不安。第二次解者，雖存小序，間為辨破，然終不見詩人本意。後
> 來方知只盡去小序，便自可通；於是盡滌舊說，詩意方活。〔註40〕

此為《詩集傳》成後語；所言用小序者，乃朱子之初說，呂祖謙〈家塾讀詩
記〉多用之，即題「朱氏曰」云云者。朱子於《詩集傳》屢有改定，如於《四
書集注》然。其〈答李公晦書〉，云：

〔註39〕《日抄》卷五，頁7〈讀尚書・金縢〉。
〔註40〕《朱子語類》卷八〇總頁3373。

　　　　說詩近修得國風數卷，舊本且未須出，甚善。〔註41〕
此書，清・王懋竑編《朱子年譜》定在甲寅，朱子年六十五後。然終朱子之
世，未聞有《詩傳折衷》之作；徧考歷來書志典籍，亦皆無之。其書獨見徵
引於《黃氏日抄》，計凡六條，謂「書坊詩傳折衷」（詳下）。蓋爲其時書賈所
編，其人當爲宗呂氏詩學者也。

一、由日抄所引，推測詩傳折衷為宗呂祖謙之學著所編

　　《日抄・讀毛詩》引有《詩傳折衷》六條，至可寶貴。此六條均屬解說
國風部分；詳考其說，乃與呂氏之說相合或相近。茲論之於下：

（一）周南・卷耳

　　〈詩序〉云：「卷耳，后妃之志也。又當輔佐君子求賢審官，知臣下之勤
勞。……朝夕思念，至於憂勤也。」呂氏《讀詩記》本此而說之云：

> 　夫婦一體也。……好善之志，……體群臣之志，則不可不同也。……
> 　我姑酌彼金罍，維以不永懷，……后妃之志如此，王者斯能體群臣
> 　矣。

呂氏所引朱子初說亦同；是皆以婦人預外事也。至朱子《詩序辨說》謂序首
句得之，餘則傅會之言。其《詩集傳》主婦人不預外事之說（本歐陽修《詩本義》），
因疑此詩爲后妃懷文王而作。朱、呂二說不同，《詩傳折衷》同呂說，東發云：

> 　書坊《詩傳折衷》有晦庵新說，……以爲后妃之志。（頁2）

（二）召南・羔羊

　　〈詩序〉云：「羔羊，鵲巢之功致也。召南之國，化文王之政，在位皆節
儉正直，德如羔羊也。」孔穎達正義謂卿大夫羔裘。呂氏注序「德如羔羊」
句，云：「如羔羊之詩也。」意謂在位者之德稱其服也。又引朱子初說，并《詩
集傳》之說皆同。此一說也。朱子《詩序辨說》則指「在位皆節儉正直，德
如羔羊」句爲衍文。此又一說也。《黃氏日抄》引《詩傳折衷》，云：

> 　折衷新說曰：「大夫羔裘而居，德稱其服，亦如羔羊爾。」（頁3）

此則似爲呂氏《讀詩記》作注矣。

（三）邶風・二子乘舟

　　〈詩序〉：「二子乘舟，思伋、壽也。衛宣公之二子爭相爲死。國人傷而
思之，作是詩也。」鄭箋詳述此可歌可泣之事，云：「宣公爲伋取於齊女而美，

〔註41〕《朱子大全》卷五九，頁15。

公奪之，生壽及朔。朔與其母愬伋於公。公令伋之齊，使賊先待於隘而殺之。壽知之，以告伋，使去之。伋曰：『君命也，不可逃。』壽竊其節而先往，賊殺之。伋至，曰：君命殺我，壽有何罪？賊又殺之。」呂氏〈讀詩記〉罪責二人陷父於不義，死非其所。朱子《詩集傳》則予以同情，引《史記・衛世家》云：

> 宣公之死，以婦見誅，弟壽爭死以相讓，……惡傷父之志。然卒死亡，何其悲也！

而《折衷》則無所寬憫於壽，與呂氏說同，東發引之，云：

> 折衷新說……云：壽無救於兄，而重父之過。（頁6）

（四）鄘風・柏舟

〈詩序〉：「柏舟，共姜自誓也。衛世子共伯蚤死，其妻守義；父母欲奪而嫁之，誓而弗許，故作是詩以絕之。」朱子之說（含初說、《詩集傳》與《詩序辨說》）從之。謂共姜誓不再嫁。《史記・衛世家》所載與〈詩序〉不同，呂氏引之而辨武公未有弒奪之事。《史記》略謂周宣王四十二年釐侯卒，太子共伯立；共伯弟和襲攻共伯於墓上，共伯入釐侯墓道而自殺，和自立為武公。呂氏謂《史記》武公在位五十五年，《國語》又稱武公年九十有五，猶箴誡于國。是計其初即位，其齒蓋已四十餘矣；又共伯長於武公，則共伯被殺時，年壽當近五十。如此，則共伯不得謂「髧彼兩髦」，亦不得謂之早死，故知武公未有弒奪之事。《詩傳折衷》說亦相似，東發云：

> 折衷疑武公賢君，未必有弒奪之事；《史記》未可據。（頁7）

折衷謂武公賢君，乃據〈衛世家〉武公修康叔之政與佐周平犬戎等為說，以為有才必有德也。此其一。其謂《史記》不可信，乃本後出之〈詩序〉、鄭箋而為說也。此其二。合此二說，可證呂氏與折衷之說仍未必可信；唯二者若合符契，則可知也。

（五）王風・采葛

呂氏引〈詩序〉，云：「采葛，懼讒也。」又引《毛傳》云：「興也。葛所以為絺綌也；事雖小，一日不見於君，憂懼於讒矣。」是以采葛為去君側，故懼讒也。東發辨其謬，云：

> 特采葛非人臣之事，於事情未通。（頁10）

《詩集傳》以為賦體，並云：「采葛所以為絺綌，蓋淫奔者託以行也。故因以指其人，而言思念之深，未久而似久也。」（《詩序辨說》同）是以為男女相思之

詩。甚是。《詩傳折衷》亦從古說，以采葛比聽讒。

（六）唐風・無衣

《詩序》謂此詩美晉武公，云：「武公始并晉國，其大夫爲之請命乎天子之使，而作是詩也。」呂氏從其說。按：晉武公之事見《左傳》桓公八年、莊公十六年與《史記・晉世家》等處。武公名稱，立爲曲沃武公，殺晉哀侯與小子侯，立緡爲晉侯。晉侯二十八年，伐晉而滅之，「盡以其寶器賂獻于周釐王」（〈晉世家〉語），釐王命爲晉君，列爲諸侯。此詩蓋述其請命之意。朱子《詩集傳》責之云：「武公既負弑君篡國之罪，……無以自立於天地之間，故賂王請命，而爲說如此。然其倨慢無禮，亦已甚矣！」是朱子斥〈詩序〉美之之說，其《詩序辨說》措辭尤爲峻嚴，云：「以是爲美，吾恐其獎姦誨盜，而非所以爲教也。小序之陋固多，然其顛倒順逆，亂倫悖理，未有如此之甚者。故予特深辨之，以正人心，以誅賊黨。……因以附於春秋之義云。」

反觀所謂《詩傳折衷》，則頗予寬假，《日抄》引之云：

> 武公，篡逆之人，……王法所當誅。然此詩美之，而孔子錄焉，何也？曰：當是時天下無主，僭竊禮樂，何所不至，非復知有王命也。請命之大夫獨能推明諸侯之命服，出於上則安，是不以小善爲無益而不爲；亦所以見王命之尊嚴，爲天下後世法也。（頁13）

此段前半尚與朱子說無異，自「請命之大夫」以下，用以說明孔子不刪此詩之證，則有故作調人，依違兩可之嫌。呂氏《讀詩記》云：

> 是詩之作，乃其中心誠有所大不安也。……仲尼錄之，所以見秉彝之不可殄滅，而王綱之猶可舉也。（《呂東萊文集》卷一五〈詩說拾遺說〉同。）

試覘折衷「孔子錄焉」，與呂氏「仲尼錄之」等語，二者如出一手，其故蓋可思矣。

上述折衷六條，既皆可證其說與呂氏說詩相合或相近，則折衷乃宗呂氏學者所編，殆無疑義。

二、宗呂祖謙學者編纂《詩傳折衷》用意蠡測

兩宋學術，雖至朱子而集大成，然朱子同時，則有呂、陸（九淵）與之鼎足；朱、陸分庭於理學，朱、呂別涇渭於說詩。呂氏終身宗毛、鄭、詩序，朱子晚年盡去美刺，取資絕少，因常非駁呂氏之說，如評其解詩之法，云：

伯恭說詩太巧，亦未必然。古人直不如此；今某說皆直靠直說。
〔註 42〕

朱子與呂氏論〈詩序〉之得失，既見於《詩序辨說》〈鄘風・桑中〉序，同序又與論詩非皆雅樂，因判鄭衛諸國變風爲淫人自作。〔註 43〕至呂氏所引朱子之初說，朱子爲作後序時，即表明係「少年淺陋之說」而呂氏誤取者。要之，二氏於〈詩序〉之去取不同，故往復爭辯，朱子云：

> 《東萊詩記》却編得子細，只是大本已失了，更說甚麼？向嘗與之論此，……渠却云：安得許多文字證據？某云：無證而可疑者，只當闕之，不可據序作證。渠又云：只此序便是證。某因云：今人不以詩說詩，却以序解詩，是以委曲牽合，必欲如序者之意，寧失詩人之本意不恤也。此是序者大害處。〔註 44〕

呂氏氣度寬宏，不非毀人，故其文集中未有此類記載，蓋以爲彼我異趣，亦各從所好耳。

呂氏甫歿，即有起而與朱子抗衡者，如：嚴粲之修正呂氏遺意，取序首句，敷衍其說而成《詩緝》三十六卷。又：戴溪亦託《續記》之名，自立其說；其書凡三卷，亦在修正呂說也。至於反序派於朱子身後，則變本加屬，衍爲黜棄詩序，甚而改經（如：王柏《詩疑》）。凡此皆矯枉過正，有識者憂。《詩傳折衷》當爲此種風氣之反動。其編纂者蓋有感於朱、呂二派齗齗爭訟，未若返於〈詩序〉，而加以折衷；其說所以多與呂氏合者在此。

二、尙書學

《尙書》以有今、古文之分及解說之異，諸說紛紜，於緒經中最爲難治。唐孔穎達等據《僞孔傳》作正義；《古文尙書》與《僞孔傳》遂定於一尊。影響所及，至於宋初，學者率守僞孔及正義之說。仁宗慶曆以還，經學漸變，由不滿舊日傳註，〔註 45〕進而疑經、辨僞，甚至刪改經文，尙書之學於焉大變。其平實之作，則以蔡沈《書集傳》爲著，東發云：

〔註42〕同註95，總頁3384。
〔註43〕此意又見於《朱子大全》卷三四〈答呂伯恭書〉，卷七〇〈讀呂氏詩記・桑中篇〉。
〔註44〕同註40，總頁3359～3360。
〔註45〕吳曾《能改齋漫錄》卷二，頁10。

　　經解，惟書最多。至蔡九峰參合諸儒要說，嘗經朱文公訂正。其釋
　　文義，既視漢唐爲經；其發指趣，又視諸家爲的。書經至是而大明，
　　如揭日月矣。〔註46〕

按：蔡沈嘗隱居福建建陽九峰山，故學者稱「九峰先生」。朱子晚年訓解諸經
略備，獨書未及爲，環視門下士，求可以書注託付者，遂以囑九峰。〔註47〕
蔡傳自序云：「慶元己未（五年）冬，先生文公令沈作書集傳。明年，先生歿。
又十年，始克成編。」其書考舊序之誤，訂諸儒之說，又能獨抒己見，東發
所言，誠非溢美之辭也。

　　然學如積薪，後來居上；東發博學深思，既能闡蔡說之長，又能匡其誤
而補其闕。《日抄・讀尚書》一卷，所以爲學林所重者在此。

（一）闡蔡傳之長

一、辨別錯簡

　　〈康誥〉，書序以爲成王告康叔之書，《史記・殷本紀》以下諸家從之。
至宋，吳棫、胡宏《皇王大紀》、朱子及王柏等，始證其原爲武王之誥。〔註
48〕蔡氏從朱子之說，篇首「惟三月哉生魄」至「乃洪大誥治」四十八字，蘇
軾謂爲雒誥之文，當在「周公拜手稽首」之前。〔註49〕洪邁《容齋續筆》及
蔡傳皆本之。〔註50〕

　　後代治《尚書》學者，受此啓示，亦多以爲此四十八字爲錯簡，而說法
各有不同，如：金履祥《尚書表注》、毛奇齡《尚書廣聽錄》，以爲當在梓材
篇；吳澄《書纂言》、陳櫟《書蔡氏傳纂疏》，以爲應在召誥；方苞《望溪集・
讀尚書》謂原當在多士篇首；吳汝綸《尚書故》則以爲係大誥末簡。屈師翼
鵬先生《尚書釋義》總論諸家云：「諸說紛紛，似皆未的；然係他篇之錯簡，
而非康誥之文，則灼然可信也。」東發從蔡傳，以爲其說使本篇文意大白，
遂以「卓識」二字許之（頁8）。

　　〈梓材篇〉，蔡傳以爲乃武王誥康叔之書，而簡編斷爛，文多不類。其說

〔註46〕《日抄》卷五，頁1〈讀尚書〉。以下所引《日抄》皆在本卷，故僅註明頁數。
〔註47〕《宋元學案》卷六七，頁1205〈九峰學案〉。
〔註48〕《皇王大紀》卷二〇，頁2，《朱子語類》卷七九，總頁3224～3225，《書疑》
　　　　卷六，頁2。
〔註49〕《東坡書傳》卷一二，頁1。
〔註50〕《續筆》卷一五總頁144〈書易脫誤條〉。

得之先儒。蘇軾謂「惟曰：若稽田」以下，與上文不類。〔註51〕吳棫以爲篇中有雒誥篇語，《朱子語類》論之，云：「吳材老（政華按：棫號才老；才字或作材）說梓材是洛誥中書，甚好。其他文字亦有錯亂，而移易得出人意表者，然無如才老，此樣處恰恰好好。」〔註52〕此謂梓材有雒誥及他篇文字亂入者。朱子又謂：「梓材半篇全是臣下告君之詞」。〔註53〕蔡氏據考「今王惟曰」以下，乃周公、召公進戒成王之言；因考其誤合之故，云：

> 「用明德」之語，編書者以與「罔屬殺人」等意合。又武王之誥有
> 曰：王曰：監（按：見〈康誥〉、〈酒誥〉）云者；而進戒之書亦有曰：
> 王曰監云者（按：見本篇末），遂以爲文意相屬，編次其後。（〈梓材篇
> 解題〉）

是以爲本篇雜有〈康誥〉、〈酒誥〉之文。蔡傳又於篇末「已！若茲監」注云：

> 梓材有「自古王若茲，監罔攸辟」之言，而編書者誤以「監」爲句
> 讀，而爛簡似有「已！若茲監」之語，以爲語意相類，合爲一篇。
> 而不知其句讀之本不同，文義之本不類也。

蔡氏熟誦細究，所論多有可從。東發既贊而從之，因謂自「今王惟曰」以下至文末，「皆臣告君之辭甚明」（頁8）。吾人覘篇首「王曰：封！」云云，與後幅「今王惟曰」、「肆王惟德用」等文，語氣大異，前者爲王告臣之語，後者爲臣進君之言，此可證蔡說非無據也。

二、有功名教

〈雒誥篇〉首云：「周公拜手稽首曰：朕復子明辟。」《僞孔傳》：「言我復還明君之位於子。子，成王。」後儒多從之，謂周公攝成王「位」，至是返位，故曰「復子明辟」也。蔡氏以爲周公攝「政」，不攝位，其述此章本意，云：

> 成王命周公往營成周，周公得卜，復命于王也。……明辟者，明君
> 之謂。

近人王國維《觀堂集林‧雒誥解》之說同。是也。蔡氏又辨古傳注之誤，云：

> 夫有失然後有復。武王崩，成王立，未嘗一日不居君位，何復之
> 有？……王莽居攝，幾傾漢鼎，皆儒者有以啓之，是不可以不辨。

王莽嘗命王舜等逼太后下詔：「其令安漢公居攝踐阼，如周公故事。」群臣

〔註51〕《東坡書傳》卷三，頁2。
〔註52〕同註48，引總頁3229。
〔註53〕《朱子大全文集別集》卷三，頁10〈答孫季和書〉。

同聲附和，其居心可知。而其所以得此間隙者，蓋因戰國以來如：《尸子》（《藝文類聚》卷六引）、《韓非子》（〈難二篇〉）與《荀子》（〈儒效篇〉）等書，有周公攝政權為天子之傳說，而復變本加厲也。實則，王莽及其同謀故意曲解經文，以遂其私。屈師翼鵬先生及程元敏學長有專文詳辨此事。〔註54〕東發推崇蔡氏之辨，云：

> 此說不獨考正文義，其有功於天下後世名義大矣。（頁8）

〈秦誓〉載穆公敗於殽之後告師之言，有云：「番番良士，旅力既愆，我尚有之。仡仡勇夫，射御不違，我尚不欲。惟截截善諞言，俾君子易辭，我皇多有之？」孔氏正義以為「善諞言」者，指杞子之等及在國從己之人。是謂泛指穆公之臣。其說非是。蔡傳以良士指蹇叔，勇夫指孟明、白乙、西乞三帥。是也；所謂「善諞言」者指杞子，云：

> 先儒皆謂穆公悔用孟明。詳其誓意，蓋深悔用杞子之言也。

按：《左傳・僖公三十二年》載杞子自鄭使人告於秦，曰：「鄭人使我掌其北門之管；若潛師以來，國可得也。」此以利誘穆公，殽之戰由此起，秦之敗即緣於此，故謂諞言指杞子，說甚是。東發盛贊蔡傳之精切，云：

> 愚按：於良士云「我尚有之」，於勇夫云「我尚不欲」，於諞言云「我皇多有」。……以上文二「尚」字觀之，語脈專歸於諞言，則蔡氏之說精矣。蓋穆公殽之師，實自杞子啟之也。（頁10～11）

蔡氏能考明始作俑者，自於教化大有裨益，是以東發稱之也。

（二）正蔡傳之失

《尚書》為上古之書，難解可知，故韓愈〈進學解〉謂「周誥殷盤，詰屈聱牙」。他篇之難解，實多似之。是以蔡傳亦不能無失。東發《日抄》糾正蔡說處特多，茲分下列三類述之。

一、依據上下文勢證之者

東發以為讀書、作文，於文字應力求上下聯貫，氣息相接，不可斷章取義。其說已詳本篇第二章詩經學，茲再述其以此法正蔡傳之誤者。

〈禹貢〉雍州：「弱水既西，涇屬渭汭，漆沮既從，灃水攸同。」蔡傳以

〔註54〕詳屈師〈西周史事概述〉及〈關於所謂周公旦「踐阼稱王」問題敬復徐復觀先生〉二文。程元敏論〈尚書大誥諸篇「王曰」之王非周公自稱〉一文。

汭水爲水名，引《周禮・夏官・職方氏》「雍州，其川涇汭」，與詩〈大雅・公劉〉「汭鞫之即」爲證；且渭汭納於涇。蓋彼釋「屬」爲連屬，謂涇水連屬渭、汭二水也。東發就上下文勢，以證其誤，云：

> 若以汭爲一水而入涇，則「涇屬渭汭」者，是涇既入渭，汭又入涇。下文漆沮之從，灃（當作灃，下同）水之同，孰從孰同耶？兼涇屬于渭，而乃云汭入于涇。文恐相反。又下文「會于渭汭」，若二水則不以「會」言矣。（頁3）

是蔡說既不符文勢，亦不合情實。東發云：「涇入於渭水，而漆沮既從，灃水攸同，皆主渭言之，文意俱協。」蔡氏誤據《周禮》，《周禮》之汭爲水名，禹貢以汭爲水內側，二處字同而意異，東發引易氏解《周禮》，云：「汭非禹貢之汭，禹貢言內皆水內，此川名。」（頁3注引）其說是也。

〈泰誓上篇〉云：「肆予小子發，以爾友邦家君，觀政于商。惟受罔有悛心，乃夷居弗事上帝神祇，遺厥先宗廟弗祀。」《僞孔傳》及諸家釋「觀政」爲觀商政之善惡。此說與下文「惟受罔有悛心」等相協。乃蔡氏云：

> 觀政，猶伊川所謂「萬夫之長可以觀政（按：出〈咸有一德〉篇，係改易《呂氏春秋・諭大篇》引《尚書》之文）」。八百諸侯背商歸周，則商政可知。

按：八百諸侯會盟津，以助武王伐紂之說，出《史記・周本紀》。其說是否合乎史實，今尙未可遽定。而古代特重祭祀，《左傳・成公十三年》載劉康公謂「國之大事，在祀與戎」。本篇下文謂紂棄神祇宗廟而不祀，則其政之善惡可知。經文於此句實未言及諸侯背商事，是以東發云：

> 蔡說恐不若古注爲徑。（頁6）

〈泰誓中篇〉云：「天視自我民視，天聽自我民聽；百姓有過，在我一人。今朕必往。」蔡傳據《廣韻》以過爲責，云：

> 武王言天之視聽，皆自乎民。今民皆有責於我，謂我不正商罪。以民心而察天意，則我之伐商，斷必往矣。

東發以其說求之過深，云：

> 蔡氏此說雖於伐商爲順，而「在」字無歸著。以語脈當從古注。（頁6）

《僞孔傳》釋「百姓有過，在予一人」，云：「民之有過，在我教不至。」東發論此說，云：

> 大意不過自任以天下。於伐商意亦不背。

〈泰誓〉雖僞書，然以文論文，東發之說實較勝也。

二、辨語詞虛實

語詞之虛實，作用不同；如混用之，則往往不得其解。《尙書》中屬於西周諸篇者，多爲誥命之文，所用語詞，與後世不同。其文辭艱奧難讀，其中虛字之用法，尤多後世所未有。召誥云：

王敬作所，不可不敬德。

蔡氏釋此曰：

所，處所也；猶「所其無逸」（按：見〈無逸篇〉）之所。王能以敬爲所，則動靜語默，出入起居，無往而不居敬矣。不可不敬德者，甚言德之不可不敬也。

蔡氏說理固精，而以「所」作實字讀，則似覺未安。《僞孔傳》云：「敬爲所不可不敬之德」，東發以爲當從之，論云：

古說作一句讀，「所」字作虛字說。蔡說作兩句讀，「所」字作實字說。然古注不費力。（頁8）

按：〈無逸篇〉之「所」字，東發以爲虛字（頁 9）。是也。蓋所字，可用作語首及語末助辭。惟《僞孔傳》添一「之」字，釋「敬德」爲「敬之德」，則有增字詁經之嫌。又以「敬」爲狀字，亦未若蔡傳以爲動詞之爲得也。屈師翼鵬先生釋敬德爲「謹於德行」，良是。

《日抄》於〈無逸篇〉「所其無逸」條下，又云：

書中誕字、肆字、惟字，多是古語助辭。今誕必訓大，惟必訓思，多有不通，而自爲之說以形容之。惟肆字訓故字處多協。

觀此語，知東發所駁者，不僅蔡氏一家而已，當時儒者多有昧於詞之虛實者。考《尙書》，誕字有作發語詞者，如大誥云：「殷小腆，誕敢紀其敘。」有作句中助詞者，如：「肆朕誕以爾東征」。東發之說誠然。肆字，有作「遂」字者，〈堯典〉：「肆類于上帝」，《史記・五帝本紀》引作「遂」。〈無逸〉：「肆中宗之享國七十有五年」，《史記・魯世家》引作「故」。〈康誥〉：「肆汝小子封」，肆字亦當訓「故」，與〈大誥〉「肆哉！爾庶邦君，越爾御事」之肆字含義不同。「肆哉」之肆爲實字，當依《爾雅》釋作「力」，謂用力哉！惟字，於《尙書》中可作多種解釋，其中以用爲語助詞者爲夥，王引之《經傳釋詞》卷三以其爲西周時代常用之發語詞。近人於《尙書》「惟」字，仍皆以「思念」釋之，則不知東發於七百多年前已辨明之矣。

三、曲盡人情事理

〈顧命〉，孔氏正義引說文及鄭注，皆以「顧」字爲廻首還視之意，因云：「顧，是將去之意。此言臨終之命曰顧，言臨將死去，廻顧而爲語也。」蔡氏本之。東發以爲顧與回顧不同，謂凡單言顧者，是目視之意，「回顧」始是回首而視。〈顧命〉一篇係成王憑玉几命群臣，「群臣在其前，成王無回顧之事。」（頁 10）其說甚是。東發說經，往往體察人情，按諸實況，必求心之所安，由此足以見之矣。

〈秦誓〉：「人之彥聖，其心好之，不啻如自其口出。」《僞孔傳》云：「人之美聖，其心好之，不啻如自口出，心好之至也。」蔡氏以心、口對言，說之云：

　　心之所好，甚於口之所言也。

東發以爲此恐求之太過，因謂宜從古說，云：

　　若以上文「若己有之」之例，似不過謂好人之彥聖，如出於我耳。

　　宜從古說爲平。（頁 11）

按：《僞孔傳》於「不啻」一語無釋。東發之說，於義雖得之，而於文則尚有未盡處。屈師翼鵬先生《釋義》云：「不但如其口之所言」，其心亦好之也。必如此說，文意方洽。

（三）補蔡傳所未備

〈皋陶謨〉云：「無教逸欲有邦」。「教」字頗難解，蔡氏云：

　　教，非必教令，謂上行而下效也。言天子當以勤儉率諸侯，不可以
　　逸欲導之也。

此說以「欲」字絕句，「有邦」二字屬下讀。東發謂「教」字當爲「敖」之誤，據《漢書・王嘉傳》所引爲證，云：

　　漢王嘉奏封事引書云：「無敖逸欲有國」。劉元城疑敖字轉寫作教字。

　　（頁 2）

王先謙《漢書補註》（卷八六）云：「官本考證案尙書作『毋教佚欲有邦』。此引伏生今文也。」按：如王氏說可信，則經文作「教」，自伏生已然矣，王嘉所引蓋古文本也。依古文本，則當以「欲有邦」爲句，且屬下讀，即：「無敖逸，欲有邦；兢兢業業……。」意謂勿敖勿逸，欲有邦國，則當兢兢業業云云也。若依今文本，則屈師翼鵬先生說之甚確，屈師釋教爲「使」。全句謂：勿使逸

樂貪欲之人有其侯國也。此說不煩改字，而文理貝順。

　　上第一節嘗述蔡傳考〈秦誓〉載穆公所斥善諞言者，係指杞子，其說有功名教。蔡氏又以「仡仡勇夫」一句屬孟明、白乙等三帥；而未論及孟明視之過。東發以爲孟明之罪殆過於杞子，云：

> 殽之始禍雖在杞子，而成之者實在孟明。孟明違父誤君，再敗秦師；焚舟之役，亦終無寸功。自此秦、晉連兵數十年，不止殽師之一役。其罪又重於杞子。(蔡氏) 亦不當以三帥並言。蔡氏特以釋誓文之意，論者不可以是薄孟明之罪。(頁11)

東發於歷史、人物之評判，情、理兼盡，此一例也；其所撰《古今紀要》中，例證尤夥。

（四）論心傳之說

　　東發不僅爲經學家，亦爲理學家。蓋經學即理學，宋儒多有此觀念也。大禹謨「人心惟危，道心惟微。惟精惟一，允執厥中」十六字，宋儒幾人人說之，影響至大。其始似由張載〈經學理窟〉謂：孔孟而後其心不傳。胡安國亦謂自孟子歿，世無傳心之學 (《伊洛淵源錄》引)。蔡沈亦嘗言之，其序《書傳》云：

> 二帝三王之治本於道，二帝三王之道本於心。得其心，則道與治固可得而言矣。何者？精、一、執中，堯舜禹相授之心法也。

蔡氏以三聖傳心爲說，當世之學者如：陸九齡、九淵兄弟 (見〈鵝湖詩〉) 眞德秀輩，遂指禹謨十六字爲傳心之要。甚者，「獨論人心、道心；甚至單撦道心二字，而直謂即心是道，蓋陷於禪學而不自知。」(頁2) 而時之禪家，亦借此爲其「不立文字，單傳心印」說之儒學根據，謂儒與禪相通，儒者不可排禪也。東發於當時學弊及佛教禪宗，平日既多批駁 (詳第陸編第三章)，讀《尚書》至此，復由本源上考辨，謂心實不待傳，云：

> 愚按：心不待傳也。流行天地間，貫徹古今，而無不同者，理也，理具於吾心而驗於事物。心者，所以統宗此理，而別白其是非，人之賢否，事之得失，天下之治亂，皆於是乎判。此聖人所以致察於危、微、精、一之間，而相傳以執中之道，使無一事之不合乎理，而皆無過不及之偏者也。(頁3)

東發雖未辨〈大禹謨〉之僞，而於當代學說之謬，則嚴加匡正，其功殆與辨

僞者同也。東發復據《論語·堯曰篇》論時人之附會，云：

> 縱以聖之授禹有人心、道心之說，可曰傳心。若堯之授舜，止云執中，未嘗言及於心也，又安得以傳心言哉！（頁2）

當心傳之說正盛之時，東發能爲此言，其功甚偉。故錢穆讚之云：

> 傳心之說，朱子巳先二陸鵝湖詩言之。……惟蔡沈書傳序單拈心學以爲發揮，實失師門宗旨。而所謂虞書十六字傳心訣者，乃直至晚明，猶噪傳不輟，貽害學術界非淺鮮。東發之辨，不僅以辨陸王，亦所以辨程朱，可謂卓絕而特出，惜乎瞭此義者之終尟其人也。〔註55〕

實非溢美之辭也。

三、易　學

東發以爲易經係明道之書，《日抄·讀易》開宗明義即云：

> 易，聖人之書也，所以明斯道之變易，無往不在也。〔註56〕

道即日用常行之理。〔註57〕東發本周、程以來之說，以爲理源於天，〔註58〕因謂讀易明理，「自能避凶而從吉」，其所以吉，所以凶，則有理存焉。又云：「窮理而精，則可以修己治人，有補當世。」（頁2）以故，其於當代易學二大派別──程子言理與邵雍圖數，取伊川而捨康節。嘗謂：「以易言理，則日用常行無往非易。」（頁3）東發示其例，云：若靜止之義理無窮，均可由艮卦中見知（頁19），彖曰：「艮，止也。時止則止，時行則行，動靜不失其時。」象曰：「兼山，艮；君子以思不出其位。」凡此皆闡述靜止之義；其六爻辭更無論矣。

（一）訂補程朱易註

東發易學，主於明道，由上引《日抄》論易經之性質可知。義理派易學，王弼實開其端，然東發論其說以爲雜老、莊，「矯誣聖經，以證虛無之學」，〔註59〕故東發以伊川爲此派鼻祖，云：

> 我朝理學大明，伊川程先生始作易傳，以明聖人之道，謂：「易有聖

〔註55〕〈黃東發學述〉，頁4。
〔註56〕卷六，頁1。按：以下引《日抄·讀易》，但註明頁數，不註卷數。
〔註57〕《日抄》卷五五，頁17〈讀抱朴子〉。
〔註58〕《日抄》卷八八，頁11〈李氏天理堂記〉，又：卷六，頁2。
〔註59〕《日抄》卷九一，頁19〈跋臨川王氏繫辭解〉。

人之道四焉：以言者尚其體，以動者尚其變，以制器者尚其象，以
卜筮者尚其占。」吉凶消長之理，進退存亡之道，備於辭。推辭以
考卦，可以知變，而象與占在其中。故其爲傳，專主於辭，發理精
明，如揭日月矣。（頁1）

由此可知東發對程傳之推崇矣。伊川自序其書，論易經主於道，云：

易，變易也，隨時變易以從道也。其爲書也，廣大悉備，將以順性
命之理，通幽明之故，盡事物之情，而示開物成務之道也。

其說大異於康節之圖數易？伊川復申論之，云：

至微者，理也；至著者，象也。體用一源，顯微無間，觀會通以行
其典禮，則辭無所不備。……予所傳者辭也。由辭以得其意，則在
乎人焉。

伊川由辭以考易意，從而闡發其理，能得經文奧旨，而無穿鑿過中之弊，是
以東發極尊之。

朱子紹伊川而集諸儒之大成，東發尤爲推重，嘗云：

至晦庵朱先生作易本義，作易啟蒙，乃兼二說（按：即指下文所云程、
邵之說）。窮極古始，謂：易本爲占筮而作，謂康節先天圖得易之原，
謂伊川言理甚備，於象數猶有闕。……其義精辭覈，多足以發伊川
之所未及。易至晦庵信乎其復舊而明且備也。（頁1）

《日抄・讀易》一卷之要旨，在補正程傳與朱子本義，蓋冀學者手此二書，
參以己說，即可窺易理之全也。

一、關於伊川易傳者

伊川易說之可取者，《日抄》每隨文加以表揚，如：豫卦六三爻盱豫悔遲有
悔。程傳作「盱豫悔，遲有悔。」朱子則以「悔遲有悔」爲句。東發引象傳「盱
豫有悔」之語，證伊川說爲是。按：盱字，《經典釋文》引姚信本作「旴」。旴，
正字爲旭，日出也（見《說文解字》）。有，讀爲「又」。王引之釋此，云：「言盱
豫既悔，遲又悔也。」〔註60〕東發於伊川說之偏頗未盡者，則爲之補正。

（一）比卦：不寧方來，後夫凶。

王弼釋「不寧方」爲不寧之方。按：方當指國言，卜辭習見。王氏謂夫
爲語辭，復引或人之說以夫爲丈夫，謂後來之人也。程傳云：

〔註60〕《經義述聞》卷一，頁27〈周易遲有悔〉條。

（人）當其不寧之時，固宜汲汲以求比；若獨立自恃，求比之志不速
　　而後，則雖夫亦凶矣。

此說誤以「後」字屬上讚；謂「夫凶」爲雖夫亦凶，尤爲不辭。東發引象傳
「後夫凶，其道窮也」之語，證當以「後夫凶」三字爲句，並引朱子本義，
云：

筮者得之則當爲人所親輔。……其未比而有所不安者，亦將皆來歸
　　之。若又遲而後至，則此交已固，後來已晚，而得凶矣。

朱子取王注引或說，以「後夫」爲後來者。是也。東發謂其說平易，取以補
程說（頁6）。

（二）泰卦：九三，勿恤，其孚。

孔穎達正義云：「恤，憂也。孚，信也。信義先以誠著，故不須憂其孚信
也。」此以四字爲句，似非。伊川云：

不勞憂血，得其所求也。不失所期爲孚。

以「不失所期爲孚」釋「其孚」，殊覺未安。東發引徐直方之說，云：「勿憂
而孚矣」，並以六四「不戒以孚」爲證（頁6）。甚是。

（三）无妄卦：六三，无妄之災，或繫之牛，行人之得，邑人之災。

王弼以行人指有司之官，謂三爻以陰居陽，爲不順之行，「故或繫之牛，
是有司之所以爲獲，彼人之所以爲災也。」程傳云：

三之爲妄，乃无妄之災害也。設如有得，其失隨至。如或繫之牛，
或，謂設或也。或繫得牛，行人得之，以爲有得。邑人失牛，乃是
災也。

此說先以或人繫牛，末又以爲邑人失牛，是繫牛者乃指邑人也。此與上文「設
如有得，其失隨至」之說，實不相干涉。故東發引鄒安道之說，以爲於經旨
最切，鄒氏云：

或者繫牛於此，自以爲固矣。繫脫，而不知牛之所之。以出意外，
牛爲行人所得，而乃責得於邑人，豈邑人之罪哉？此爲无妄之災也。

（頁10引。〔註61〕）

此說可從。

〔註61〕鄒氏有易解發題，後佚（見《經義考》卷三二）。《日抄》凡引十條，此其一條也。
　　　　《宋元學案補遺》輯有二十二條。

（四）離卦大象傳：明兩作，離。（「大人以繼明照于四方」）

孔氏正義謂「離爲日，日爲明。今有上、下二離，故云「明兩作，離也。」
程傳本之，云：

> 若云「兩明」，則是二明，不見「繼明」之義，故云「明兩」。明而
> 重兩，謂相繼也。作離，明兩而爲離，繼明之義也。

其說殊覺迂曲。東發以爲當從《經典釋文》斷句，作「明兩作，離。」作，
興也，起也；猶今語形成也。東發又引解卦象傳「雷雨作，解。」爲證（頁11）。
甚是。

（五）離卦上九：獲匪其醜

孔氏正義云：「獲得匪其醜類」。說甚隱晦。程子云：

> 夫明極（按：釋上九），則無微不照；斷極（按：釋上文「折首」），則無
> 所寬宥；不約之以中，則傷於嚴察矣。……所執獲者非其醜類，則
> 無殘暴之咎也。

東發評其說，謂：「是欲增說義理也」。因云：

> 欲言無暴，當曰「非（按：釋「匪」）執其類」可也。今曰「所執者非
> 其醜類」，則語意未明，反若禍及無辜，且得云「無殘暴」耶？

因謂當依蔡淵《周易經傳訓解》「獲非其類者」之說。〔註62〕（頁12）按：此
說較程義爲勝。

（六）咸卦九五：咸其脢，无悔。

咸，象傳釋感。子夏易傳：「在脊曰脢。」馬融注：「脢，背也。」（見李
鼎祚《周易集解》引）程傳云：

> 脢，背肉也；與心相背而所不見也。言能背其私心，感非其所見而
> 說（悅）者，則得人君感天下之正，而無悔也。

東發評其說「私心」二字，云：「又添一層說，於經文非順。」（頁12）是伊川
乃增文解經，平添一段義理也。

（七）益卦上九象傳：莫益之，偏辭也。

王注是爻爻辭「莫益之，或擊之」，引象傳爲說云：「處益之極，過盈者
也。……無厭之求，人弗與也。獨唱莫和，是偏辭也。」孔氏正義云：「此有
求而彼不應，是偏辭也。」是偏辭，即今所謂一廂情願之辭也。程傳不之從，

〔註62〕卷上頁93。

乃云：

> 云莫益之者，非其偏己之辭也。

東發論之，云：

> 恐上添「非其」字。……意若戒之曰：莫益之；凡求益者皆偏辭耳。
>
> （頁15）

此說甚諦。

（八）夬卦象傳：居德則忌

「則忌」二字，《說文解字》已如此作，今存漢石經周易殘字無之。王注：「夬者，明法而決斷之象也。忌，止也。法明斷嚴不可以慢，故居德以『明』禁也。」似王本則字作「明」。伊川雖謂此說可通，而又別出一說，云：

> 居德，謂安處其德。則，約也。忌，防也。謂約立防禁；有防禁，
>
> 則無潰散也。

伊川以「則」爲動字，作約立解。說頗迂曲，蓋先以則爲法則，再以法則作動詞用——猶云立法則——而後再引爲「約立」也。東發評此，曰：

> 未能使人曉然也。（頁15）

按：王弼、伊川釋忌爲止、禁。是也。清人桂馥據王注「居德以明禁」，以爲則字乃「明」字之訛，〔註63〕清人易順鼎《經義莛撞》從之。〔註64〕說雖無古本可據，然於經文則殊明暢。

（九）姤卦：初六，繫于金柅。

程傳云：

> 柅，止車之物，金爲之，堅強之至也。止之以金柅，而又繫之，止
>
> 之固也。

東發亦論其增字說經，云：

> 恐「又繫之」之語，與經文「繫于」之意不同耳。（頁16）

（一○）升卦：九二，孚乃利用禴。

王注以「孚」字絕句。是也。伊川則以「孚乃」二字連讀，曰：

> 云「孚乃」，謂既孚乃宜不用文飾，專以其誠感通於上也。

其解萃卦六二爻（文與升卦同），亦云：

〔註63〕《說文義證‧說文解字序》引「居德則忌」下。

〔註64〕卷一，頁10〈居德則忌〉條。

孚乃者，謂有其孚則可用文飾，專以至誠交於上也。

東發不以爲然，云：

此句語脈自有兩節。（頁 16）

因引蔡淵〔註65〕及鄒安道（頁 16 引）之說，謂在交孚之後，方利於禴祭。甚是。

（一一）漸卦：上九，鴻漸于陸，其羽可用爲儀。

伊川從王弼及孔氏正義，以儀爲儀法，云：

鴻之離所止，而飛于雲空，在人則超乎常事之外者也。進至於是，

而不失其漸，賢達之高致也。故可用爲儀法。

東發評其誤，云：

恐儀法非可于鴻而言。（頁 20）

按：經文實謂鴻之羽，可用爲儀。意在「羽」，不在鴻。古代武舞執干戚，文舞執羽。《詩・邶風・簡兮》：「方將萬舞，……右手秉翟。」毛傳：「翟，翟羽也。」《周禮・地官・舞師》：「掌……教羽舞，帥而舞四方之祭祀；教皇舞，帥而舞旱嘆之事。」鄭玄注：「鄭司農云：『皇舞，蒙羽舞，書或爲翌義。』玄謂皇，析五采羽爲之。」（〈春官・樂師〉注同）皇舞爲文舞之一種，舞時所持之具以羽爲之。羽又可爲旌旗之飾，《孟子・梁惠王下篇》有「百姓聞王車馬之音，見羽旄之美。」可證。故朱子《本義》解此辭云：「儀，羽旄旗纛之飾也。……其（按：指鴻）羽毛可用以爲儀飾。」東發贊此說於「可用」二字爲切（頁 20）。

上述東發補正程傳十一條，其第一、四、十條係正其句讀之誤；第二、三、八、九、十一條係正其說之失；第五至七條則糾其增字詁經之不當。

二、關於朱子本義者

朱子以爲易本爲卜筮而作，其義理即寓於卜筮中，學者須先明其本義，方可推說其義理。爰據呂祖謙所定古易，作爲《本義》一書。又爲《易啓蒙》四篇，以矯時人牽附無根之妄，自序云：

聖人觀象以畫卦，楪著以命爻，使天下後世之人，皆有以決嫌疑、定猶豫，而不迷於吉凶悔吝之塗。……近世學者類喜談易，而不察乎此：其專於文義者，既支離散漫而無根；其涉象數者，又皆牽合傅會。……予竊病焉。因與同志頗輯舊聞，爲書四篇，以示初學。

〔註65〕同註62，頁 50。

程傳以明易理爲主，朱子後來居上。東發贊之，云：

> 易誠爲卜筮而作也，考之經傳，無有不合者也。爻者，誠爲卦之占；
> 吉凶悔吝，誠爲占之辭；考之本文，亦無有不合者也。
> 其義精辭覈，多足以發伊川之所未及。（頁1）

《日抄・讀易》幾每條均引朱子之說，故闡發及補正之處頗多。本文僅述其所補正者。

（一）泰卦：九三，勿恤，其孚。

朱子本程傳謂孚爲所期之信，謂「勿恤，其孚」爲「勿憂將得所期之信」。東發糾正其說，已詳上，此不贅述。

（二）隨卦彖傳：大亨、貞、无咎；而天下隨時。隨時之義大矣哉！

本義於「天下隨時」下，云：

> 王肅本「時」作「之」。今當從之。釋卦辭；言能如是，則天下之所
> 從也。

又於「隨時之義大矣哉」句下，注云：

> 王肅本「時」字在「之」字下。今當從之。

東發謂朱子蓋以二處作「隨時」爲誤也，因評云：

> 然象曰：「君子以嚮晦入宴息」，自有「隨時」之義；晦庵解此語，
> 亦曰：「隨時」休息。（頁8）

按：易象傳中類此之句型凡九處，可歸納爲三類：

甲類、○之時義大矣哉。凡三條：

　　遯卦：遯之時義大矣哉！

　　姤卦：姤之時義大矣哉！

　　旅卦：旅之時義大矣哉！

乙類、○之時用大矣哉。凡三條：

　　坎卦：險之時用大矣哉！

　　睽卦：睽之時用大矣哉！

　　蹇卦：蹇之時用大矣哉！

丙類、○之時大矣哉。凡二條：

　　頤卦：頤之時大矣哉！

　　解卦：解之時大矣哉！

本卦象傳一條近於甲類，朱子據王肅本，說頗可從。東發多尊象傳（詳下），

故以爲經文不必改易也。至「天下隨時」句，似當從東發說。蓋隨取隨從之
義，隨時，即從時，今語所謂把握時機也。

（三）噬嗑卦象傳：雷電，噬嗑。

本卦離上震下，依易經習慣先列上卦（電），後列下卦（雷）；象傳倒置。
程傳云：

> 象無倒置者，疑此文互也。雷、電，相須並見之物，亦有嗑象。

朱子則明謂其倒置之誤。東發不以爲然，引鄒安道說論之，鄒氏謂象傳亦作
雷電（雷電合而章），並云：「此卦雖離上震下，然陽氣將震發，乃閃然成火。
故雷與電止一氣，而電爲主。電者，雷之精光，如爆杖，火一出而聲即透，
亦主在聲。雷電非其他判然二象之比。」（頁8～9引）東發釋春秋經文（隱公九
年三月癸酉）「震電」，引《穀梁傳》曰：

> 震，雷也。電，霆也；霆爲雷之曜光。〔註66〕

電既爲雷之光耀，兩者二而一，不必強分。自不必拘泥諸卦之例也。

（四）噬嗑卦：九四，噬乾肺，得金矢。六五，噬乾肉，得黃金。

本義釋九四爻云：

> 周禮：獄訟入鈞金束矢，而後聽之。九四以剛居柔，得用刑之道，
> 故有此象。

又注六五云：

> 黃，中色。金，亦謂鈞金。六五柔順而中，以居尊位，用刑於人，
> 人無不服，故有此象。

朱子并以卦象釋之，東發駁之云：

> 恐周禮出於王莽之世，未必盡皆周公之眞。若先要取其金，而後與
> 之訴訟，雖昏亂之世不爲，況成周之治哉！……金矢、黃金，皆象
> 也，非眞也。（頁9）

朱子以爲《周禮》作於周初，見其〈答余正甫書〉。〔註67〕固非是。東發糾之，
謂《周禮》作於王莽時；亦不確。據近人考證，其書當成於戰國晚葉。〔註68〕
此姑不論。按：古以弓矢田獵，矢以金（銅）爲主，〔註69〕解卦：九二，田獲

〔註66〕《日抄》卷七，頁13。
〔註67〕《朱子大全》卷六三，頁33。
〔註68〕詳見屈師翼鵬先生《古籍導讀》，頁168～170。
〔註69〕高亨《周易古經今註說》。

三狐，得黃矢。可證也。矢留禽獸體內，食而得之，乃自然之事，與用刑無關。本卦六五得黃金，當爲「得黃金（銅）矢」之省文也。是朱子之說，求之過深矣。

（五）坎卦：六四，樽酒、簋貳：用缶。

王弼以樽酒、簋貳、用缶三者並列，云：「一樽之酒，二簋之食，瓦缶之器。」釋「用缶」非是。《經典釋文》讀爲樽酒簋、貳用缶。朱子從之，並云：

> 貳，益之也。周禮：大祭三貳；弟子職：左執虛豆，右執挾七，周
> 旋而貳。是也。九五尊位，六四近之，在險之時，剛柔相際，故有
> 但用薄禮，益以誠心……之象。

其以「貳用缶」爲句，東發論之云：「恐亦不成文理」，因以爲當從伊川、徐直方與鄒安道之說（頁 11）。伊川云：「所用一樽之酒，二簋之食，復以瓦缶之爲器：質之至也。」按：此失與王注同。徐直方云：「權輿（按：見《詩經·秦風》）以四簋爲盛，損（卦）以二簋爲約。」〔註70〕其斷句與程傳合。至鄒安道云：「樽酒者，一樽之酒。簋貳者，以簋食副之。」〔註71〕東發謂此三家愈說愈精（按：鄒氏，淳熙進士。徐氏，咸淳三年進易傳。是鄒氏時代較早），而鄒說尤佳。東發謂小象傳亦以「樽酒、簋貳」爲句。是朱子說確有誤也。惟「簋貳」，亦可釋「二簋之食」，如伊川等所說。「用缶」，當指樽、簋均以缶（陶）製造〔註72〕也。

（六）損卦：初九，已事遄往，无咎。

王注：「事已則往，不敢宴安，乃獲无咎也。」程傳大抵從之，云：「事既已則速去之，不居其功，乃无咎也。」朱子亦從之，仍以「巳事」爲止其事，云：

> 初九當損下益上之時，上應六四之陰，輟所爲之事，而速往以益之，
> 无咎之道也。

東發謂此三說皆主初九自損以上應六四爲說，「恐未安」。（頁 14）然亦未出新義。今考巳、祀，甲骨、金文通用，虞翻本正作「祀」。今人高亨以巳爲本字，祀爲借字；已，爲巳字之誤。祀事遄往，故无咎也。

〔註70〕徐氏易傳，已佚。「爲盛」以下八字，明、清汪氏刊本《日抄》漏刻，此據四庫本《日抄》補。
〔註71〕「副之」二字，清汪氏刊本《日抄》缺刻，此據四庫本《日抄》補。
〔註72〕本于省吾《易經新證》說。

　　（七）益卦：六三，益之用凶事，无咎。

　　凶事，王弼以衰危難等釋之。程傳亦謂爲患難非常之事。朱子云：

　　　　六三陰柔，不中不正，不當得益者也。然當益下之時，居下之上，
　　　　故有益之以凶事者，蓋警戒震動，乃所以益之也。占者如此，然後
　　　　可以无咎。

其說「益之用凶事」爲「加之以凶事」，所以警戒震動，終得無咎。東發論之
云：

　　　　恐警戒，未可據言凶事耳。（頁 15）

東發雖破而不立，然亦足以見朱說之不當矣。

　　（八）益卦上九象傳：莫益之，偏辭耳。

　　前述東發正程傳說「偏辭」之失，本義亦有此弊。朱子云：

　　　　莫益之者，猶從其求益之偏辭而言也。

東發論其於「偏辭」上，添「求益」二字。因謂此二句當爲戒辭，云若戒之
曰：莫益之；凡求益者，皆偏辭耳。（頁 15）

　　（九）〈繫辭上篇〉第八章：聖人有以見天下之賾，而擬諸其形容，象
　　　　　其物宜，是故謂之象。

　　賾字，孔氏釋爲幽深難見，朱子則釋爲雜亂，朱子蓋就下文「言天下之
至賾而不可惡也」句立說。東發謂當從《正義》，云：

　　　　「聖人有以見天下之至賾，而擬諸其形容」，則是幽深之理難見，而
　　　　聖人獨能見之也。擬諸形容，使幽深者可見，而人皆得見之也。

此由經文本身探討而得。東發論本義與經文有矛盾處，云：

　　　　若曰雜亂，則人皆得見，何必聖人？凡雜亂者具有形質，何得擬諸
　　　　形容？

因舉同篇第十一章「探賾索隱」爲證（頁 23）；「賾」須探而後始得，則《正義》
之說是也。

　　由上所述，可見東發雖尊朱子，然亦未嘗不正其失也。

（二）論邵雍先天易說

　　邵雍（西元 1011～1077 年），字堯夫。哲宗元祐中，諡曰康節。嘗讀書蘇門
山百源上，北海李之才授以先天圖書象數之學。康節思深力到，若有所得，

東發云：

> 時則有若康節邵先生，才奇學博，探賾造化，又別求易於造化之外。
>
> 謂：今之易，後天之易也；而有先天之易焉，用以推占事物，無不
> 可以前知。（頁1）

康節著述中關於易經者，有「先天圖」、《皇極經世書》及〈觀物內、外篇〉
等。

　　朱子嘗謂康節先天圖得作易之原，尤能明象數。其《易啟蒙》第一篇本
圖，第二篇原卦畫，亦闡明康節先天圖說。朱子其後〈答王子合書〉，始悟邵
說「大概近於附會穿鑿。」〔註73〕四傳至東發，則斥先天易恰似「晚添祖父」
（頁1）。東發先就本源，論先天圖為易所無（頁1），謂康節係援〈繫辭上〉第
十一章及〈說卦傳〉第三章等，加以敷衍、附會而為先天圖數之說。東發先
論其第一章，云：

> 其一章，援「易有太極，是生兩儀，兩儀生四象，四象生八卦。」
> 曰：此先天之卦畫。於是盡改易中伏羲始作八卦之說，與文王演易、
> 重為六十四卦之說，而以六十四卦皆為伏羲先天之卦畫。其法自一
> 畫而二，二而四，四而八，八而十六，十六而三十二，三十二而六
> 十四。（頁1～2）

康節蓋本王弼說，謂伏羲重卦，〔註74〕因又推演為先天之說也。按：兩儀指
陰陽，雖無異說；而邵氏「八卦次序圖」乃謂四象為太陽、少陽、太陰、少
陰。又謂八生十六，輾轉而生三十二之說，則為周易所無。朱子《易學啟蒙》
釋之云：

> 八卦之上，各生一奇一偶，而為四畫者十六。於經無見，邵子所謂
> 八分該十六者是也。又為兩儀之上，各加八卦；又為八卦之上，各
> 加兩儀也。

又云：

> 四畫之上，各生一奇一偶，而為五畫者三十二，邵子所謂十六分為
> 三十二者，是也。又為四象之上，各加八卦；又為八卦之上，各加
> 四象也。

按：黃宗羲《易學象數論》云：「其一陽也，已括一百九十二爻之奇；其一陰

〔註73〕《朱子大全》卷四九，頁1。

〔註74〕見孔氏正義解題下，論重卦之人。

也，已括一百九十二爻之偶。以三百八十四盡爲兩儀，非以兩畫爲兩儀也。……蓋細推八卦，即六十四卦之中，皆有兩儀、四象之理。而兩儀、四象，初不畫於卦之外也。……康節加一倍之法，……是積累而後成者，豈可謂『重』乎？」觀乎此，可知康節說之無據矣。

東發復論邵氏說之另一論據，云：

> 其一章援易言「天地定位，山澤通氣，風雷（《說卦傳》作「雷風」）相薄，水火不相射。」曰：此先天之卦位也。於是盡變易中離南坎北，與凡震東方卦，兌西方卦之說。而以乾南坤北爲伏羲先天之卦位。其說以離爲東，以坎爲西，以兌、巽爲東南、西南，以震、艮爲東北、西北。（頁2）

康節以爲其說乃合〈說卦傳〉下文「數往者順，知來者逆」，之理，云：

> 自震至乾爲順，自巽至坤爲逆。……「數往者順」，若順天而行，是左旋也，皆已生之卦也，故云數往也。「知來者逆」，若逆天而行，皆未生之卦也，故云知來也。

東發不取其說，故釋「天地定位」以下四事，云：

> 天地定位者，天尊而上，地卑而下，其位一定而不可易。易取其象，於卦爲乾坤；凡二者爲天地之氣之統宗。……山澤通氣者，山澤一高一下，水脈灌輸，而其氣實相通；通之爲言貫也。易取其象，於卦爲艮兌。雷風相薄者，薄之爲言逼也。易取其象，於卦爲震巽。水火不相射者，水火一寒一熱，宜若相息滅，而下然上沸，以成既濟之功，乃不相射。不相射者，不如射者之相射（自注：音「石」）害也。易取其象，於卦爲坎離。凡六者皆天地之氣之爲。（頁28）

因評康節改易舊說，別立乾南坤北之卦位，云：

> 然「天地定位」，安知非指天位乎上，地位乎下而言？南方炎爲火，北寒爲水；亦未見離與坎之果屬東與西，而可移離坎之位以位乾坤也。易之此章，果有此位置之意否耶？（頁2）

以上就方位上論邵說之不合經義。東發復就事理考察，云：

> 徒以卦言位，或彼或此，猶固未可知。今以事理之實可見者考之，則風一從南，即盎然以溫。風一從北，即冷然以寒。南方屬夏，其熱如此。北方屬冬，其凍如此。離南坎北，信乎其如今易經之言矣。康節移之以位乾坤，將何所驗以爲信耶？

又論艮、兌云：

> 艮居東北，兌居正西，經有明文矣。……若以事理之實而考之：山
> 必資乎澤，澤必出於山，其氣相通，無往不然。豈必卦位與之相對，
> 而後氣可相通耶？（頁 28）

其言震、巽、坎、離之位，云：

> 震惟居正東，巽惟居東南。遇近而合，故言相薄。若遠則相對，安
> 得相薄？而東北爲寅，時方正月，又豈雷發之時耶？……南方爲離，
> 北方爲坎，經文萬世不磨。若水火不相射，言其性相反，而用則相
> 資耳。（頁 28～29）

康節之說，經東發之批駁，可謂根本動搖。故東發勸「後生且讀文王易，
足矣。」〔註75〕綜上所論，邵氏先天易學於易實無闡明之功，而有淆亂之實，
其所以創發此論，東發謂「特托易以言數」（頁 29）。東發之言，實篤論也。

（三）黃氏其他易說

一、尊小象傳

《日抄・讀易》卷中，以討論小象傳者最多。凡諸說並立者，東發每折
衷於小象傳。小象傳，東發以爲係孔子解經之語（頁 13），故特崇之，以爲不
可背。東發又謂小象傳只是說明借象之辭，旨在假象以明理（頁 23），未必實
有其事，故謂於解說時，不可拘泥（頁 7、頁 11）。茲舉數例（前已引者，不贅），
以明東發尊小象傳之一斑。

豫卦：九四，由豫，大有得。程傳以爲九四爲豫卦之主，因得大行其志，
以致天下之豫。朱子則以「大有得」爲九四之占。東發謂小象傳云：「志大行
也」，因謂當從伊川（頁 7）。

困卦：九二，困于酒食。王注：「以陽居陰，尚謙者也。……謙以待物，
物之所歸，……不勝豐衍。故曰困于酒食。」云：「酒食，人之所欲而所以施
惠也。二以剛中之才，而處困之時，……未得遂其所欲、施其惠，故爲困于
酒食也。」東發以小象傳言「困于酒食，中有慶也」，而判當從王注，謂：「若
程說則又成一義矣」（頁 17）。

巽卦：六四，悔亡，田獲三品。程傳謂「六四陰柔無援，而承、乘皆剛，

宜有悔也，而悔亡者，如田獲三品，及於上下也。」朱子謂其說牽強，且當闕疑。〔註76〕東發以爲鄒安道說與小象傳相應，鄒氏云：「惟悔亡，故田獲三品也。巽若無能爲者，易於有悔。六四得巽之正，非巽儒無立者，故悔亡。田以講武，且除苗害，興事之大者。田而有獲，則爲有功，故象曰：『田獲三品，有功也。』」（頁20引）

　　由上所述，東發以小象傳爲孔子所作，而信從其說，雖未必俱當，然視他家之說，究爲有據也。

二、以易淑世

　　東發生於宋季亂世，凡所立說，皆含極深之淑世思想；故於解易，除嚴謹訓釋文義之外，亦往往申述淑世之義。茲舉數例如次：

　　明夷卦：六四，入于左腹，獲明夷之心。程傳云：

> 六四以陰居陰，而在陰柔之體，處近君之位，是陰邪小人居高位、以柔邪順於君者也。……左者，隱僻之所也。四由隱僻之道深入其君，故云「入于左腹」。入腹，謂交之深，故得其心，凡姦邪之見，信於其君，皆由奪其心也。

東發謂其說雖無當於經義，而「窮極小人之情狀，自足爲世戒，不可不熟玩爾。」（頁13）

　　又：同卦上六，不明晦；初登于天，後入于地。東發謂此爻以日爲喻，釋云：

> 愚意：明夷之極是日入于地，故曰不明則晦矣。日之初登于天，後乃入于地。日，大明也。一失其中，則尚如此，人宜何如其自畏矣！
>
> （頁13）

觀象以明吉凶悔吝，易中固有此義，東發以此勸世，足見其用心矣。

　　解卦辭：利西南。程傳云：

> 西南，坤方；坤之體廣大平易。當天下之難方解，人始離艱苦，不可復以煩苛嚴急治之，當濟以寬大簡易，乃其宜也。

其說以西南爲坤，坤之卦德爲順，因而推衍得眾以順之理。朱子本之，亦云：

> 解，難之散也。……難之既解，利於平靜安易，不欲久爲煩擾。

東發以爲程、朱之說，均與象辭「君子以赦過宥罪」不合；然以爲其說「乃

〔註76〕此說，《本義》無之，今見於《日抄》所引。

是所以得眾之道」，因以爲學者亦當參考之。

　　東發論易可淑世，其說於讀未濟卦最顯。《日抄》引鄒安道謂易勸人始終如一，云：

> 既濟之極，入於未濟；未濟之極，反於既濟。……易六十四卦以未
> 濟終之；未濟六爻又以「飲酒濡首」終之。此易之爲道，懼以終始
> 歟！（頁21）

此當本〈序卦〉說，序卦云：「……物不可窮，故受之以未濟終焉。」序卦之後爲〈雜卦〉。宋儒多謂雜卦次於序卦之後，有深義在，如：東發本王安石易義（詳第四節）「雜卦則雜揉眾卦，以暢無窮之用」說，云：

> 序卦之後有雜卦，猶既濟之後有未濟，所以昭易之無窮歟！（頁30）

附錄二：《黃氏日抄》中所引宋人易註輯佚

　　東發〈讀易〉以程傳、朱子本義爲主，而博采古今人之說，於宋人易注，採擇尤夥。時移世異，宋人傳注，不能悉存。茲由《日抄》所徵引而原書已佚者，輯得五家，即：王安石、楊時、鄒安道、徐直方與蔡淵之說，是也。茲分別輯而錄之如次。

一、王安石《易義》

　　王安石易注，宋人著錄者，頗有異同。晁公武《郡齋讀書志》云：「王介甫易義二十卷」，〔註77〕王應麟《玉海》引同。〔註78〕陳振孫《直齋書錄解題》云：「易解十四卷」，〔註79〕《宋史・藝文志》因之。按：書蓋原有二十卷，後佚六卷；今則併此十四卷之作，亦不存矣。同是一書而晁氏並出「易義」與「易解」（詳下）二名。晁氏又云：

> （介甫）易解，自謂少作，未善，不專以取士。故紹聖後，復有龔原、
> 耿南仲注易；三書皆行于場屋。〔註80〕

龔原爲安石門人；〔註81〕龔、耿二氏書亦爲二十卷。

　　王氏身後《易義》用於場屋，影響士子頗大，朱子即嘗本之（詳下）。東發

〔註77〕卷一上頁26。
〔註78〕見卷三六，頁21。
〔註79〕卷一總頁11。
〔註80〕同註77，頁26～27。
〔註81〕《宋元學案》卷九八〈荊公新學略〉。

《日抄》每評述行于場屋之書文，以故王氏書賴以存者二十有一條。其中除論井卦一條以外，餘皆論易傳。王氏雖自謙爲少作，而實不無新奇可喜之見解。

（一）井卦：上六，井收，勿幕。

井收之收，唐陸德明《經典釋文》引劉宋徐爰之說，已並出平聲與去聲二音。孔氏正義讀去聲，云：「凡物可收成者，則謂之收，如五穀之有收也。」王氏亦主讀去聲，而說與孔氏不同。王氏云：

> 古者以收名冠，以收髮爲義。井收者，井口之白，亦一井之體收於此也。掘井及泉，渫之使清（按：指九三爻），甃之使固（按：指六四），自下而上，至於井收，則井之功畢矣。井甃者，所以禦惡於内；井收者，所以禦惡於外。收以禦惡，而非杜人之汲也，故禁之使勿幕。

（頁 18 引）

王氏謂收有斂聚之義，於古頗有據，詳見《爾雅・釋詁》、《禮記・郊特牲》「既蜡而收」鄭注，與《荀子・議兵篇》「處舍收藏，欲周以固」楊注。故《儀禮・士冠禮・記》謂夏冠名「收」，蔡邕《獨斷》下篇云：「言收斂髮也。」蓋井於高出地面者曰收，入乎地中者曰甃。（甃，馬融云：「爲瓦裹下達上也」。陸氏釋文引）治甃使四周土壤不致坍陷，爲收以防井外穢物落入，今人造井尚如此也。

（二）〈繫辭上篇〉第一章：天尊地卑，乾坤定矣。卑高以陳，貴賤位矣。動靜有常，剛柔斷矣。方以類聚，物以羣分，吉凶生矣。在天成象，在地成形，變化見矣。

王氏於邵雍先天易學之外，又倡自然之易與人爲之易之說。其論此章云：

> 此言易書未作以前之易，雖未有乾坤之卦，自天尊地卑，而乾坤已定，此言自然之易。（頁 22 引）

（三）〈繫辭上〉一章：是故剛柔相摩，八卦相盪，鼓之以雷霆，潤之以風雨、日月運行，一寒一暑。乾道成男，坤道成女。

同上第二條所述，王氏謂此亦是「言自然之八卦」（頁 22 引）。

（四）〈繫辭上〉一章：乾知太始，坤作成物。乾以易知，坤以簡能。

王氏云：

> 此言乾坤以造化之用付之六子；而其所自處者甚易簡也。（頁 22 引）

（五）〈繫辭上〉二章：聖人設卦、觀象、繫辭焉而明吉凶，剛柔相推而生變化。是故吉凶者，失得之象也；悔吝者，憂慮之象也；變化者，

進退之象也；剛柔者，晝夜之象也；六爻者，三極之道也。

王氏以為本章以下所述，方是人為之易。云：

> 前言易書之未作；此言易書之既作。（頁22引）

（六）〈繫辭上〉三章

王氏云：

> 此因前之義（按：指第二章「聖人設卦、觀象、繫辭焉而明吉凶。君子居則
> 觀其象而玩其辭；動則觀其變而玩其占。」），而言聖人設卦、繫辭，學者
> 觀變玩占之要也。（頁22引）

（七）〈繫辭上〉四章

王氏云：

> 前言易之書（按：指條二、三章），此言易之道。（頁23引）

（八）〈繫辭上〉八章

王氏論此章，云：

> 此言聖人推其獨見者立象生爻，使天下皆有所見而得以善其言動也，
> 舉「鶴鳴（按：經文作「鳴鶴」）在陰」以下七爻〔為例〕。（頁23引）

（九）〈繫辭上〉十二章：易曰：「自天祐之，吉无不利。」子曰：「祐者，
　　　助也。天之所助者順也、人之所助者信也。履信思乎順，又以尚賢
　　　也，是以自天祐之，吉无不利也。」

王氏云：

> 疑在下繫諸爻（按：指第五章）之後。（頁24引）

（十）〈繫辭上〉十二章：乾坤，其易之蘊邪！乾坤成列，而易立乎其中
　　　矣。乾坤毀，則無以見易；易不可見，則乾坤或幾乎息矣。

王氏云：

> 此言自有天地已有易，易與天地相無窮。（頁24引）

（十一）〈繫辭上〉十二章：是故形而上者謂之道，形而下者謂之器，化
　　　　而裁之謂之變，推而行之謂之通，舉而措之天下之民謂之事業。

王氏謂：

> 此言聖人用易致治。（頁24引）

（十二）〈繫辭下〉一章

王氏隳栝此章之旨，云：

此言聖人以仁義參天地，而全其生生之用也。（頁 24 引）

（十三）〈繫辭下〉二章

此章歷述包犧、神農、黃帝、堯、舜諸聖制器尚象之事。王氏云：

（此章）言聖人居大賢之位，然後能用易以致利於天下。（頁 24 引）

（十四）〈繫辭下〉二章：包犧氏沒，神農氏作，斲木為耜，揉木為耒，
耒耜之利，以教天下，蓋取諸益。……

王氏云：

「取諸益」之類，當時未有是卦，蓋八卦成列，象在其中矣。且以
益言之，雖有益卦，而已有巽與震矣，合巽與震則為益。「蓋取」云
者，夫子知前聖之心而言之也。（頁 25 引）

（十五）〈繫辭下〉六章：開而當名辨物，正言斷辭則備矣。

王氏將當名辨物與正言斷辭分作兩項，以釋其相互關係，云：

聖人作易，所以開明未悟者：名舉其當，言舉其正，所以開明之也。
未形之物不可辨，必以名之已立者辨之：是謂當名。未然之辭不可
斷，必以言之已驗者斷之：是謂正言。

（十六）〈繫辭下〉六章：因貳以濟民行，以明失得之報。

王氏云：

吉凶者，失得之象。民行之所以不能自濟者，以其不知吉凶之所在，
而疑貳之心交戰也。聖人作易，使知所為之失者，其報必凶；所為
之得者，其報必吉。懲其失而矯之者，雖凶亦吉；惇其得而忽之者，
雖吉亦凶。以此濟民行也。（頁 25～26 引）

（十七）〈繫辭下〉八章

王氏述此章之要，云：

此章言易書所以載道，非其人則不自行也。（頁 26 引）

（十八）〈繫辭下〉八章：其出入以度，外內使知懼。

王氏云：

下卦為內，上卦為外。自內之外為出，自外之內為入。卦示人以出
入之道，使人知所懼也。（頁 26 引）

（十九）〈說卦傳〉一章：幽贊於神明而生蓍。

王氏解說此條，頗為平實，云：

著，神物也，天地生其形，聖人生其法。方其著法之未生，則著之
爲物，特庶草之一耳。豈知其爲神明也哉？天地神明不能與人接，
聖人幽有以贊之，而傳其命，於是起大衍之數。（頁27引）

（二十）〈說卦〉一章：參天兩地而倚數

王氏云：

數無常用，人倚之而有所託焉。（頁27引）

（二十一）雜卦

王氏嘗論雜卦之性質，並取與序卦作比較，云：

序卦先後有倫；雜卦則揉雜眾卦，以暢無窮之用。（頁30引）

二、楊時《易說》

楊時先學於大程子，顥死，又入伊川之門；學者稱龜山先生。〔註82〕二
程子皆長於易，伊川並有《易傳》之作；龜山從學，功力甚深，曾有撰述，
而《宋史・藝文志》不載。清朱彝尊謂其《易說》散見於《大易粹言》一書。
〔註83〕按：粹言係宋人方聞一所編，四庫全書著錄。清人莫友芝云：「淳熙中，
曾糙守舒州，命聞一輯是書，刊版置郡齋。」粹言所引龜山《易說》頗多，
不下數十百條，而《黃氏日抄》所引有彼所無者四條，茲述之如下：

（一）師卦：丈人

「丈人」一語，自王弼釋爲「嚴莊之稱」以來，學者若伊川、朱子均從
之。龜山云：

丈者，黍龠、尺引之積。（頁5引）

（二）益卦六三：益之用凶事，无咎。象曰：益用凶事，固有之也。

龜山云：

用凶事者，亡所以保其存，凶所以有其吉。故曰：固有之也。（頁15
引）

（三）夬卦：象曰：居德則忌

龜山釋此語，云：

以德厚自居，則忌之所集。（頁15引）

（四）〈繫辭上〉六章：易簡之善配至德

〔註82〕《宋元學案》卷二五〈龜山學案〉。
〔註83〕《經義考》卷二一，頁5。

龜山以德爲「大庸之至德」（頁 23 引）。

三、鄒安道《易解發題》

　　鄒安道，孝宗淳熙進士，本籍江西臨川，東發稱爲「臨川鄒氏」。嘗撰《易解發題》，〔註84〕今書不傳，《日抄》引有十條，《宋元學案補遺》（以下簡稱「補遺」）輯有二十二條。〔註85〕茲取《日抄》與補遺比勘，刪汰複重，得下列六條。

　　（一）需卦：六四，需于血，出自穴。

鄒氏云：

　　　　穴以況陰之所居，「六四」不足以過三陽之進，雖見傷而未甚，故出
　　　　自穴避之。（頁 5 引）

按：「六四」二字，補遺誤作「亦可」。

　　（二）坎卦：六四，樽酒簋貳，用缶。

　　鄒氏云：

　　　　樽酒者，一樽之酒。簋貳者，以簋食「副之」（頁 11 引）。

按：此條，補遺漏輯，當據《日抄》引補。

　　（三）損卦：上九，得臣无家。

　　鄒氏云：

　　　　得臣之國爾忘家者。（頁 14 引）

此條，補遺亦漏輯。

　　（四）震卦：六五，震往來厲，億无喪有事。

　　鄒氏云：

　　　　剛動二陰之下，欲以威加者也。初九一震，六二喪貝，勢則然也。
　　　　九四之震泥矣。五自億度，知其無能爲也，吾之所有事者，可無喪
　　　　焉。故曰：億無喪有事。（頁 19 引）

按：此條爲補遺所無。「貝」字誤作「其」，「吾」字誤作「五」。當據經文正之。

　　（五）巽卦：九五，先庚三日，後庚三日。

　　鄒氏曰：

　　　　蠱卦先甲後甲，此創始之事也。……巽卦先庚後庚，此變更之雖也。
　　　　溪志曰：欲更於庚，悉新於辛，故庚以變更爲義。（頁 20 引）

〔註84〕同註83，卷三二，頁 6。
〔註85〕《宋元學案補遺》卷一六，頁 31～34。

按：上「更」，補遺誤作「庚」。《日抄》「雖」、「溪」二字，則當從補遺作「難」、「漢」。「斂」字，補遺同，並誤；當作「斂」。《漢書‧律歷志上》王先謙補注引王念孫說，謂「斂」字當作「改」。

（六）〈繫辭上〉六章：易簡之善配至德

至德，鄒氏亦以為指中庸之至德，與上引龜山說同。此條，學案補遺亦漏輯。

四、徐直方《易傳》

徐直方，號古為，與東發同時而稍早；於度宗咸淳三年進《易傳》六卷。其書亦已佚，《宋元學案補遺》卷八四輯有八條。據《黃氏日抄》，尚有一條可補補遺之闕。坎卦：六四，樽酒簋貳，用缶。《日抄》，頁21徐氏說，云：

權輿以四簋「為盛。損以二簋為約」。〔註86〕

五、蔡淵之說

蔡淵，號節齋，元定長子。元定乃朱文公弟子，而文公視為老友者，〔註87〕節齋易學蓋淵源有自矣。朱彝尊《經義考》謂蔡氏者有《易象意言》、《卦爻辭旨》、《大傳易說》、《象數餘論》與《古易叶韻》等書俱佚，今僅存《周易經傳訓解》（以下簡稱「訓解」）三卷。〔註88〕按：朱氏說未確，《易象意言》今實存。

《日抄》引蔡氏易說凡三十三條（其中二條僅述而不引），補遺卷六二則輯有二十一條。〔註89〕此勘二書所引，補遺有漏輯與文字違異者六條，茲為補苴如下。惟蔡氏之說有未知出於何書者，為可憾耳。

（一）升卦：九二，孚，乃利用禴。

節齋云：

未孚而用禴，有簡薄之嫌，必待其交孚而後用。（頁16引）

按：此條出蔡氏《訓解》。「簡薄」二字，補遺作「慢忽」，不知何據。

（二）革卦：彖曰，水火相息

《日抄》（頁18）云：

（息，）蔡節齋本王弼注，以為生息之息。

〔註86〕「為盛」以下八字，明刊本及清‧汪氏刊本《日抄》漏刻，此據四庫本《日抄》補。
〔註87〕《宋元學案》卷六二〈西山蔡氏學案〉。
〔註88〕卷三一，頁10～11。
〔註89〕見卷六二，頁56～58。

按：《訓解》實云：「息，滅息也。相息故曰革。」與《日抄》所引不同，是否爲蔡氏他書別有東發所引之說，書佚不可考矣。

　　（三）〈繫辭上〉九章：天一地二，天三地四，天五地六，天七地八，天九地十。

此章五句，本在第十章首，程、朱均移置九章之首，鄒氏從之。

《日抄》頁 24 云：

　　蔡節齋亦移「天一地二」爲章首。

此說不見於今存蔡氏書，疑原屬其大傳易說內。

　　（四）〈繫辭下〉九章：若夫雜物撰德，辨是與非，則非其中爻不備。

節齋云：

　　「雜」物撰德，「雜」陰陽二物以爲德也。……辨是與非，辨其德之
　　是非也。（下略。頁 26 引）

按：此條亦不見於今傳蔡書，補遺所輯，二「雜」字均誤作「離」。

　　（五）〈繫辭下〉十二章：能說諸心，能研諸侯之慮。

朱子謂「侯之」二字衍文（當本王弼《易略例說》）。節齋亦從之。

《日抄》（頁 27）云：

　　蔡本徑去「侯之」二字，而以說諸心，研諸慮並言。

　　（六）〈說卦傳〉八至十一章

《日抄》頁 30 謂：「節齋說甚詳明」。按：今存蔡氏書無說卦部分之解說，故東發贊爲「甚詳明」之說，未知出蔡氏何書。